牛散大学堂指定读物

吴国平
操盘手记
主力拉升策略

第4版

吴国平◎著

浙江工商大学出版社
ZHEJIANG GONGSHANG UNIVERSITY PRESS

杭州

图书在版编目（CIP）数据

吴国平操盘手记.主力拉升策略/吴国平著.—4版.—杭州：浙江工商大学出版社，2021.7

ISBN 978-7-5178-4547-8

Ⅰ.①吴… Ⅱ.①吴… Ⅲ.①股票交易—基本知识 Ⅳ.① F830.91

中国版本图书馆 CIP 数据核字（2021）第 123439 号

吴国平操盘手记：主力拉升策略（第 4 版）
WU GUOPING CAOPAN SHOUJI:ZHULI LASHENG CELUE（DI-SI BAN）

吴国平　著

责任编辑	郑　建
封面设计	新艺书文化
责任印刷	包建辉
出版发行	浙江工商大学出版社
	（杭州市教工路 198 号　邮政编码 310012）
	（E-mail: zjgsupress@163.com）
	（网址：http://www.zjgsupress.com）
	电话：0571-88904980　88831806（传真）
排　　版	程海林
印　　刷	北京晨旭印刷厂
开　　本	787mm×1092mm　1/16
印　　张	18.5
字　　数	195 千
版 印 次	2021 年 7 月第 1 版　2021 年 7 月第 1 次印刷
书　　号	ISBN 978-7-5178-4547-8
定　　价	58.00 元

一位粉丝读《吴国平操盘手记》有感

在中国乃至世界，尽管有关资本市场技术策略的各类专业书籍并不少见，但读罢吴国平老师的书，我感慨万千。吴老师在阐述有关股票交易投资的理论和知识时，既没有过多使用生涩难懂的技术化术语，更没有摆各种令人望而生畏的数理模型，而是结合自己操盘中的成功做法，将选股之道和专业技术知识生动地展现出来。在阅读的过程中，我不时发现一些闪烁着深刻哲理的精辟论断，这些都发人深省。这是一套不可多得的好书，在这套书里，吴老师带着投资家的金融哲学思辨、丰富的实践感悟，用生动细致的释义和鞭辟入里的分析，破译了资本市场操盘手的策略密码，掀开了股市操盘的"盖头"，让普通股民学到很多在其他书中学不到的宝贵经验。如果说别人讲的是炒股技巧，这套书讲的则是博弈资本市场的大智慧。

资本市场是一个需要经验的行业，吴老师在股市博弈了二十余年，其前瞻性、经验、技术、睿智，以及理性思考，一定会给粉丝启迪和帮助。

一位默默支持吴国平的粉丝

希望我们成为你在证券市场最好的引路人

　　这套书的价值就在于我们将操盘的流程——选股、建仓、拉升、出货拆分成不同的部分，分享给大家，同时又强调综合运用和全局运作。每个流程都采用讲重点与说案例相结合的形式，将我们操盘的经验总结展现出来。

　　再次修订出版，我们期待将这套书打造成经典中的经典。对于新读者而言，其价值非常突出；对于老读者而言，更多的是一种温故知新。如果你愿意静下心来细细品味，那么，有所收获是必然的。

　　为了让更多读者能够更好地理解书中的内容，我们结合了各种市场工具的变化，做了新的尝试和突破。名师指导可以帮助大家更好地吸收书中的内容，完成蜕变。我知道，很多读者都希望作者能够亲身授课，以便更好地体会。互联网新时代为我们提供了这种可能，线上视频教学就是我们未来给大家提供的增值服务。

　　现在自媒体令内容传播更快速、更广泛，我们也开辟了新天地。

未来，我们将把原来在线下各知名学校，比如中欧国际工商学院、中国人民大学、浙江大学、广东金融学院等开设的高价课程内容搬到线上，价值几万元的课程内容将转变为几千元或几百元，甚至免费。我们将开辟网络视频教学，围绕我们的书籍和市场最新动态阐述知识点，为读者做好增值服务。

这套书本质上是教材，虽然书中不全是最新的案例，但我们在修订时已经增加了不少。以前的经典案例对于理解、吸收知识点不构成任何障碍，再结合网络视频教学上的最新案例，以及讲解和点拨，你必然会获得思想上的突破。所以，不论是老读者还是新读者，在学习的过程中加入到我们的视频学习中来，你将更好地提升自己。书是静态的，我们的视频教学是结合市场动态的，其中的价值，你可以想象得到。

不论你是新读者还是老读者，只要认购了这套书，我们都将免费送你一集线上视频教学课程。如何获得免费线上视频教学课程？添加好"吴国平财经"微信公众号，按照微信公众号栏目提示即可获取。

"吴国平财经"隶属我们的牛散大学堂。牛散大学堂的目标是：打造最牛的金融文化分享平台！这套书是敲门砖，一块敲开证券市场本质的砖，希望我们成为你在证券市场上最好的引路人……

吴国平

股威宇宙创始人

牛散大学堂校长

拥有一个盈利系统，你就能撬动整个世界

很多投资者问，什么是盈利系统，怎样才能构建适合自己的盈利系统。在我看来，一个有价值的盈利系统可以指导我们研判市场、挖掘战机、控制风险和把握实战，而一个充满生命力和创造力的盈利系统可以进行有限浓缩和无限扩展。我的投资理念很朴素，也很简单，概括起来就九个字：提前、深度、坚持、大格局。我希望，融合了我的金融文化的盈利系统能像一棵永远从资本市场汲取养分的常青树，它的根可以扎得很深，它的枝叶可以长得很繁盛。从"吴国平操盘论道五部曲系列丛书"、《150 万到 1 亿》、"炒股'短线金手'丛书"、"吴国平实战操盘大讲堂系列"，再到现在这套"吴国平操盘手记"，我可以骄傲地说，我的盈利系统不仅是有价值的，而且是有生生不息的活力的。

我喜欢天马行空地想象，因为敢于想象，我的思维变得更加活跃。我思考问题，往往不喜欢仅仅停留在表面，而喜欢往深层次去挖掘，让自己融入其中，进行思考。这一点如果放到资本市场上来说，那就是：很多时候，我们不能仅仅着眼于表面的波动，还要融入其本质层面去感知。对于大盘，需要用各种深入的思考来综合验证判断；对于个股，则要深入其内在去感知分析。不过相同的是，一定要清楚主力运作资金的想法。

我们有操作大资金的经验，操盘时，我们的条件反射之一就是——市场主力资金到底在想什么。我们会试着融入其中去思考，接下来最可能出现的市场走势到底是什么。

这套书就是基于主力操盘的角度写成的，从微观的选股、建仓、拉升、出货，再到宏观的全局运作，均有论及。值得注意的是，其中的内容不仅是之前系列丛书思想体系的延续和扩展，而且是不同知识体系围绕主力操盘这个核心进行全方位碰撞后的结晶。我的想法是，如果能参透主力资金运作时投资标的的选择、建仓吸筹蕴藏的战机、强力拉升的节奏和悄然出货的风险，最后还能从全局运作的角度统筹整个操盘周期，那么一切就会变得很有意思，成功的概率也必将随之大大提高。事实上，在大资金项目运作的操作中，我们就是融入了这些体系，很多东西都来源于大量的实战总结。在大规模资金作战的道路上，我们已经积攒了相当多的经验，我们需要做的就是坚定信心，不断前行，做到极致，创造奇迹。我们致力于将资产管理和金融文化完美结合，并推动其向前发展，书籍就是我们金融文化很好的表现形式之一。

路漫漫，我们将坚定地走下去。我们想将这套书献给所有对资本市场感兴趣的投资者。我们希望，在推动中国资本市场成为第二个华尔街，甚至超越华尔街的大趋势中有我们的身影；同时，更有很多深受我们启发和影响的群体的身影。这套书，就是我们思想的重要体现，愿实现有缘人心中所想。

在此，非常感谢为打造经典中的经典付出劳动的学生。我想，如果没有他们的辛勤协助，这本书的再版速度不会那么快。还有，感谢我的粉丝们，因为你们坚定的支持，我才有了更大的动力。同时也感谢为这套书的出版付出辛勤劳动的编辑。经典中的经典，离不开每一个为此付出的人！

最后，欢迎有想法的读者来信与我们交流，邮箱为：wgp168@vip.163.com；也可以直接在我们的微信公众号"吴国平财经"的后台留言，说出你的感悟。我们的不断前行需要大家的建议、鼓励和支持！世界很美好，未来很精彩，期待每个人都拥有精彩的人生。拥有一个盈利系统，你就能撬动整个世界！我坚信！

牛散大学堂全系统（股威宇宙）创始人：吴国平

核心理念 —— ·成长为王 ·引爆为辅 ·博弈融合

九字真经 —— ·提前 ·深度 ·坚持 ·大格局

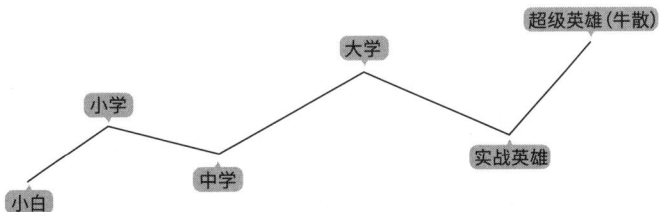

股威宇宙小白到牛散进阶模式

内容形式——持续完善的书籍体系、线上训练营、线下交流会、实地调研团
终极目标——构建属于自己的个性化投资体系，实现财富的不断增长，完成从小白到
　　　　　牛散的终极跨越

牛散大学堂全系统

重新定义你的操盘体系

很多人一直苦于找不到合适的提升自我的系统课程。他们在付出相当多的精力后却发现，大部分提升自我的系统课程都只包含一招半

式，充其量只能算系统的一部分，没有整体性。正因为不能全面武装自己，所以，"韭菜"在股民中依旧是大多数。

不过，不要紧，我们来了，我们来帮你构建交易系统。牛散大学堂全系统（股威宇宙）就是为了实现这样的目标而搭建的，从小白到牛散的全套体系帮助你逐步成长。

我们的底气在于，我们自己就是从小白一路成长起来的，并且一直从业于资产管理一线，所以我们深知市场中的一线人群最需要什么样的素质和技能。鉴于未来的中国资本市场将趋于专业化和成熟化，投资者确实应该趁现在提升自我。只有提升自我，投资者才能更好地适应资本市场。我们的股威宇宙——牛散大学堂全系统，或许就是你最好的选择。

牛散大学堂全系统（股威宇宙）

创始人：吴国平

核心理念：成长为王、引爆为辅、博弈融合

九字真经：提前、深度、坚持、大格局

股威宇宙的构建

①我们的内容由强大的分析师团队打造。我们的团队成员虽风格各异，但无不经验丰富，自成一派。我们不做纯理论派，而是用实战经验主导，取经典解读辅助，以众家之长补充，力图打造理论与实践高度融合的精品教程。

②股威宇宙从小白到牛散共分为六个不同的阶段，学员或者读者可以根据自身情况选择学习阶段，以及相应的书籍和线上训练课程。

③除了书籍体系和线上课程体系，上市公司实地调研游记也是牛

散大学堂实战的衍生品，属于"实战英雄"或"超级英雄"课程，其中的世界很精彩，充满乐趣和惊喜。通过与上市公司管理高层对话，我们可以了解企业的真实情况，感受什么叫"功夫在诗外"，别有一番风味。

④我们的内容来源于实战经验，但通过后期的认真总结，它们又高于实战经验。一切内容都是为了帮助读者完善自身交易系统。

股威宇宙小白到牛散的进阶模式

①"小白"，指对金融市场有兴趣，但没有实际接触过金融市场的人群。这个群体既没有实战经验，也没有理论基础，甚至对K线、盘口信息等基础知识也只是一知半解，属于资本市场的潜在参与力量。

②"小学生"，指对基本的概念有一些了解，刚入市，还没经历过市场洗礼的人群。这个群体能看到盘面的基础信息，也知道基本的交易规则，但一些具体的信息，例如成长股的概念、个股涨停背后的逻辑、技术波浪理论等都还属于他们的未知领域。

③"中学生"，指对概念较为了解，开始清楚K线形态，并掌握一些技术分析方法，自我感觉还不错的人群。这个群体入市时间不长，初出茅庐，踌躇满志，开始接受市场的残酷洗礼，初步感受到了资本市场的机会和风险。

④"大学生"，指有一些自己的分析方法的人群。但总体来说，他们的分析方法零零散散，还没有形成一套完善的研判体系，并且还不太懂得如何融合运用诸多分析方法。他们需要更贴近市场以把握市场的本质，从而进入到一个新的自我提升阶段。

⑤"实战英雄"，指开始知道如何融合运用基本面和技术分析的投资方法，对交易的心理博弈也开始有所体会的人群。这个群体需要通过反复实践，感知市场的博大精深，真正理解"成长为王、引爆为辅、

博弈融合"的含义，认清市场的本质，渐渐进入赢家的行列。

⑥"超级英雄"（牛散），几乎代表了个人投资者的最高水准。他们的投资理念、操作风格、投资偏好各有不同，但都无一例外是市场中极少数的大赢家，他们创造了一个又一个的财富增长神话。各路牛散各有千秋，但他们也有相同点：他们善于抓住市场机遇；在经历过大风大浪之后，他们的投资心态依然十分稳定；在起起落落中，他们能不断汲取养分，使得自己的交易体系不断跟随市场进化。

股威宇宙的特点

系统性教学，明确的进阶模式，适合所有人群。

学习阶段、目标和成果的量化。每一阶段，我们都会让你清楚地知道你能收获什么！

检验出真知。每一阶段的学习都搭配练习，检验结果是最好的标准。

一线从业人员和牛散提供技术支持，你将有机会与他们进行线上或线下的互动。

投资体系阶梯式建立，由点成面，从无招到有招再到无招。

用心学习，小白终会成为一代牛散。

最后，博弈未来新牛市，路漫漫，坚定行。当下，我们牛散大学堂将携手更多朋友，努力创造下一个奇迹和辉煌。我们的牛散大学堂，我们的股威宇宙，从1亿元估值起步，开启未来无限可能。欢迎看好我们的朋友们加入我们！未来证券市场，因有我们而变得更精彩！

吴国平

股威宇宙创始人

牛散大学堂校长

01 对主力思维的相关认识

02 主力蓄势拉升的思维

03 主力拉升的层次性

04 捕捉主升浪

05 拉升的警钟：拉升过程中需谨记的原则

06 主力操盘拉升实例

01

对主力思维的相关认识

主力和主力思维

何谓主力和主力思维

对于主力，相信大家都不陌生，从字面意思就可以略知一二。简单地说，主力就是运作的主导者，是对运作的对象起到一定的支配作用的市场主体。这个主体既可以是一般投资者，也可以是机构投资者。但由于机构投资者具备技术、信息、资金的优势，所以在市场中起主导作用的往往是它。

主力思维是指主力在投资运作过程中惯用的操作手法，以及对投研体系的一系列逻辑思维的概述。在这个过程中，我们需要弄清楚如何选择相关目标标的，如何排兵布阵，到最终结束整个战役这个完整过程中主力所用的手法及股价的阶段性表现特征。当然，不同派系的主力资金有不同的运作风格，也有不同的目标标的的选择思路，比如有些以稳健保收著称，有些相对激进，这就要求我们区别看待不同的现象。不管用哪种风格运作，我们的目的只有一个：实现预期收益。在目标明确、思维清晰的前提下，过程虽然不同，很多时候却能达到异曲同工的效果。

主力的派系

很大程度上，不同的派系决定了主力不同的操作风格。市场上的主力资金来源有个人投资者和机构投资者，其中个人投资者又分为一般投资者和个人大户，而机构投资者则包括基金、保险、社保、QFII 等。

个人投资者

我们通常说的个人投资者指个人大户，且以游资著称。在股票市场中不乏黑马的出现，这都是游资操作的结果。这类由游资操作的资金最大的特征就是猛、狠，一般以短线狙击、炒一把就走的形式出现，表现在个股上一般就是以短期连续涨停的形态展开，同时，这类个股盘子相对较小（5 亿元以下）。这是由其本身的资金规模决定的，这类资金的狙击时点一般会以政策利好预期或相关背景为契机，然后在短时期内对个股进行疯狂的轰炸和猛烈的拉抬，以实现暴利为目的。事实上，这类个股并不具备太多的业绩基础，但只要其有一定的概念和想象空间，游资就会借题发挥并疯狂地炒作起来。因此，我们也就不难理解这类资金在市场上肆无忌惮的原因了。而有关游资炒作的品种、狙击时点的选择、引爆时期个股的特征、中途运作展开模式及最终获利出局时股价的阶段性表现特征等，在接下来的章节中，我们将详细地阐述。

机构投资者

机构投资者包括国内的机构投资者和国外的机构投资者。而国内的机构投资者又分为基金、保险、社保，还包括一些财务管理公司等；国外的机构投资者主要是 QFII。相比个人投资者，机构投资者无论是在资金实力、信息还是在投研体系方面都占据明显的优势。这也是有些投资者在炒股时选择跟主力走的原因。正所谓"大树底下好乘凉"，跟随主力基金确实是一个不错的方法，但任何问题都要辩证地去看，有时候机构投资者这棵大树不是那么容易就让人攀上的。只有真正经得起折磨和诱惑的投资者才能傍上机构投资者这个大户，分享其中的喜悦。至于如何才能更好地搭上这趟顺风车，我们将在后面的章节中详细地阐述。

虽然机构投资者都是以机构著称，但操作手法因人而异，可谓"八仙过海，各显神通"，但无外乎如下思路。

对于基金而言，稳健的同时不失灵活，对于看好的品种它一般会选择运作到底，采取吃大波段的策略。不过有一点需要强调的是，当你仔细去研究和跟踪（跟踪的方法如看公司的季报情况）其中某些品种时，你会发现有些基金虽然在某个季度进行了减仓，但并不意味着它们运作到此位就打住了。当然，我们也不排除这种可能，具体的情况则要结合股价和盘面的情况进行分析。很多时候这种行为很可能是基金在某一阶段根据大势采取的一种蓄势行为，它可以规避一些系统性风险，还可以达到清洗浮筹并进一步蓄势的目的，等大势企稳或时机成熟再次大举进攻是常有的事。而对喜欢跟随主力资金的个人投资者来说，能否看出其中的一些蹊跷，判断其是阶段性洗盘还是出货，则关系到利益能否实现最大化的问题。关于这方面，在后面的章节中我们会结合实例进行分析，以便大家进一步学习。

操
盘
手
记

投资如人生

甲：听闻一亲戚从高处拿东西时，不小心摔了下来，导致后腰椎部分粉碎，要在床上躺好几个月，吃喝拉撒都要他人服侍，如果再恶化，不排除瘫痪的可能。这真让人无法接受，人怎么会如此脆弱！

乙：是呀，命运有时候就是这样捉弄人。前一分钟你还好好的，下一分钟你就可能遭遇不可预测的重大灾难。唉，人生在世，今日不知明日事，好好活着才是真。

甲：若这种不幸发生在一个相对穷苦的家庭里，那真是雪上加霜啊！未来，家人要为此付出难以想象的代价。此时，想想那些正住在价值上亿元的豪宅中泡着温泉、看着电视、享受着人生的人，就会让人感叹人与人之间的巨大差距。

乙：因人与人巨大的差距而引发的社会问题已是事实，我们能做的就是尽可能去影响身边的人，让世界更加和谐。其实，世界本就是如此，有阳就有阴，有好就有坏，有大就有小，事物总是存在对立面，而且有时候表现形式是颇为极端的。别怪造化弄人，这就是世界。

甲：确实。对比多了，徒生哀叹，没有必要，人活着还是积极乐观点好。虽然人很脆弱，但并不能因脆弱就自暴自弃，哪怕下一分钟就要离开人世，我们还是要感谢我们拥有过体验人生的机会。人生有苦有甜，有酸有辣，不论什么滋味，其本身都是一种味道，体验之就好。

乙：你的悟性很高，如果每个人都像你这样思考，能有这样的境界，那世界就和谐了。

甲：呵呵，虽然这不可能是每个人都可以做到的，但只要我们尽自己最大的努力去影响身边的人，就足够了。

乙：是的，一切都要从小事做起，从身边开始，慢慢地，范围自然就会变大，最终奇迹可能就会出现。

甲：我不奢求什么奇迹，我只希望自己在有生之年能好好活着，充分体验人生的味道。

乙：无欲则刚呀，有就是无，无就是有！

追求和欲望太多的人，最终可能什么都得不到，相反，无欲无求，只求做好自己的人，最终可能什么都能得到。这就是无欲则刚的威力，做人做事有时候就是要这样。

什么叫大智若愚？其实也有无欲则刚的味道在里面。这世界就是这样，很残酷，但当你认识了这残酷性，坦然地接受，积极乐观地面对，把人生看成味道去好好品味的时候，那么，真正属于自己的人生之路也就可能由此开启。

不管是挫折还是病痛，或是其他，只要我们抱着一个信念，活着就好好活下去，那还有什么解决不了的呢？

投资何尝不是如此！

赢，其实就是要懂得输

甲：市场才跌十几个点，有些品种却跌了 30% 多，真恐怖！

乙：这很正常，哪怕市场不跌，有些品种可能也要跌 30% 多。市场只是个群体，而作为组成群体的个体，波动会不一，部分个体总会有较为剧烈的波动。

甲：一不小心吃到暴跌的品种，可就倒霉了。

乙：是啊，所以，我们需要懂得在关键时刻实施正确的决策。

甲：怎么样才能在关键时刻实施正确的决策？

乙：要有属于自己的盈利系统，也就是一定要有经验。

甲：那怎样才能建立属于自己的盈利系统？怎样才能丰富自己的经验？

乙：若自己曾经有过错误的决策，自然经验就丰富了，如果懂得总结，慢慢地就能建立自己的盈利系统了。

甲：也就是说成功前必须尝过失败的滋味？

乙：没错，没有不经失败的成功。

甲：那对刚入市不久的我而言，不就意味着一定要输才能赢吗？

乙：不是这个意思，你可能第一次机会就把握得很好，大赚了，接下来可能会出现错误的策略，但整体还是赢的，因为你第一次已经赢得够多，让你够本多输几次。说通俗点，就是不一定先输才能赢，但在投资过程中肯定会有输的时候。

甲：大概明白了。这市场真是不太好玩呀！

乙：哪有那么简单，很多人只看到机会，而忽略风险，所以觉得好玩，但当他们真正尝到风险的滋味时，才会发现这市场并不是那么好玩的。

甲：嗯，有体验才有感悟，有感悟才会提高。

乙：没错，有失败才会成功。所以，刚开始玩的时候，切记，量力而行，输了也能承受。

甲：跟你这一交流，我明白很多了，至少我现在不会考虑卖掉自己唯一的一套房去炒股了。

乙：你这样做是对的，机会有很多，别贪，是你的就是你的，不是你的强求也没用，孤注一掷的投机是不可取的。

甲：嗯，我回去跟老婆好好沟通一下，让她别那么冲动。

乙：哈哈，这是非常有必要的，沟通不成还可以找我帮忙。

甲：一定。

乙：祝你一切顺利！记住，赢，其实就是要懂得输。

市场跌一点，部分个股跌很多；市场涨一点，部分个股涨很多。这是市场的常态。但在这样的常态下，很多人就有点看不明白了，原因就是这市场没有一般人想象的那么简单。

正确的决策来自盈利系统和经验，而盈利系统及经验又建立在犯过错误的基础上。有输才有赢，没有随随便便的成功，孤注一掷的投机是不可取的。

冲动是魔鬼，当你明白市场的风险之后，冲动才有可能逐渐转变为理性。

我们要赢，就一定要懂得市场的游戏规则和内在的规律。赢，其实就是要懂得输。

关于主力的基本知识

如何认识主力？真实流通股是什么？

"主力"是人们常常挂在嘴边的词，但真正深入研究主力状况的人其实并不多，或者说对主力认识深刻的人比较少。所谓主力，就是在流通盘中真正占据主导地位的机构或个人。这怎么理解呢？

很简单，请问一只全流通 5 亿股的个股，其中流通股占多少才真正称得上主力？

可能有人会回答说，1 亿股、2 亿股、3 亿股，甚至更多。其实这些答案都不对。在探讨主力的时候，我们首先要弄清楚一个问题，那就是市场中真正能够流通的股票有多少。简单来说，就是真实流通股有多少。原因在于，实际流通股不等于真实流通股。

在股市全流通时代，很多股票看似全流通，实则不是真正全流通。因为上市公司的大股东为了保证控股权，不太可能在二级市场减持其股票。一旦减持，就会有公告，这样的全流通不能称为真正意义上的全流通。交易的时候，我们最关注的是真实流通股，而不是这种名义上的全流通。这种现象在国企上市公司中最为常见，全流通更多只是名义上的全流通。

回到刚才的问题上，如果5亿股的全流通个股除去其大股东或者二股东等一般不会在二级市场上做差价减持的股数，真实流通的股数可能小于5亿股，就只有3亿股或者2亿股。

所以，如果你的答案是5亿股，甚至更多的话，说明你对这家上市公司流通股层面的理解有问题，同时也不利于你对主力的认识。

很多人往往就是看到全流通的股数，而自以为就是要多少筹码才有可能成为主力，其实这是很可笑的，说明其认识是很肤浅的。说得更不客气点，其可能是连操盘也还不太了解的人。

所以，我们必须认清到底真实流通股有多少，才能进一步探讨关于主力的问题。

怎样才真正称得上主力？

那么，在真实流通盘的筹码中主力到底占据多少才真正称得上是主力呢？

在回答这个问题之前，需要强调的一点是，主力并不是单一个体，而是一个群体。如果主力是单一个体，那就是坐庄。在证券市场规范化的背景下，这是不合法的，也是需要唾弃的，更是难以符合市场未来发展的；如果主力是一个群体，集体持有相当多的筹码时，就好像基金抱团取暖一样，那就不是坐庄，而是一种投资，只是这投资大点而已，从而形成一个庞大的利益群体。在这个利益群体中，每个人的利益是一致的，所以当思路一致或阶段性形成合力时，该个股就很容易出现主升浪的走势。

主力不是资金庞大的大户，而是一个群体，一个能够形成合力的群体，这才是真正的主力。当然，如果你非要将其看成一个单位，那么它就非资金庞大的大户这么简单了，而是代表着资金异常庞大的机构。单一机构，比如规模达到巴菲特基金那种程度，那么，它要是大规模进入中国市场的话，也可以将其看成一个非常庞大的主力。

主力不是万能的，但市场没有主力是万万不能的。这句话表明了主力与市场的关系，同时体现了再大的主力也大不过市场，而且市场的内在波动规律是不以主力意志为转移的。国内外很多曾经相当辉煌的机构最后落入一败涂地的境地，根本原因就在于这些主力无法与市场抗衡。

主力的特点：需要的筹码比例

筹码收集到底达到多少才符合主力的特点呢？

关于这个问题，我们不妨将其跟上市公司到底有多少股份才能保证控股权放在一起理解，就容易明白了。

如果要保证绝对主力角色的话，那么，50% 以上的筹码是很有必要的，当然，有时候把握得当，20% ~ 30% 也是能具有控制权的。这里没有绝对，只有相对，但是个股筹码必须相对集中，才符合主力的特点。

为何主力需要一定量的筹码才真正称得上主力呢？道理其实很简单，试问，如果没有一定量的底仓筹码，在真正上涨的过程中，利益怎么能够最大化？要利益最大化，最好的方式就是尽可能多收集一些筹码。当然，前提必须是合法的，不能超越一些警戒线。

因此，作为真正的市场主力，在配置上它必定是严格按照市场所规定的比例去配置的，配置好一定数量的底仓，它才有更大的动力在接下来真正上涨的过程中继续配置，助推股价走得更好，最终实现漂亮的大波动运作。也只有筹码相对集中，各个主力的意图都较为一致，形成一股强大合力的时候，好股票才能真正开始走牛，而且这走牛的波动才能较为流畅和淋漓尽致，才有可能疯狂波动起来。试想一下，如果筹码过度分散，意见总是不统一，这样的股票就算是好股票，也不能走得流畅和淋漓尽致，更别谈疯狂波动了。所以，筹码的相对集中是个股真正走牛的重要前提。这种相对集中可以从《操盘论道入门曲：看透F10》一书的股东研究等信息中获知。虽然书中某些信息有些滞后，但不乏参考价值。当然，最重要的是要结合盘面的波动去感知与把握，这样把握住好机会的概率就会大大提高。

多少资金才能主导二级市场上的波动

探讨到这里，其实有一个更现实的问题，那就是具体需要多少资金才能够很好地主导一个上市公司在二级市场上的波动。

如果我们公式化地用股价乘以股数，大概得出多少资金，这是不科学的。因为股价随时在波动，我们很难做到买入的股数全部在一个特定的价格上。对于价格，我们要赋予其一定弹性，才是比较科学的。比如 5—6 元，2 亿股数，那么 10 亿—12 亿元可能就是主力收集筹码的成本区，这就科学很多。说白了，所谓的成本区，其实就是具体需要的资金数额。

至此，我们也可以较好地理解为何那些大机构喜欢中大盘的品种，中小机构则喜欢小盘的品种，其实，从本质上来说，都是各自结合自己的资金状况所采取的最优策略，毕竟机构都喜欢具有主导权的机会。

与其说多少资金才能主导上市公司二级市场上的波动，不如更确切地说，掌握多少比例的流通筹码才能主导上市公司二级市场上的波动。其实这跟到底具有多少股份才能在一家公司里具有话语权在本质上是一样的。家族企业的董事长可能占到 70% 以上的股份，那么，这就等于是绝对控股，基本上也就属于一股独大，最后就是董事长说了算，这有利也有弊。放在二级市场上的话，如果主力掌控了 70% 以上的流通筹码，就等于具有绝对话语权，其波动可能就趋于一种庄股的走势。此时，往往其风险就是物极必反了。

如果掌握的流通筹码刚好超过 50% 的话，事实上，这也基本具有绝对的主导权，只是由于刚好超过 50%，有时候还是需要看其他股东的脸色。放在二级市场，就更为明显，毕竟仅仅是超过 50%，在具体博弈的过程中，多少也要看其他非控制筹码的脸色。没错，也正是因为还有对手的存在，内在主力在把握的过程中往往更为用心，因此，具体走势往往仍具有一定的折腾空间，还不至于进入物极必反的阶段。

如果掌握的流通筹码刚好超过 30%，在我看来，这是最有意思的阶段。此时，控制股虽然没有绝对地位，影响力却不容忽视，而且一般情况下也都是这 30% 的股份说了算。但由于它没有达到相对的大多数，所以在二级市场上，它此时是最为用心的，因为利益不少，而且仍有进一步增持的可能，同时也需要非常了解其他对手的思路，以便更好地在二级市场上进行博弈。此时，其波动往往会较为精彩，不时上演的剧烈震荡，很多时候都在这个阶段出现。

如果掌握的流通筹码刚好超过 20%，这是比较尴尬的阶段，此时，算不上有什么绝对控股权，有的只是一种影响力，但这影响力也有点尴尬，毕竟没超过 30%，在很多层面上也很难影响到什么。在二级市场上，往往股价波动会有一定的反复，走势也不见得有多流畅，沉寂的时候也会比较磨人，毕竟主力只掌握这种比例的流通筹码。如果主力就这么点实力，往往会举步维艰；如果是实力比较强大或有进一步增持能力，那么，磨人阶段也是必需的。因此，这是比较尴尬的、酝酿着机会的、折磨人的阶段。

如果掌的流通筹码刚好超过 10%，这是最为尴尬的阶段，但也是容易出现短线报复式拉升的阶段。毕竟这样的主力在二级市场上基本没有太大的话语权，但可以充当类似游击队的角色，在打一枪就换一个地方的过程中，往往其阶段性控制的流通筹码有这个比例也足够了。所以，虽然这是最为尴尬的阶段，但如果机会把握得好，其短线波段机会不一定比掌握流通筹码 20% 的少。此外，正因为机会较少，反而充满着不少变大的想象空间。

看透真实的流通股，对不同的股票来说往往具有不一样的意义。

操
盘
手
记

谈应酬

甲：干吗要去应酬？

乙：增进感情，增大业务或提高生意成功的概率。

甲：目的性很强，那不是要逢场作戏？

乙：这就是社会。

甲：痛苦吗？

乙：谈不上痛苦，时间久了就习惯了，有时候如果没应酬反而不适应。

甲：你这样也是一种活法，习惯就好。

乙：无奈的活法。

甲：如果来世可以让你重新选择，你会选择做什么？

乙：我会选择做一只鸟，无忧无虑地自由飞翔。

甲：……

应酬已经成为很多人生活中必不可少的一个环节，现在真的一点应酬都没有的人可以说少之又少。

当然，这里的应酬不全是那种吃喝玩乐，有些是一种较为休闲的应酬，但不管如何，只要带有一定现实目的性的交际，都可以看作应酬。

能做到高级应酬的人很少，更多的是相对低级的应酬。很多时候，人会因应酬而疲于奔命，故有人希望来世能成为一只无忧无虑、自由飞翔的鸟，只是很多人可能忽略的是，鸟不可能永远保持那种状态，它也要生存，可能其理想状态在其一生中也只是很不起眼的部分而已。

与其羡慕那有点不切实际的理想，不如好好珍惜看似混沌的当下，只要心中能永远保持一块属于自己的净土，思路就能清澈。

眼睛看到的，身体力行的，未必就是最终的，心中感受的才是真正属于自己的。

坚持原则

甲：有消息股，绝对可靠，你为什么不做？

乙：我有自己的操作系统和操作原则，我更喜欢做自己选择的品种。

甲：你傻啊，你自己的不一定涨，但那消息股肯定涨，有钱赚你都不要啊？

乙：不是不要，而是我更相信自己。

甲：相信自己也要有个度啊，你看你自己的股票，总是不怎么涨，可你看我给你的消息股，给一个准一个，好像还没怎么见过不准的。

乙：是的，我也看到了，也很敬佩，也考虑过跟进，但一旦到了盘口，我就犹豫了，或许我没赚消息股的命吧。

甲：是啊，你真够傻的。这些消息股有些人可是绞尽脑汁都想得到，争相出高价钱想来买，在你眼中却是一文不值，不是傻那是什么？！

乙：嗯，我也觉得是，我有时候也觉得自己怎么那么傻，但真的是很难改变，或许，这就叫"狗改不了吃屎"吧。

甲：也可以说顽固不化。你看，刚跟你说的品种，现在在升了，不跟你说了，我要去操作了。

乙：好，祝你好运！

有些人，或许是太过坚持原则，或许是太过固执，又或许是太傻，反正呢，像上面这种很多人都求之不得甚至出高价要去获取的东西，在有些人眼中，却是那么的无所谓。

人哪，就是那么奇怪！

不过，话说回来，坚持原则到底是对还是错呢？这还真难说……

02

主力蓄势拉升的思维

请给股价上涨一个理由

大盘研判的几点思路

别跟大盘作对

个股交易前，要先看大盘，看清楚大盘趋势，交易起来就事半功倍。正所谓"做个股，先看大盘"，这是一种大局观的具体体现。或许有人能够利用资金上的优势对个股进行短期操纵，却不可能对大盘进行此操作，尤其是大盘的长期波动，那只能是市场自发调节而形成的波动。所以，在股市中我们千万别跟大盘作对，跟大趋势对抗，无论你的资金有多雄厚，你的机构有多厉害，一旦跟大趋势对抗，跟大盘作对，最终的结果必然是以惨败收场。历史已经向我们证明了这一点，多少所谓的庄家、"英雄豪杰"不都是死在没有看清大趋势，没有把准大方向上吗？前车之鉴，必须铭记于心啊！

大盘的解读结果将决定最后的战果。

对大盘的解读程度，将直接影响到最终在个股具体操盘上的结果。比如，有人解读大盘在 1000 点的时候将要涨到 6000 点，那么他在个股操作中必然非常激进与坚定，并且敢于吃大波段。假设之后的市场真的疯狂涨到 6000 点，那么，个股的操盘结果超过大盘涨幅的概率将非常大，而且超越的幅度很可能不小。相反，有人解读大盘在 1000 点的时候将要跌到 500 点，那么，他对个股的操作必然是比较稳健与保守的，不会去吃大波段，也不会追求快进快出。假设之后的市场疯狂涨到 6000 点，那么，其结果更多的将是踏空或严重落后于大盘涨幅。所以，对大盘的解读结果很大程度上决定了最后的战果。

先大后小，年线图不可忽略

◇先大后小，年线最大

从时间上来说，我们要先看大的年线图。由于中国的资本市场很年轻，通过年线图我们不仅能一目了然地掌握大盘的情况，还有利于形成开阔的视野。即便在发达国家，人们研判大盘情况也是从看年线图开始的。因为年线图能很好地告诉人们，在一个相对较长的时期内资本市场的波动状况。

◇技术分析是大小波动都适用的工具

技术分析有个特点，那就是不论你是大到以年为单位的波动状况，或者是微小到以秒为单位的波动状况，它所发挥出的威力及具体分析的过程都是类似的，不同的是分析出来的结果影响的时间不一样而已。当然，时间单位越小，其形态的有效性可能就越低。总的来说，技术分析是大小波动都适用的工具。

◇学会从年线图中发现有意义的数据

如图 2-1 所示的年线图中，我们可以发现几个有意义的数据，一是 1990 年至 2005 年，在 16 年的时间里上证指数涨了 1000 多点，相对国外的股市，这个涨幅不算大。二是从 2001 年出现阶段性顶部后市场已经调整了 5 个年头，5 年是个重要的时间窗口，值得我们进一步研究。

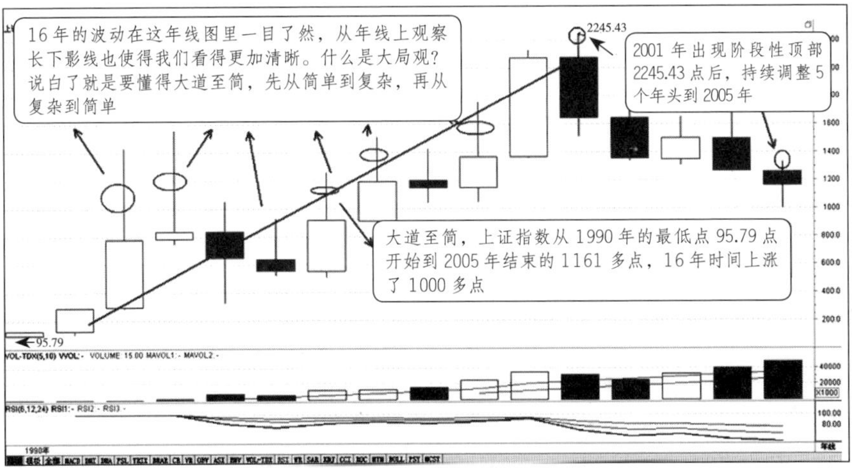

图 2-1　上证指数 1990 年至 2005 年年线走势图

【学习重点提炼】

由图 2-2 可知，从 2005 年的最低点 998.23 点到 2007 年的 6124.04 点，只用了两年左右的时间，指数的涨幅超过 5 倍，累计上涨了 5125.81 点。

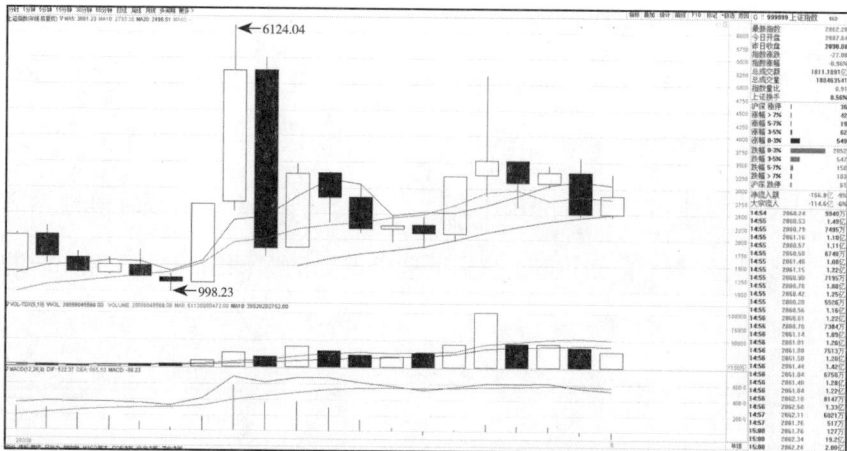

图 2-2　上证指数 2000 年至 2019 年年线走势图

局部区域从月线图着手

◇局部研究区域不妨从月线图着手

尽管年线图能为我们提供一些有意义的信息，但它所提供的信息多为粗放性的，所形成的波动轮廓也是较为平滑的。所以如果我们想获得进一步的信息及较为清晰的轮廓，则需要看月线图。图 2-3 为上证指数月线图，显然它比年线图复杂了许多，但能更清晰地反映市场走势。从图 2-3 中，我们很容易发现持续下跌 5 年后的市场面临着不上则下的转折境地，若继续疯狂下跌则进入 1000 点内，那绝对是一种崩盘；相反，再往上则会冲击前期历史高位 2245.43 点。深入思考，5 年调整已经较长，较为充分，我们很容易就发现支持的颈线位，长时间形成的这条支撑线，要有效跌破并不容易。

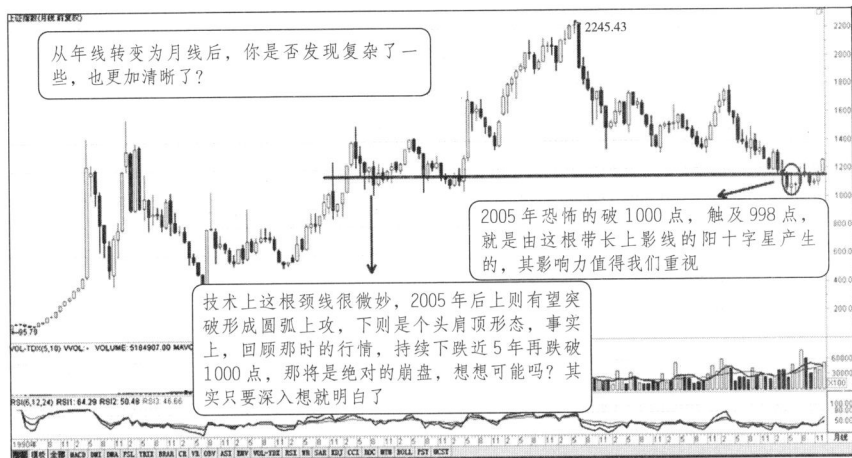

图 2-3 上证指数 1990—2005 年月线走势图

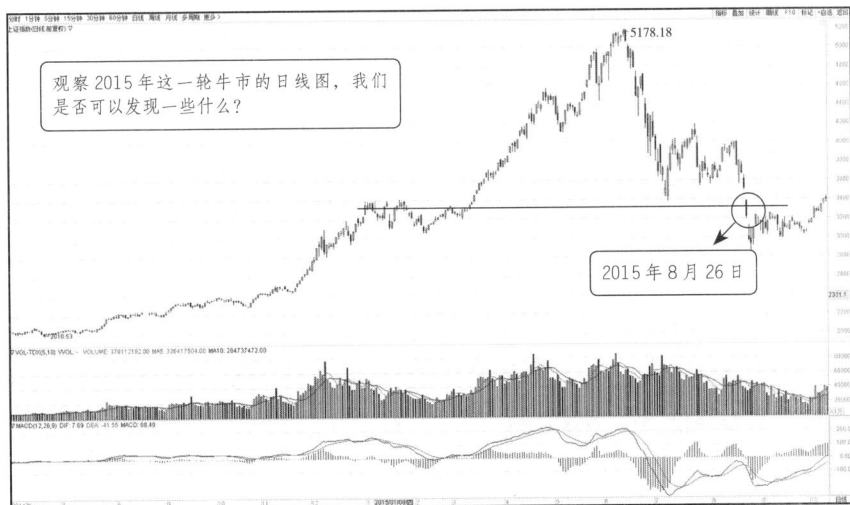

图 2-4 上证指数 2014 年 6 月至 2015 年 10 月日线走势图

【学习重点提炼】

如图 2-4 所示，从 2015 年的牛市的日线图中我们可以看到，在 6

月 12 日上证指数达到最高点 5178.18 点之后，便开启了牛市破碎的走势，前两轮的调整接踵而至；但是可以看到的是，当第二轮调整即将突破前期的颈线位的时候，仅用两个交易日就收回了缺口，稳住了颈线位的位置。

◇ 月线最后 8 个月该跌不跌的信号很重要

如图 2-5 所示，大的形态很明显了，那就是圆弧顶（头肩底）形态，现在到了最后选择方向的时刻，如果向下有效突破，整个形态就算完成了。相反，如果往上转折，那就非常有意思了，很可能转变为大的双重底或多重底的上涨形态。可以说，现在最后几个月的波动状况非常关键，因此，我们不妨把视线直接放在最后几个月的状态上。很明显，最后 8 个月呈现区间震荡的格局，最重要的是它传达了一个信号：该跌不跌。该跌不跌往往应看涨，尤其是在已经调整了相当长时间的背景下，要紧紧抓住这条线索深入下去了。

既然局部研究区域圈定，就等于是一个重新分析的过程，就要把握先大后小的原则，由于跨度并不算太大，年线图的研究意义就不大，所以一开始大的范围不妨放在月线图上。这样的思路不仅适用于大盘，对于个股同样适用。记住，我们要学会举一反三，这样才能真正提升自己的操盘水平。

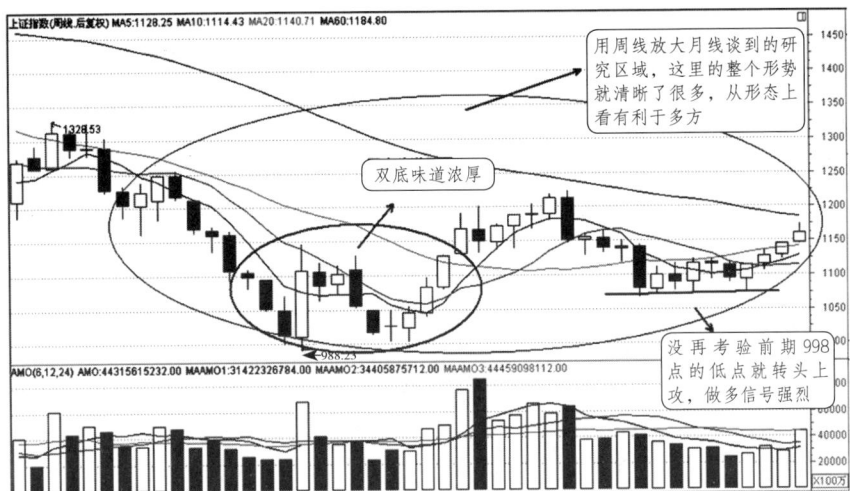

图 2-5　上证指数圆弧顶形态走势图

【学习小总结】

2019 年 1 月的两次调整探底，为后市构建了一个很好的底部，具备非常高的参考价值。如图 2-6 所示：

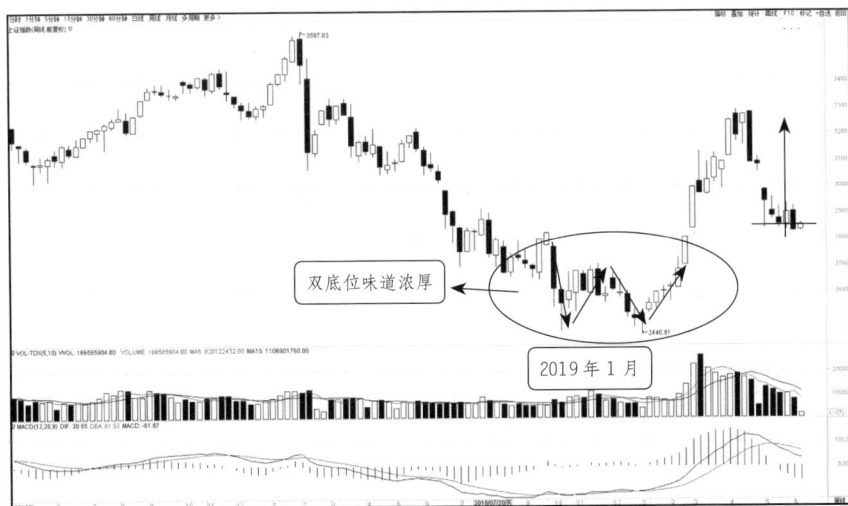

图 2-6　上证指数圆弧顶形态走势图

进入周线后要"抓主流，打七寸"

◇抓主流，打七寸

若要进一步分析，就必须引入周线图。如图 2-7 所示，周线图由于时间跨度较长，显得有点凌乱，不利于研究分析。此时，我们必须从大的形态转入阶段性关键区域形态的研究上。你要明白，把握问题一定要把握最关键的部分，只有把最关键的部分解决好，所有问题才能迎刃而解。这就是所谓的"抓主流，打七寸"。如图 2-8 所示，周线图情况与此相似，这时我们也要"抓主流，打七寸"。

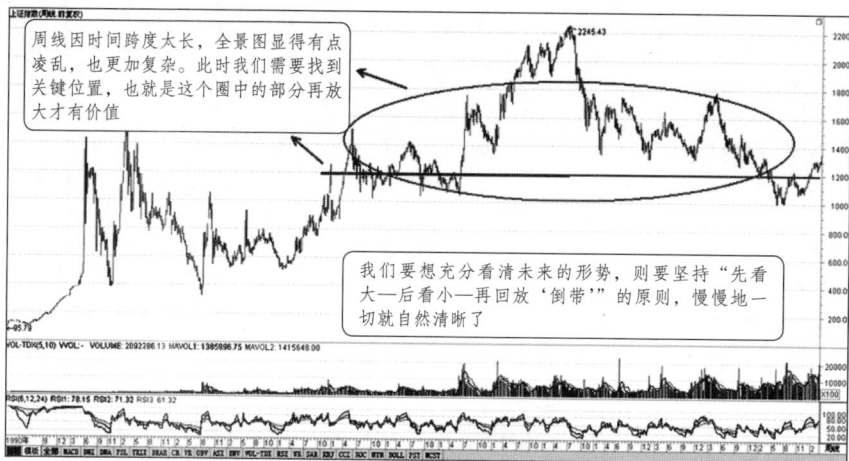

图 2-7　上证指数周线走势图

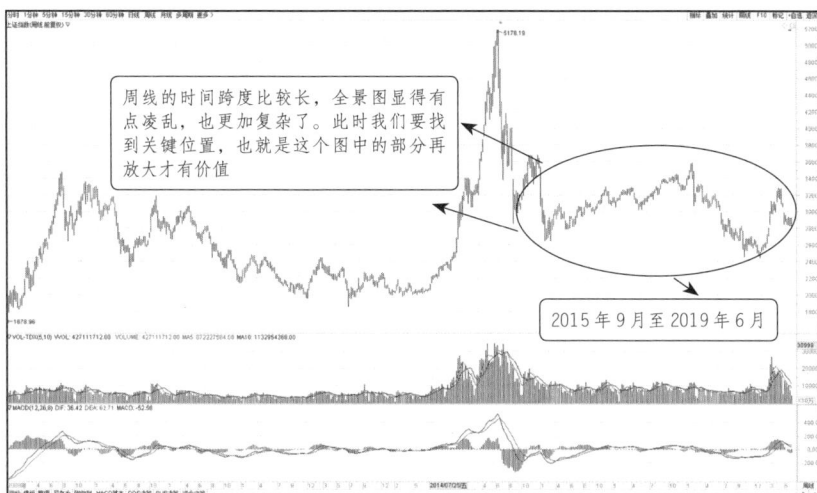

图 2-8　上证指数周线走势图

"下恐怖，上则壮观"，这样的区域就是关键区域。图 2-9 的圈中部分就是能够影响未来究竟是上还是下的区域。这是为什么呢？因为大的形态很突出，一旦往下有效突破，空间很吓人；但如果往上走，与这大形态配合，就形成非常壮观的上攻形态。图 2-10 与此情况类似。

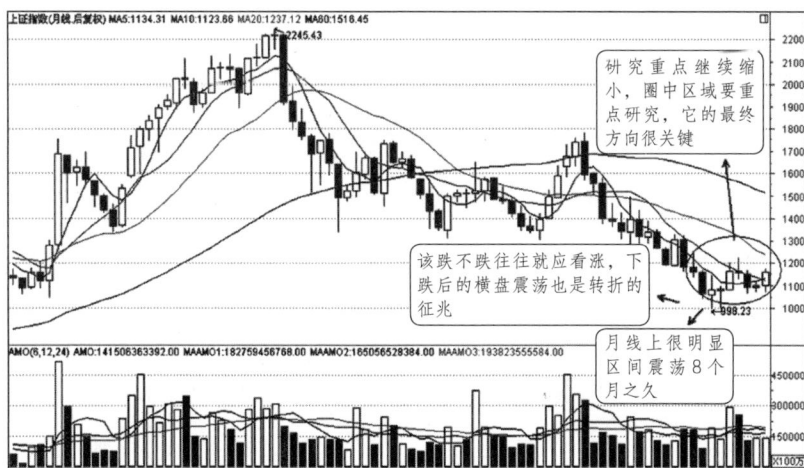

图 2-9　上证指数横盘震荡形态走势图

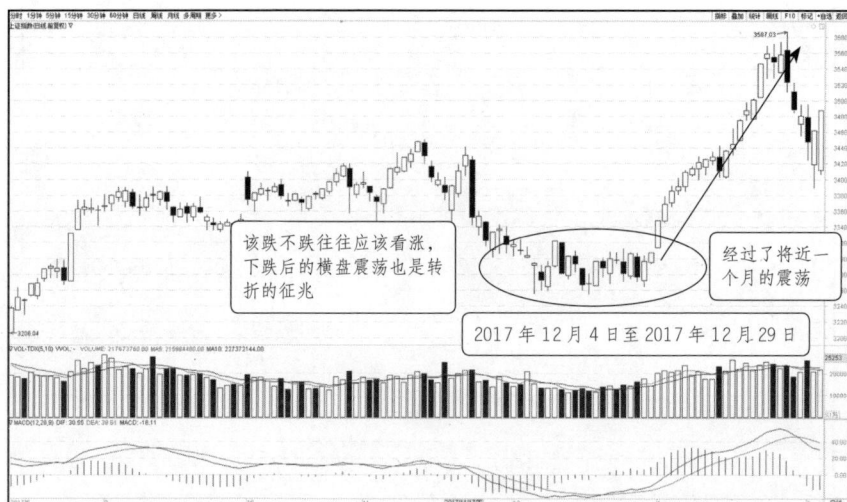

图 2-10　上证指数横盘震荡形态走势图

◇ 围绕最后几个月引入周线图研究

既然最关键的区域继续缩小到最后几个月的波动状况，而从月线上只能解读到"该跌不跌"的信号，此时，我们非常有必要再深入关键区域。因此，把月线图上最后几个月的波动用周线图的形式展现并研究就很有必要了。

◇ 从周线图上可以较为容易地发现一些细节

研究区域从最大逐步缩小范围，并且视野也逐步缩小，很多细节上的信息就会逐步浮出水面。如图 2-11 所示，我们很容易就发现，阶段性双底形态在破 1000 点后出现，同时双底形态后面的调整也没有再考验 1000 点了，最关键的是波动区域正往长期均线上方走，可以说，这已经比较有利于多方了。如图 2-12 所示，此时也比较有利于多方。

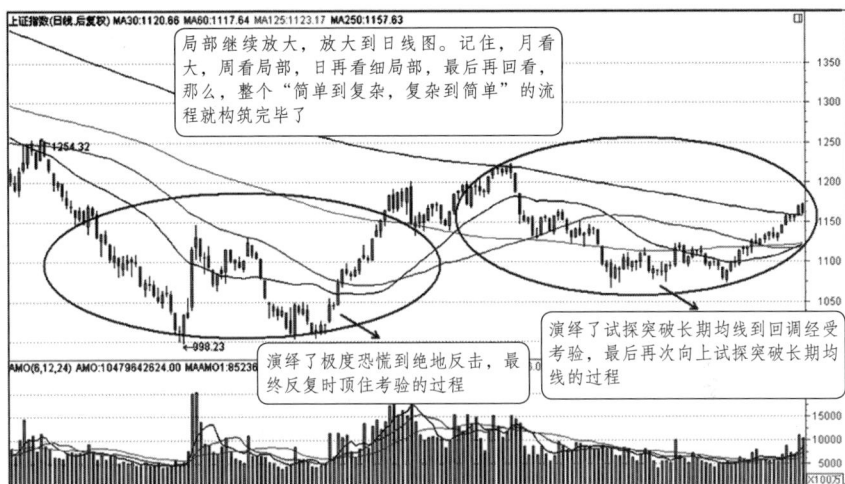

图 2-11　上证指数 2005 年 "998" 行情启动时的双底形态走势图

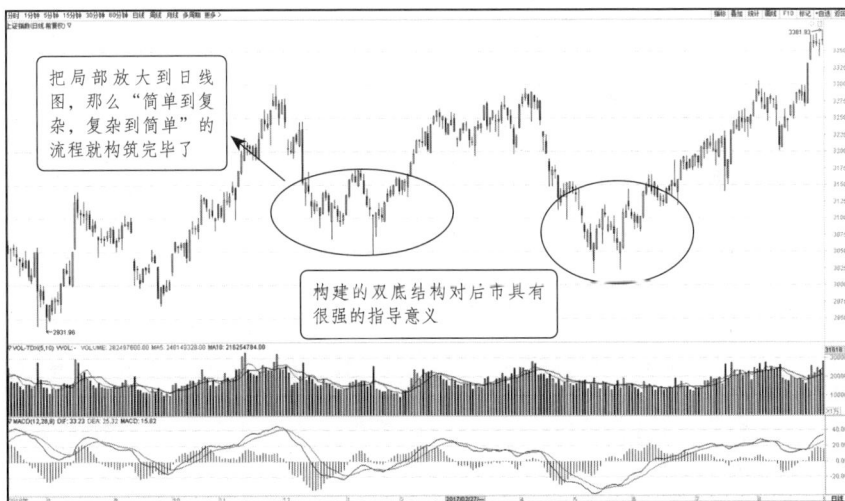

图 2-12　上证指数 2017 年年初和年中两次双底形态走势图

高潮在日线图，记得 "倒带"

◇最后的高潮：进入局部日线图分析

从大的全局年线图到范围较小的月线图、周线图，每个阶段形成的轮廓信号综合起来是非常有利于多方的，对大盘的思路已经越来越清晰。最后在大的思路基本确定的背景下，进入到缩小范围的日线图上，那是一个更为精细的世界，日线图的波动足以确定最后的答案，尤其是在解读大盘的前提下。

◇深入分析日线图后，一切开始豁然开朗

在周线图上看得不是特别清晰的形态在日线图上则可以很清晰地呈现，具体的波动过程让你更容易明白这形态的可靠性。从图2-11中，我们可以从那较为猛烈的表达双底的手法判断出，这绝对是有资金开始大举建仓的表现，它对双底形态的可靠性起到极大的支撑作用。另外，双底形态过后的调整并向长期均线发起冲击的波动，我们可以看得更为清晰，而且在日线图中，我们可以看到最后几个交易日实际上都已经站上250日均线了。这是多么喜人的信号！一切不是变得更为清晰了吗？这就是从大到小、循序渐进带来的分析效果。记住，只要方法得当，一切就尽在掌握之中。

◇记得"倒带"，回到最初，一切自然清晰起来

分析完日线图后，要"倒带"，就是从最小的日线图一直倒回到最初大的全局年线图上，经历一个轮回后，你会发现原来大的全局图里蕴含着这么多信息。此时，你会对大的方向胸有成竹，未来具体个股的操盘思路也开始清晰起来，作战也将进入运筹帷幄阶段。

综上所述，在研判大盘时，我们应当牢记以下几点。

第一，别跟大盘作对！大盘的解读结果将决定最后的战果；先大后小，年线最大；技术分析大小波动都适用；要学会从月线图中发现

有意义的数据；进入周线后要"抓主流，打七寸"；最后的高潮就是进入局部日线图分析之中。

第二，对大盘的解读在图形上我们要学会从全局的大到局部的小，最后"倒带"，思路自然就清晰了。这犹如读书，先易后难，先薄再厚，最后返回来看这些简单的内容或薄的书，你就会发现它们内含玄机。如果我们看盘也能达到这种境界，就能成为先人一步的高人了。当然，这种对大盘的解读仅仅是技术层面上的一种思路与方法，具体还要结合其他要素（如基本面、心理层面）进行研判。

总之，我希望通过对大格局作战思路的学习，可以使得大家的视野与思路更加开阔与清晰，更希望它帮助大家完善盈利系统。

从主力机构的角度剖析个股价值的"轮回"与"变异"

对个股价值的"轮回"与"变异"的思考

指数价值是所有个股价值的集合平均，很多时候波动剧烈有余，但难免个性不足，我们看待指数价值就犹如看待宏观面一样，比较清晰简单；而看待个股价值则犹如看待微观面一样，相对模糊复杂。当然，这跟个股包罗万象的特性有关，那么，在实际中，我们需要注意些什么呢？

从权重股价值波动看市场价值如何把握。权重股是影响市场的关键因素，因此，关注市场价值波动大的方向，其实关键是看权重股价值的波动状况。

图 2-13 为招商地产复权月线走势图。从该图中，我们可以发现，权重品种价值整体的波动脉络跟市场基本吻合，只是阶段性由于权重

股本身作为个股而言，所具有的个性会使得其阶段性的脉冲波动更加剧烈与夸张。这就告诉我们，在具体把握其价值脉络的时候，一是要看市场的反响，二是要看其公司本身的状况。

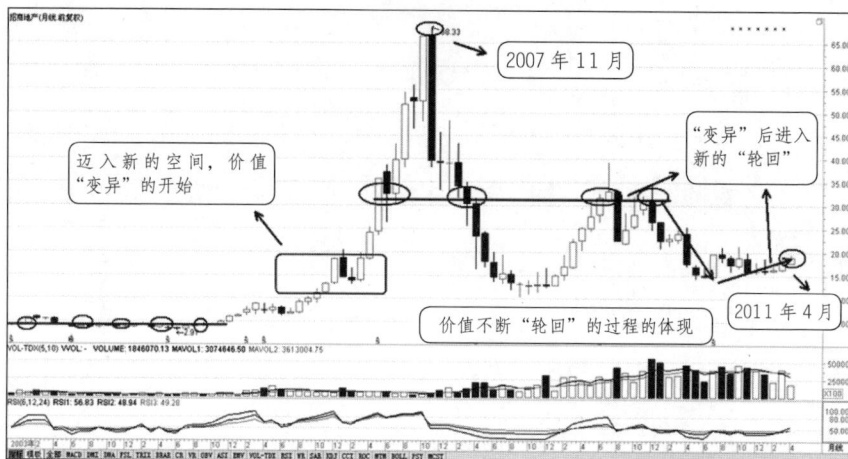

图 2-13　招商地产复权月线走势图

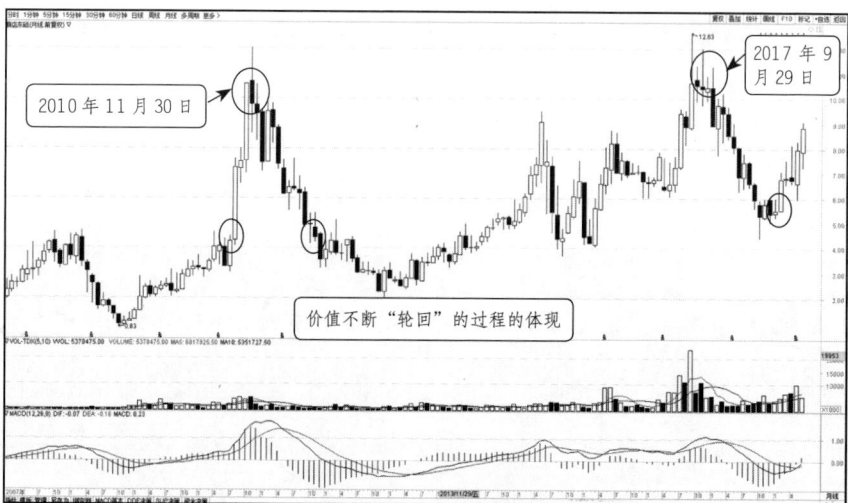

图 2-14　横店东磁月线走势图

【学习重点提炼】

如图 2-14 所示。从横店东磁的月线图上我们可以看出，在股价的价值"轮回"期间，虽然有新一轮的突破，但是从整体上来说，股价依然在 5 元附近反复震荡。

反复"轮回"的启迪

长期而言，很多个股的价值走势就是一个反复"轮回"的过程，看上去似乎没有什么质的发展。这并不奇怪，很多个股本身就是周期性行业，价值的反复"轮回"是符合个股行业发展特征的，也符合资金流动性盛极而衰、衰极而盛的规律。

我们都知道，价值包括本身价值和交易价值，本身价值关键看市盈率，交易价值关键看流动性。个股价值反复"轮回"的状况从侧面告诉我们，价值很多时候并不会随着时间的推移而增长，原地踏步或有所倒退都是正常的。

图 2-15 为小盘股 ST 精伦（自 2012 年 8 月 23 日起，该公司股票简称由"ST 精伦"变更为"精伦电子"）复权月线走势图，从图 2-15 中我们不难发现，其价值"轮回"上市 10 年左右（2002 年上市）一直在原地踏步。

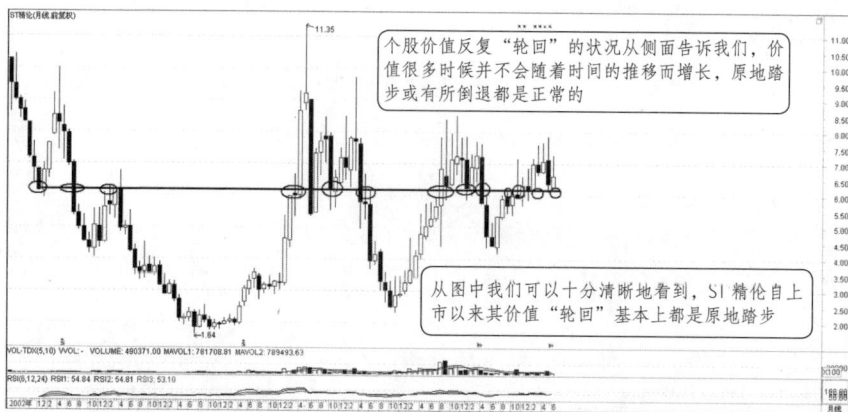

图 2-15 小盘股 ST 精伦复权月线走势图

【学习重点提炼】

如图 2-16 所示。从黑猫股份月线图上我们可以看出，黑猫股份自从 2006 年 9 月上市后，其价值"轮回"虽然有新一轮的突破，但是整体来说还是在 6.5 元附近反复震荡。

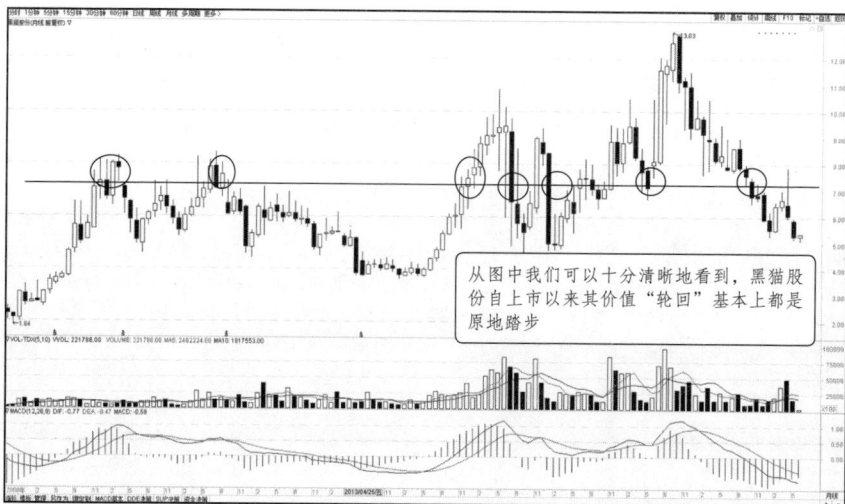

图 2-16 小盘股黑猫股份 2006 年 9 月至 2019 年 6 月月线走势图

图 2-17 为中盘股深康佳 A 复权月线走势图，从图 2-17 中我们可以看出，虽然其价值"轮回"有一轮新的突破，但是总的来说还是在 4.5元附近反复震荡。

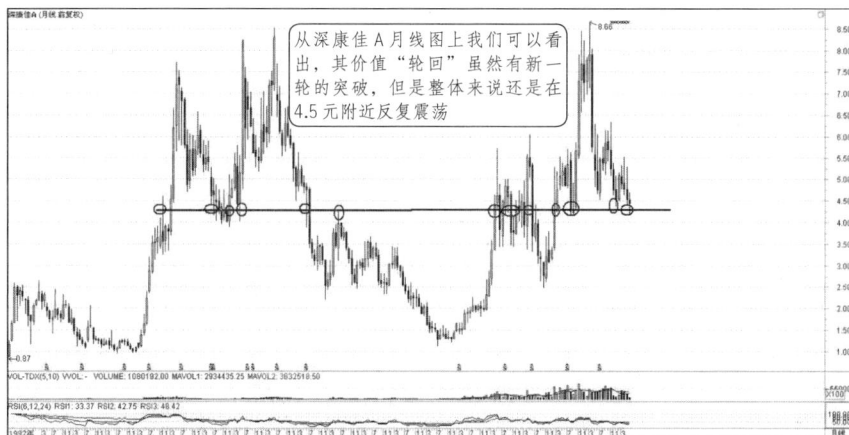

图 2-17 中盘股深康佳 A 复权月线走势图

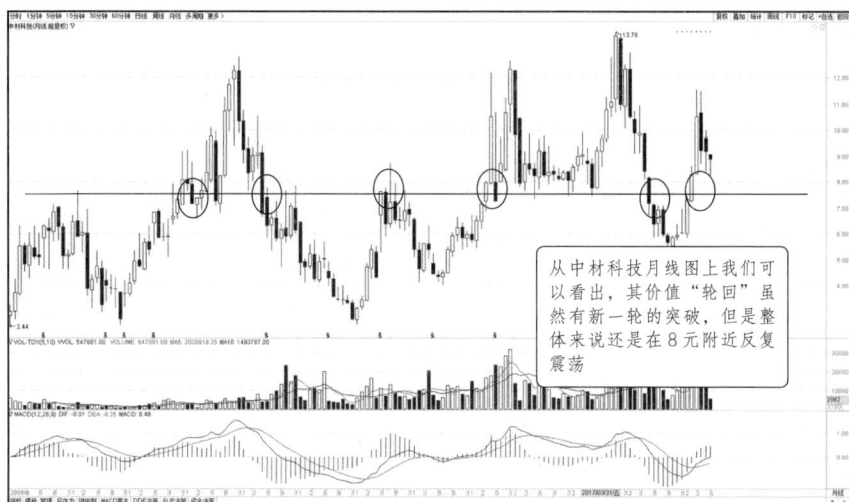

图 2-18 中盘股中材科技复权月线走势图

【学习重点提炼】

从图 2-18 中我们可以看到，虽然中材科技的振幅非常大，最长的一个周期的振幅将近 85%。但就算振幅大，它的价值依然围绕着某一个价格在震动，不过具体是哪一个价位，还需要我们在实战中观察。就目前的周期来看，大概是在 8 元附近。

图 2-19 为海信电器（自 2019 年 12 月 6 日起，该公司股票简称由"海信电器"变更为"海信视像"）2002 年至 2011 年月线走势图，从大的格局来看，虽然时间跨度很长，但是整体来说其价值"轮回"都是不断向前发展的。

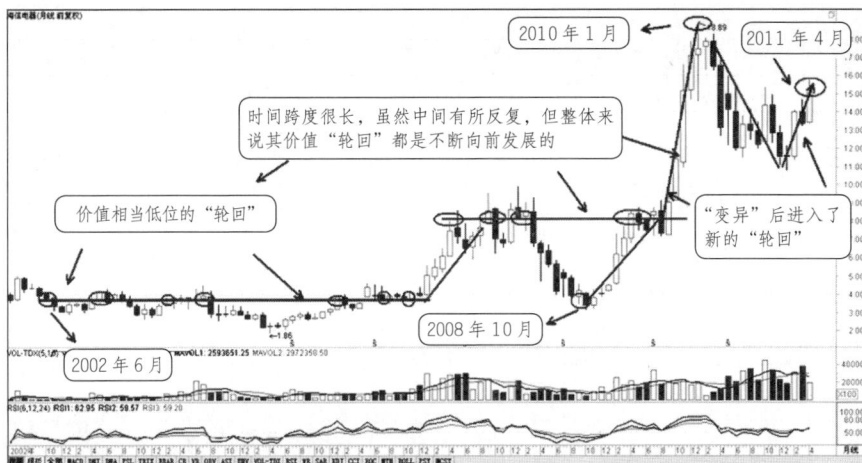

图 2-19　海信电器 2002 年至 2011 年月线走势图（一）

如图 2-20 所示，从中我们可以看到，在很长的时间跨度里海信电器的价值反复"轮回"着。这里的"轮回"是由其价值不断"变异"带来的结果，不同的是"轮回"的相对位置在不断地提高。其本质在我看来就是上市公司真正发生了质的改变，才能支撑其"轮回"位置不断地提高。

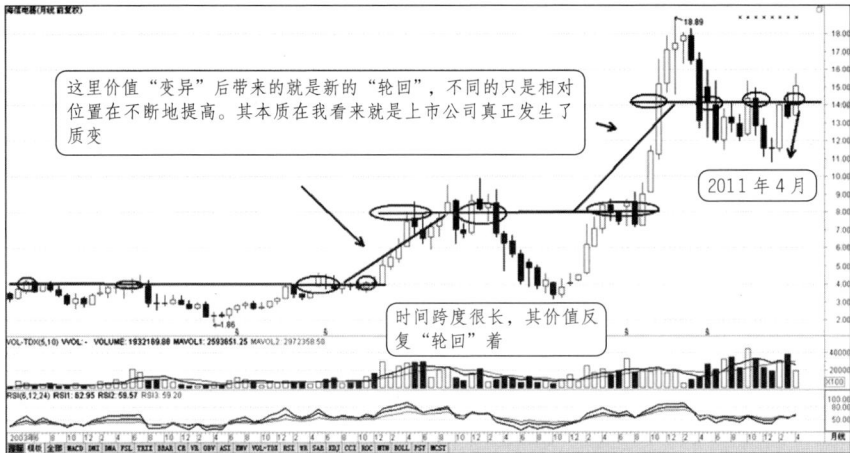

图 2-20　海信电器 2002 年至 2011 年月线走势图（二）

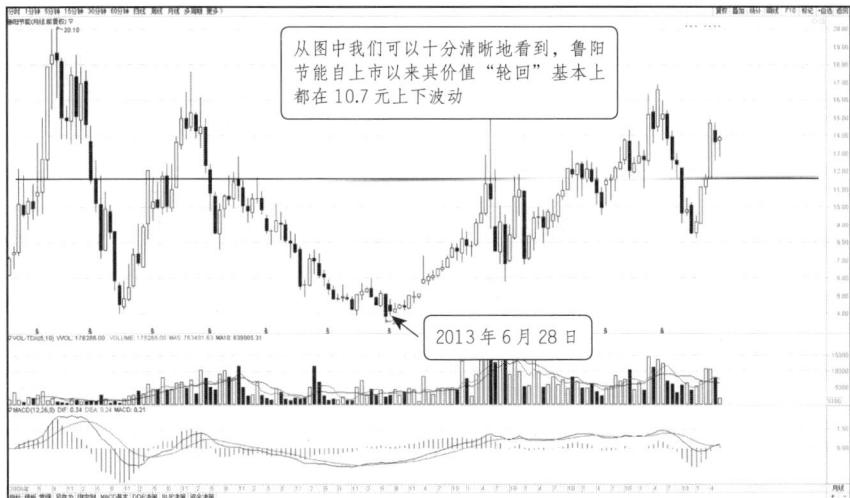

图 2-21　鲁阳节能 2006 年至 2019 年月线走势图

【学习小总结】

如图 2-21 所示。鲁阳节能的上下振幅最大达到 90%，并且在 2013 年 6 月形成圆弧底，为之后的"轮回"奠定了基础，是一个很好的潜伏时期。

图 2-22 为天药股份月线图，由此我们可以发现，其从 2001 年上市以来就不断地反复"轮回"着，与海信电器不断地"轮回""变异"形成了鲜明的对比。

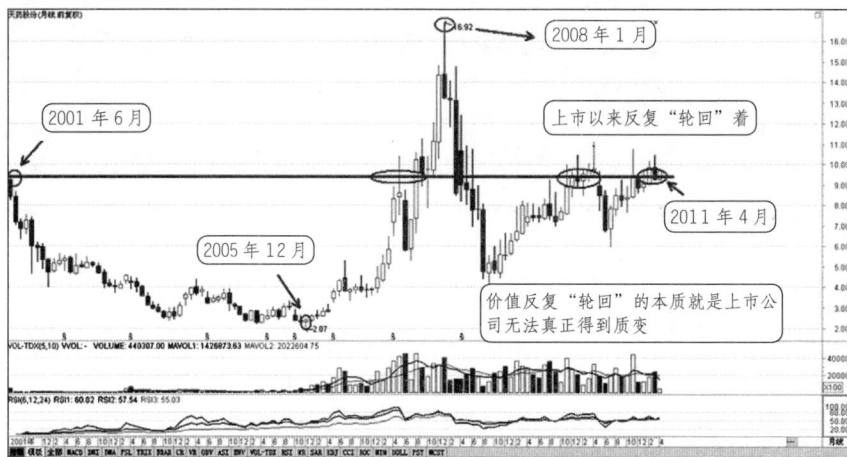

图 2-22　天药股份月线走势图（一）

如图 2-23、2-24 所示，面对价值的反复"轮回"，我们需要思考的是影响上市公司价值的关键因素——市盈率与流动性，究竟哪个才是最为关键的？其实更多的还是前者。

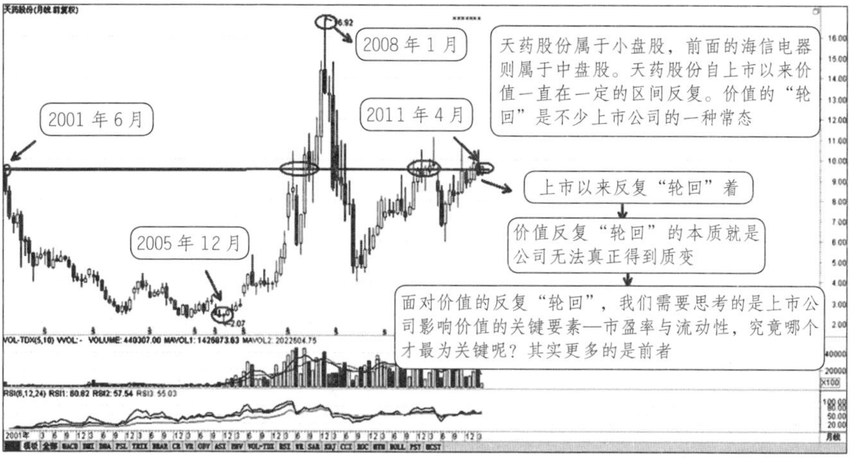

图 2-23 天药股份月线走势图（二）

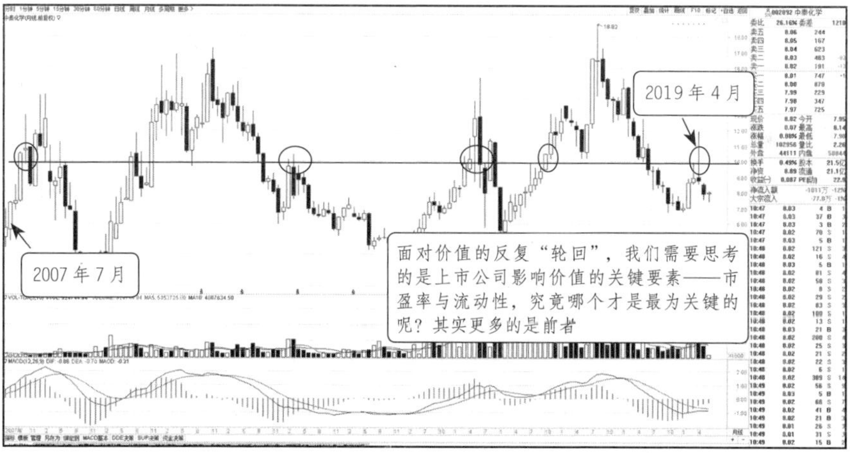

图中文字：

2008 年 1 月

2001 年 6 月

2011 年 4 月

2005 年 12 月

天药股份属于小盘股，前面的海信电器则属于中盘股。天药股份自上市以来价值一直在一定的区间反复。价值的"轮回"是不少上市公司的一种常态

上市以来反复"轮回"着

价值反复"轮回"的本质就是公司无法真正得到质变

面对价值的反复"轮回"，我们需要思考的是上市公司影响价值的关键要素——市盈率与流动性，究竟哪个才最为关键呢？其实更多的是前者

图 2-24 中泰化学月线走势图

图中文字：

2019 年 4 月

2007 年 7 月

面对价值的反复"轮回"，我们需要思考的是上市公司影响价值的关键要素——市盈率与流动性，究竟哪个才是最为关键的呢？其实更多的是前者

【课后思考】

（1）试着在市场上找出 3 个价值反复"轮回"的例子，并给出标准。

（2）市盈率与流动性，究竟哪个才是最为关键的？

图 2-25 为国投中鲁复权月线图，从图 2-25 中，我们可以发现，相对高位很难与相对低位的价值在未来相碰。

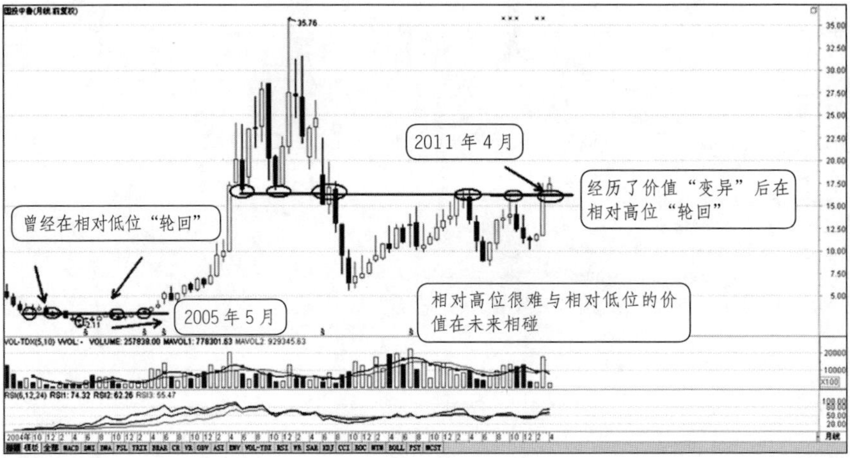

图 2-25　国投中鲁复权月线图

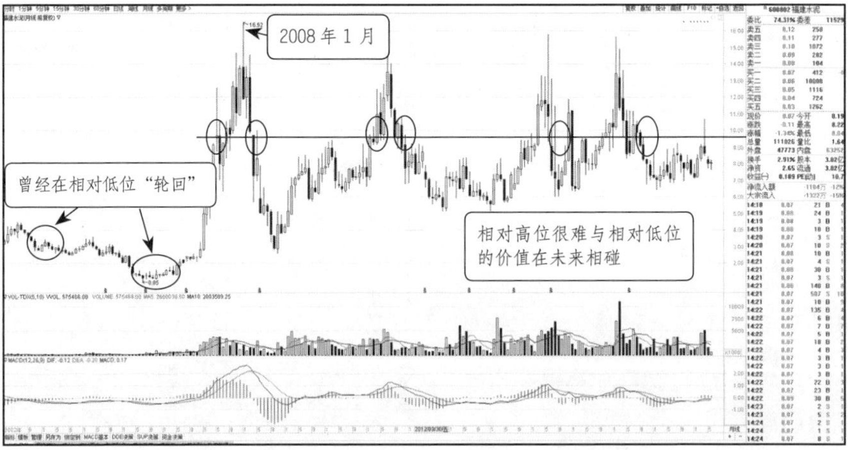

图 2-26　福建水泥复权月线图

【学习小总结】

如图 2-26 所示。通过福建水泥的复权月线图，我们可以看到福建水泥从 2005 年 7 月开始突破原来的平台，进入一个新的、更高位的平台。而在之后的走势中，相对高位很难与相对低位的价值在未来相碰。

图 2-27 为科力远复权月线图，它和上面国投中鲁的复权月线图类似，也是历史上价值相对高位的"轮回"与相对低位的"轮回"存在一定的距离。记住，这里的形态也是一种常态，我们需要思考的是：进步的本质是什么？没错，这是价值的实质"变异"带来的结果。

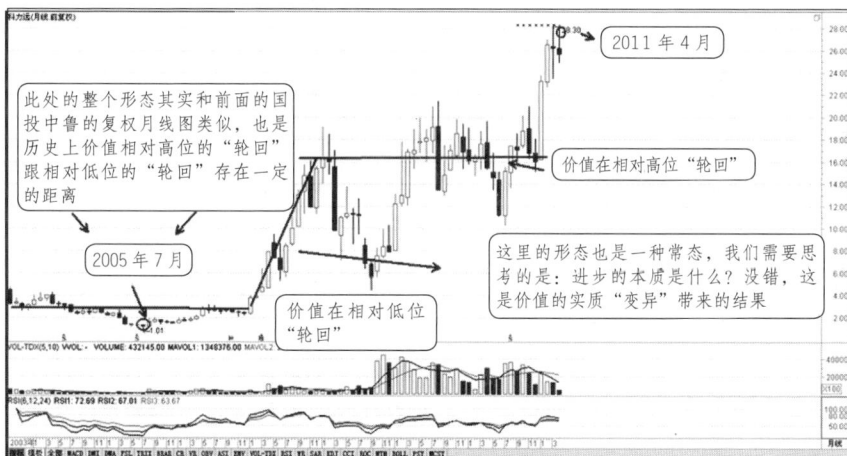

图 2-27　科力远复权月线图

图 2-28 为云南白药复权月线图,从中我们可以看到,其价值"变异"后不断"变异"向上,虽然期间有些短暂的"轮回",但是向上的"变异"动能依旧没有任何变动,"变异"向上的趋势成为未来的主旋律。

图 2-28 中的图表注释：

2010 年 10 月

价值"变异"后开始不断"变异"向上，虽然这期间有些短暂"轮回"，但是向上"变异"的动能依旧没有任何变动，不断"变异"向上成为主旋律

对比前面的所有态势，可以说，这是极其罕见的非常态。这样的个股不常见，却是我们在市场中需要把握的完美品种，值得为之奋斗

面对云南白药这样的特例，我们需要对价值做出怎样的思考呢？

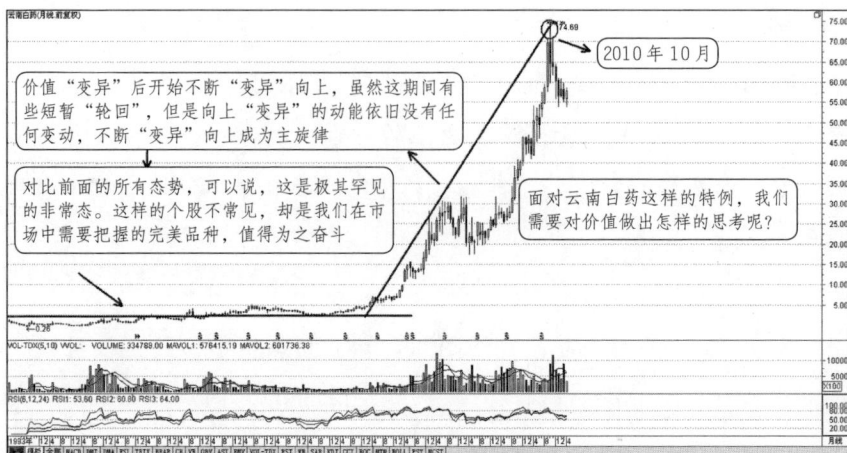

图 2-28 云南白药复权月线图

从图 2-29 中我们可以清晰地看出，个股的平均集合（综合指数）的价值"轮回"在不断向新的高度推进，这也反映出市场发生了质的变化。放眼历史长河，面对价值的"轮回"，我们能否淡然一笑呢？

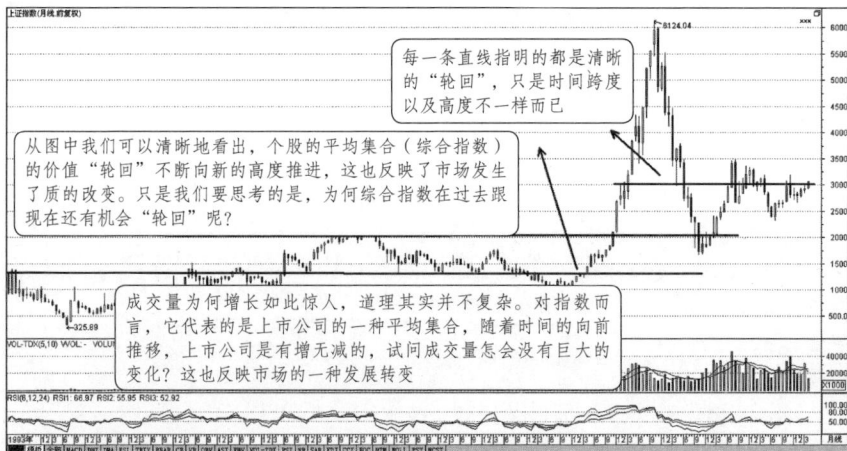

图 2-29 中的图表注释：

每一条直线指明的都是清晰的"轮回"，只是时间跨度以及高度不一样而已

从图中我们可以清晰地看出，个股的平均集合（综合指数）的价值"轮回"不断向新的高度推进，这也反映了市场发生了质的改变。只是我们要思考的是，为何综合指数在过去跟现在还有机会"轮回"呢？

成交量为何增长如此惊人，道理其实并不复杂。对指数而言，它代表的是上市公司的一种平均集合，随着时间的向前推移，上市公司是有增无减的，试问成交量怎会没有巨大的变化？这也反映市场的一种发展转变

图 2-29 上证指数复权月线图

【学习小总结】

通过香溢融通复权月线图（见图 2-30）可以看到，2006 年 10 月开始突破平台，开启一轮牛市行情，从最低价位的 2.5 元拉升到最高价位 27.61 元，涨幅大概在 10 倍。之后价值回归到原有的状态，但是很明显平台有所提高，进入新的箱体震荡。

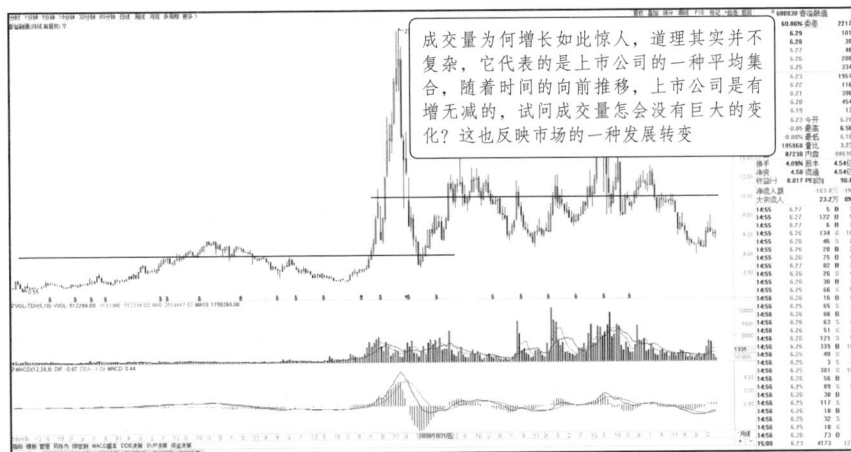

图 2-30　香溢融通复权月线图

前面价值反复"轮回"的例子谈到了 ST 精伦和深康佳 A，一个代表小盘，一个代表中盘，这说明反复"轮回"涉及的范围还是比较广的，是一个相对常态的状况。为何很多时候市场表现出大起大落、不断反复？其实跟众多上市公司本身价值的表现是息息相关的。

价值"轮回"升级版的思考

价值的"轮回"虽然是一种常态，但这里的"轮回"对于有些上市公司而言，会发展成为过去价值相对低位的"轮回"及目前价值相对高位的"轮回"，目前价值相对高位的"轮回"跟过去价值相对低位的"轮回"很难再有交集，这可以说是价值"轮回"向上发展导致的结果，属于价值"轮回"的升级版。下面我们以江西铜业为例，如图 2-31 所示。

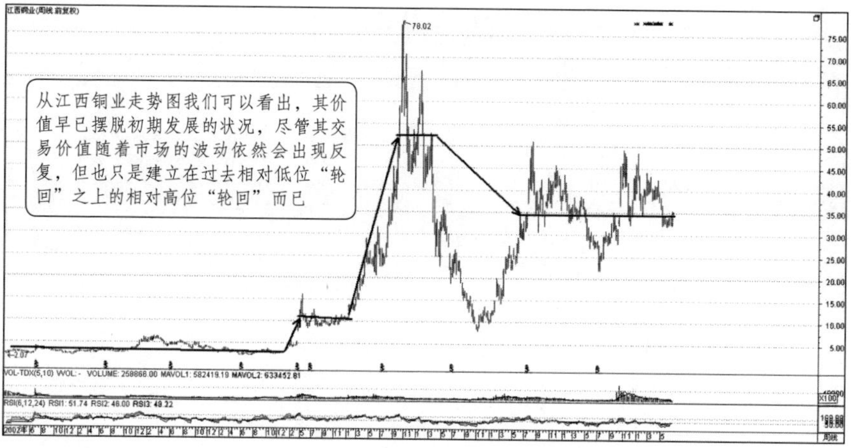

图 2-31　江西铜业周线走势图

江西铜业属于价值"轮回"的升级版，这背后说明个股随着时间的推移，其价值与当初相比发生了明显的质变，此时价值的"轮回"是一种"变异"后的结果，代表其发展已经上了一个台阶。

本身价值早已摆脱初期发展的状况，交易价值则随着市场的波动依然会出现反复，综合起来，其价值的"轮回"也就难免了，只是这是建立在过去相对低位"轮回"之上的相对高位"轮回"而已。这就好比人一样，过去如果是工人的业绩起伏，现在则是老板的业绩起伏，虽然都是起伏，但基础和环境是截然不同的。前面 ST 精伦及深康佳 A 的例子换成这里的比喻，那就是从开始到现在其业绩都是建立在同样的工作岗位上，基础与环境依然如故的状况。试问，人不都是这样吗？
确实有很多人要不就是永远稳定在一个岗位上，要不就是有所发展，
但较为稳健，一个岗位可以待很长时间。这两者其实都是常态。图2-32
中月线走势情况与此类似。

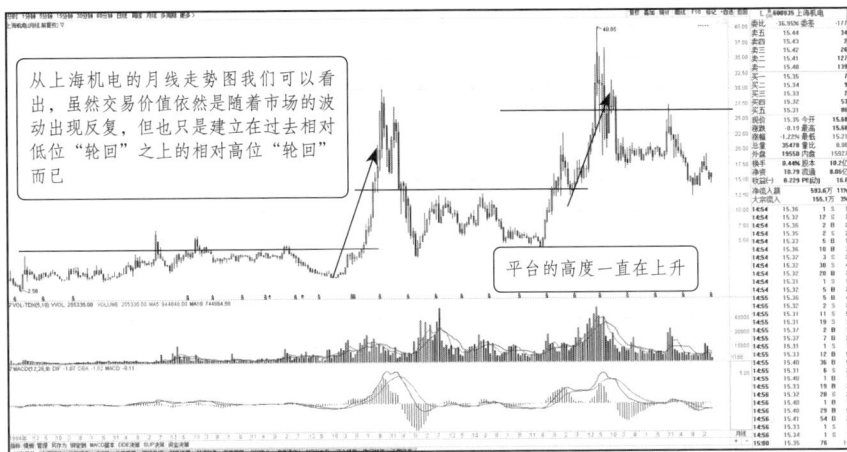

从上海机电的月线走势图我们可以看出，虽然交易价值依然是随着市场的波动出现反复，但也只是建立在过去相对低位"轮回"之上的相对高位"轮回"而已

平台的高度一直在上升

图 2-32　上海机电月线走势图

价值"轮回"的非常态

有常态就有非常态，任何事物都是对立统一的。价值"轮回"的
非常态就犹如前面云南白药的例子，除了上市初期一段时间经历过正
常的价值"轮回"外，"变异"一旦开始，其"轮回"的时间与频率
就显得非常少，价值"变异"的状态反倒频频发生。看看其一路以来
的价值表现的波动状态，用"惊艳"来形容一点都不过分。

这就好比一个人开始工作后，除了初期的岗位有一个时间沉淀的
过程，其余不断向上发展的岗位更多的都仅仅是做一个短暂的停留，

不断向上，难以停歇。这样的发展轨迹绝非一般人所能为，一旦成真，往往就会成为一个传奇。在资本市场上，类似云南白药这样不断蜕变、不断向上发展的个股，其本身价值没有太多争议，就是跟市场波动关系极大的交易价值在实际上为其开辟了单独通道。

要发现这样的个股并不容易，不过一旦发现并抓住这样的机会，夫复何求！因此，我们需要思考的是，如何才能让自己的投资也成为传奇。

价值的"轮回"犹如甩干机

不论是权重股还是非权重股，价值波动带来的市场反复，让我们认识到市场的本质就是机会与风险共存的，有机会就有风险，这是真理。只是就整体而言，是机会多还是风险多而已。

波段机会相当诱人，波段风险也相当残酷，尤其是处于"轮回"状态最初级的品种，可以说，本质上就是相对更具投机性的品种。"轮回"的升级版具备了长期投资的价值，只是其阶段"轮回"依然相当折磨人，最理想的就是非常态的"轮回"。类似云南白药这样的品种可以说是所有投资者都期待拥有的品种，只是由于其太稀少，因而注定市场真正的大赢家只会是少数人。为何大部分投资者进入资本市场后，最终的结果都不尽如人意呢？其实道理显而易见，试问有几个人能够真正在价值常态的"轮回"中，做到收获该收获的，回避该回避的呢？更多的都是在这"轮回"过程中被市场"三振出局"。

价值的"轮回"就好像甩干机，不断转圈让衣服上的大部分水都甩出去，真正能够最后依附在衣服上的水分，是相当微小的部分。当然，这也要看甩干机转圈的力度，力度越大，剩下的水分就越少。如此，市场的价值波动能小吗？冲着交易价值的波动这可能性就微乎其微了，更别谈本身价值的波动状态了。

总的来说，个股价值的"轮回"在时间舞台上燃放的烟花各有各的精彩，只是有几个人真正能够抓住这精彩就另当别论了。精彩是展现出来了，能抓住的人最终只会是少数，道理不复杂，就在于很多人都只想到了"轮回"的一面而已。切记，"轮回"的思路启迪我们：今天发生的未来未必不会再发生，让未来不再重演过去的根本就是让自己"变异"。

"轮回"的启迪：一切都是相互联系相互影响的

我不知道人的生命有没有轮回，但我知道人的生存发展状态总是难免会有轮回的，轮回不仅表现在资本市场，在生活中也比比皆是。

面对上面那么多的"轮回"的例子，我们是否可以进一步想到，这不就是人内心状态"轮回"的反映吗？资本市场"轮回"的波动本质是由人的交易变化带来的结果，而人的交易变化很大程度上又跟生活息息相关。将资本市场的"轮回"跟人现实生活中的"轮回"联系起来，让人豁然开朗。

当我们拥有"轮回"的概念后，是否一切都要进行"轮回"的操作，即采取多点波段策略？按道理是这样，但事实上很难做到。这并不复杂，就好像很多人都知道股票就是要高抛低吸一样，可是说起来容易，做起来难。实际上很多中小"轮回"是没有多大可操作性的，真正具有可操作性的是大"轮回"，所以，妄想把所有"轮回"都掌握在自己手中，那是不切实际的想法。真正可行的是，我们去看透大的"轮回"，做好大的波段。至于中小"轮回"，那就犹如云南白药向上"变异"过程中的"轮回"一样，那是短暂的，只要坚持，更大的光明必然是在前方的。

要让"轮回"最后方向是在前方，其实回到价值上来，只有本质真正具有向上"变异"价值的品种才是我们需要长期坚守的品种。要做到这点，最后就是要落实到个股本身价值上来。

很多东西不仅是相互联系也是相互影响的。个股价值如此，世界也是如此。

个股研判的基础

最后，我们将上面所讲的内容进行比较和总结，希望能给大家带来更多的思考和启发。

指数价值仅仅是一种集合平均价值

指数价值的"轮回"与"变异"有一个不容忽视的因素，那就是其内在结构的变化带来的成交量的大幅增长。

所谓内在结构的变化，是指个股逐年增加的态势，使作为所有个股集合平均的指数发生了微妙变化，具体反映在市场上，那就是成交量的不断放大。1999年几十亿股的日成交量已称得上天量，2009年日成交量上千亿股才能具备天量的基础，这是一个多么惊人的飞跃！

不过有意思的是，虽然指数内在发生了巨大的变化，但其价值的表现形式很多时候并不因其内在的变化而发生太大的质的变化。究其内在原因，很大程度上是众多新个股价值能量此消彼长的平衡所致，毕竟，指数价值仅仅是一种集合平均价值而已。

用四种代表性品种跟指数进行对比

日线图的繁杂很容易让人阶段性失去理性，因此，面对个股本身价值的"轮回"与"变异"，局部波动过程中的节奏一不小心就很有可能会让人发狂。看看前面的招商地产、海信电器、国投中鲁、科力远，每一个都代表着一种个性，招商地产是权重股代表（更多跟随市场，但阶段性会有自我个性），深康佳 A 是价值常态代表（不断进行反复，总是难以达到真正的质变)，招商银行则是价值常态升级代表（虽然反复不断，但反复的中心随着时间推移是有所抬高的），云南白药则是价值非常态代表（初期反复后更多的就是不断"变异"向上，顺风顺水、直冲云霄）。这 4 种个性虽然并不能涵盖市场上所有的品种，但基本包括市场的大部分品种，且具代表性。因此，通过上面 4 种代表性品种跟指数进行对比，我们就很容易发现很多值得思考的问题，获得一些有益的启迪。

价值就是人内心的一种反映

价值的"轮回"与"变异"到了最后，其实就是多空能量的博弈带来的结果，也是人在社会发展过程中心理不断变化带来的结果，本质上交易价值跟人的心理波动有直接的关系。道理很简单，一件东西，大家内心都认为它值 100 元，那它就具有 100 元的价值；大家都认为它值 1000 元，那它就具有 1000 元的价值。这点跟艺术品的价值有异曲同工之处。因此，面对市场沸沸扬扬的价值争论，我们大可不必将其当一回事，只要清楚本质的东西就可以了，其他的就让别人去争论吧。正如鲁迅所说，地上本没有路，走的人多了，也便成了路。价值也是人定出来的，只要认同的人多了就成了有价值的。

个股研判要点

面对资本市场，我们需要总结一些规律，找到一些系统性的东西，从中发现盈利模式，这样才能够在资本市场上长久生存，让自己变得有价值。因此，我们对个股价值研判时应记住以下几点。

理解价值

我们研究价格的变化，在本质上就是研究价值的变化。理解价值的"轮回"要注意"历史会重演"的真理，理解价值的"变异"则要注意"水滴石穿"的道理。面对价值的"轮回"与"变异"，我们要有立足中长期的思想，同时需要明白市盈率与流动性的重要性。

关于指数价值"轮回"与"变异"的三点思考

第一，发展带来"轮回"，价值的"轮回"是必然。

第二，指数价值的"轮回"与"变异"的本质。

第三，在指数长期的价值"轮回"中，我们要把握局部企业"变异"的机会。

总的来说，指数价值的"轮回"是必然事件，而这"轮回"很多时候都是长周期的轮回，这点需要谨记。就具体操盘而言，面对长周期的"轮回"，我们只能去寻找这过程中局部"轮回"机会，或者寻找这过程中可以摆脱市场"轮回"独立向上变异品种的机会。只有这样，才能长久生存。

对指数价值的四点深入思考

第一，指数价值的关键看权重品种的价值。

第二，交易价值在市场价值中尤为关键。

第三，"轮回"是量变，"变异"是质变。

第四，指数螺旋式上涨背后更多的是反复。

以上四点是对指数价值深入思考的结果，很多东西其实就是在深入思考的过程中获得的，学习或在具体操盘过程中都是如此。

个股价值的"轮回"与"变异"提示五点注意

第一，从权重股价值波动看市场价值如何把握。

第二，反复"轮回"的启迪。

第三，价值"轮回"升级版的思考。

第四，价值"轮回"的非常态。

第五，价值的"轮回"犹如甩干机。

总的来说，个股价值的"轮回"在时间舞台上燃放的烟花各有各的精彩，只是能抓住的人最终只会是少数。道理不复杂，因为很多人都只想到了"轮回"的一面而已。

"轮回"的启迪是：多想一步则豁然开朗，一切都是相互联系相互影响的。个股价值如此，世界也是如此。

最后再次提醒最重要的三点。

第一，指数价值仅仅是一种集合平均价值而已。

第二，用四种代表性品种跟指数进行对比，并从中去思考与发现。

第三，价值就是人内心的一种反映。

价值仅仅是资本市场的沧海一粟，却是不可或缺的；价值也是投资者讨论最多且研究最多的领域之一。仁者见仁，智者见智。没有最好，只有更好，价值如此，我们的思考与研究也是如此。只要我们建立了系统，一切就有不断深入的可能，这就是最大的武器。

总的来说，面对资本市场，我们需要总结的就是一些规律，找到一些系统性的东西，从中发现盈利模式，这样才能够在资本市场上长久生存，让自己变得有价值。

关于大盘与个股两难选择的思考

在把握市场机会与回避市场风险的博弈过程中，什么样的状态才是两难选择呢？此时，我们又该如何应对？

市场走出较为强势的反弹，但随着反弹的深入，预计随时会出现回调。回调有可能是大跌，但不会马上进入新的熊市，仍会有一个反复过程，也就是短期达到相对的疯狂，随时将进入短期变盘状态，有可能就发生在第二天。

由于市场反弹较为强势，但随着反弹的深入，个股机会越来越多，不过新介入的品种属于仍未大爆发的品种，虽然人们预感市场要回调，但对仍未大爆发的品种依然充满着期待。

矛盾产生了，市场预计马上回调，但手中个股预计仍有大爆发的过程，问题就是手中个股一直没大爆发，如果贸然出局，一旦大爆发，将处于非常尴尬的境地。说白了，无外乎以下几种情况：

第一，大盘马上回调，其抵御住压力后大爆发；

第二，大盘马上回调，其在市场回调过程中大爆发；

第三，大盘回调前，其已经大爆发；

第四，大盘马上回调，其未能抵御住压力而最终沦陷。

第三种情况是最好的，回调前大爆发就什么都不用想了，那时，我们可进可退。第四种情况是大家最不想看到的。至于第一和第二种情况，则要看在大盘回调过程中是否依然持股。如果回调前已经出局，在个股抵御住压力过程中又没介入（一般都不会介入，毕竟刚刚出来），最终大爆发的话，懊悔是必然的；至于在市场回调过程中大爆发，那就更不用说了，那时是绝对的懊悔。

是进是退，此时充满着矛盾，毕竟此时的市场不能说已经进入新的熊市阶段，而仅仅是强势反弹后的初期回调，初期回调后一般还有反复，最终再往下破位才有可能进入新的熊市阶段。此时由于市场已经被彻底激活，就算市场调整，部分个股机会也能够很好地接过活跃之棒，没有大爆发，但有潜力的品种不排除出现那样的可能。

该如何做出抉择？真的非常考验人。

最稳健的方式是全身而退。在大盘回调前不管如何，先全部撤退再说，但这样做就有可能失去操盘资产进一步扩大战果的机会。

最激进的方式则是坚持到底。任由大盘回调，坚持到底，看准的就是其接下来的大爆发，虽然有可能夭折，但不到最后一刻不放弃。这样带来的结果有可能就是两极分化：如期爆发了，操盘资产得到很好的提升；最终夭折了，操盘资产则面临缩水的境地。

其余的方式都是介于上面两者之间，结果也是介于上面两种最好与最坏之间。

记住，这里没有最佳答案，毕竟最后的结果如何难以预料。你是什么样的性格可能就会有什么样的选择，性格决定命运在此时会淋漓尽致地展现出来。问问自己，你是哪一种人呢？

或许有人会说，如果不仅能够把大盘研判准确，同时对个股也彻底研判好，那就不存在上面选择的问题了。没错，这不是不可能，但这不具备持续性，就好像每天赚一个点不具备持续性一样。所以，这样的问题最终还是要面对的，最终还是要做出选择的。作为操盘手，切记，选择是不可避免的，不过，在选择前，在看到选择后的最好结果的同时，请务必准备好接受选择后的最坏结果，这样，我们才能多一分沉着与坦然。

操
盘
手
记

用有限的兵力去做无限的事情

在资本市场博弈的过程中，每支队伍或每个人所拥有的兵力肯定都是有限的，所以，如何让这有限的兵力很好地运用起来，达到应有的效果，最终取得战争的胜利，这是每支队伍或每个人必须面对的问题。

攻击的时候，不论是做多还是做空，只要兵力充足，很多人都是察觉不到危机的，只有当兵力所剩无几的时候，才会意识到要取得最终的胜利是多么不确定的事。所以，在战前要思考如何排兵布阵，最理想的结果是当手中快没兵的时候，形势已经按照设想的在运行。在这个时候，你内心犹如拥有无限兵力一般，因为事情按照你设定的在发展，而最终的战局也在你的掌握中，这是胜券在握的一种表现。

每支队伍或每个人都特别渴望达到一种"手中有限，心中无限"的境界，到了那时候，无限的事情也不是不可为。

在实际操作的过程中，当自己手中的兵并不多的时候，要思考的就是，如何让自己的兵像资本市场那有限的兵一样，做好排兵布阵，让未来事件的发展按照自己的思路运行，这是关键。懂得用人，很可能就会让有限的兵最终完成无限的事情，这在互联网的发展历程中表现得非常突出，很多网络奇迹就是这样诞生的。

资本市场其实也具备这样的土壤，尤其是对中国这个年轻的资本市场而言，用有限的兵力最终完成无限的事情并非痴人说梦。

如何把握自己的人生

甲：现在很多人想跟我学操盘，想成为私募操盘手，想成为私募基金经理。

乙：这是好事呀！

甲：但问题在于他们都以为操盘手、私募基金经理是可以一日炼成的。

乙：这是很多人的认识误区，就好像以前 IT 热的时候，人人都想成为比尔·盖茨，只是最终能成功的毕竟是少数。但是人家想拜你为师，想少走点弯路，这难道有错吗？

甲：当然没错，只是他们对此期望太高了，好像跟我学习了就一定能成为操盘手，成为私募基金经理，就一定能够实现财务自由。

乙：这种现象就好像一个热点起来后，投资者疯狂盲目参与炒作一样，确实令人害怕。

甲：是的。还有人对一般资本市场的工作极度厌恶，却向往那种舒适轻松的操盘手生活。他们眼中只有成功的操盘手生活，除此之外都不是他们想要的。

乙：应该让他们知道成功的操盘手毕竟是少数，而你能做的就是给他们启迪和点拨，尽量让他们少走点弯路，其余就要靠他们自己一步步去走了。

甲：是呀，真正要做出点成绩哪有那么容易！还有一些人的想法真的很不成熟，他们想到我身边来学习，但不愿从最底层开始做起。

乙：想法挺好的，只是有点自以为是。

甲：是呀，什么事情都需要一个了解过程。来我这儿从最底层做起，好像还委屈了他似的，自以为就应从中高层做起。说得不好听点，他想从最底层做起，还未必够资格呢。

乙：毕竟太年轻，很多想法不成熟。这就像你愿意去银行柜台工作，人家未必会要你，不是你想去就能去的，否则，哪有失业呀！想要人家接受你，首先要让他人充分了解你，然后表现出一种渴望，这样才有机会。

甲：服你啦！

乙：现在不少年轻人都很浮躁，总向往最美好的未来，希望能够早日实现美好的生活，却忘了要提升自我，认识自己，谦卑地去寻找机会。

甲：说真的，看到这样的状况，我内心也很焦灼，非常希望自己能够很好地帮到他们，引导他们，否则按照他们现在的样子，迟早会被社会彻底折磨得不成样子的。

乙：社会是残酷的，说真的，你能救多少人呢？

甲：我会尽最大努力，写更多的书，做好培训，做出具有正确价值观的金融文化产业来，帮助更多的人。

乙：想法很好，但路途漫漫呀！

甲：是的，所以要超越自己的极限才能创造奇迹。

乙：你有必要这么折腾吗？

甲：有必要！我来到这世界就是为资本市场而来的，既然来了，那就要充分释放自己的能量。对财富的追求不是唯一，更好地体现自我人生价值，让我认为有价值的理念与思想能最大限度地传播开去，做到这些，我这辈子才算完成任务。

乙：好，我就欣赏你这样的精神与态度，支持你，全力支持你。

渴望成就一番事业没错，但在行动的时候，必须对自己有清晰的认识，你有多少斤两决定你能够达到的高度。

刚开始奋斗的时候，谦卑是极其重要的。让他人充分认识你、肯定你，然后再谦卑地索要比你目前所能胜任的工作要求低点的工作，这样你获得机会的可能性才大。

很多人失败就失败在太自以为是，这世界上比你有才能的人很多，所以千万别自视甚高。如果你眼高手低，最终的结果就是一事无成。

有机会跟自己崇拜、欣赏的人在一起，请好好珍惜那样的机会，不去计较任何得失地学习与付出，最终的回报绝对会超越你的想象。

利用板块的联动性进行无风险套利

以下是关于利用板块的联动性捕捉稍纵即逝的战机的几点思考。

如何把握好对市场的感觉

进行无风险套利是人人梦寐以求的，但真正想要获得比其他人更多的机会，你就要对市场整体有较好的把握。而这就体现在对市场的敏感度，敏感度越高，就越能够从细微之处发现问题，感受到市场的脉动。那么，如何提升自己的敏感度呢？首先，我们要了解影响市场走势的主要品种。毫无疑问，权重品种是市场的风向标，也是影响市场走势的主要品种，所以我们理应重点关注；而非权重品种则从另一个角度反映了市场资金的流向，只要用心，我们也可以从中感觉到市场的变化。不管你是从哪个角度去感觉，只要能够看清市场资金的流动方向，你对市场的把握就算成功了一大半。

在这里还有一点需要强调的是，把握好对市场的感觉不仅仅是指对整个市场的第一感觉，更重要的是要发觉在同一板块中不同品种之间的联动效应。也就是说，要从整个市场的角度入手来感觉市场，再从具体板块小处入手，进入更为微妙的感觉中去，从细微之中感受宏观。以钢铁板块为例，我们都知道宝钢股份是钢铁板块中的龙头品种，它的一举一动会直接影响整个板块的动向。因此，每当它有较大波动的时候，则意味着整个板块将跟随它发生变化，这时是把握战机的关键时刻。此外，像方大特钢、马钢股份等在钢铁板块中不具有绝对龙头地位的品种，同样是不可忽略的。在具体实战中，我们要学会从任何单一品种的异常剧烈波动中感受整个板块的微妙变化。很多时候，往往是板块中一两个非龙头品种率先启动爆发行情，最终传递到整个板块的。

在具体实战中，到底该如何去感觉呢？

先看大盘的波动状况

了解大盘的波动状况是把握战机的前提，或者说是进一步感知板块异常的重要先决条件。为什么呢？因为大盘的波动代表着当天的大趋势，看具体板块机会就要先看大趋势，大趋势影响并决定着小趋势的动向。所以在大盘涨的时候，看该板块是否也跟着涨；在大盘跌的时候，看该板块是否也跟着跌，如果出现的是同涨齐跌的跟随动作，我们就不需要太在意。因为这是正常情况下出现的状态，只要跟着市场走就行了。

这种正常情况并不是我们要观察的，我们要观察的是那些异常情况。那就是当大盘上涨时，该板块却下跌，或者大盘下跌，该板块却上涨，即板块与大盘之间的节奏完全相反。这种跟市场反向而行的状况，就是我们需要重点感知的情况，当然，研究反向之前你需要做的依然是看清楚大盘的方向，看到底是涨还是跌，因为这将极大影响接下来板块异常分析的结果。至于如何把握大盘波动的影响因素，重点研究的就是那些权重品种，看看它们目前所处的大趋势，它们的状态往往决定了未来市场的进一步走向。

深入感知"反向而行"的"背后"

跟市场反向而行的状况一旦出现，就具备了进一步深入研究该板块异常的基础。在这里，有两种情况需要具体问题具体分析。第一种：当市场上涨这一大盘背景出现时，说明市场整体的买方力量比较充沛，而所选板块既然不涨反跌，有一点可以肯定的是，在其中运作的资金正在进行反其道而行的策略，其目的是洗盘或者是派发筹码，这需要进一步研究该板块的基本面与技术面等才能获知。第二种：当市场下跌这一大盘背景出现时，说明市场整体的卖方力量比较充沛，而所选板块既然不跌反涨，可见在其中运作的资金也在进行反其道而行的策略，其目的是吸纳筹码或做假动作，同样需要进一步研究该板块的基本面与技术面等才能获知。

从这两种不同情况反映出来的共性，我们应明白，深入感知"反向而行"的"背后"就是要对该板块当时所呈现的具体基本面与技术面进行剖析。

如何剖析异常板块所呈现的基本面与技术面

基本面是一个比较大的层面，并非一两千字就可以说清楚。在这里，我只能提供一种思路——可以在实战中去感觉的思路。简单地说，剖析基本面不妨从该板块的一些行业具体政策信息及本身上市公司信息入手，尤其是从龙头上市公司未来发展动态中去感知一些有价值的信息。一个板块就代表了一个行业，而该行业龙头品种现在与未来的基本面多少都能反映出整个行业的未来。正所谓"打蛇打七寸"，分析基本面也要抓住最有价值的。

技术面范围则很广，不过我的体会是要掌握好它无外乎以下三点：第一，需要重点把握好形态分析；第二，要懂得综合运用缺口理论和时间周期理论；第三，通过图形了解大趋势，同时了解短期趋势大概的运行情况。

当然，最重要的是基本面与技术面充分结合，它们之间可以相互验证、相互弥补、相得益彰。异常板块看透了，接下来真正开始深入的时候，我们才能做到心中有数，才可以进入下一个环节。

紧紧盯住龙头品种的盘面状况

擒贼先擒王，做股票亦如此。把握住了龙头品种的状况，就等于把握住了整体市场的概况。这个市场龙头的影响力就如战场上将军的影响力一样，其本身的状况是否"勇"与"智"，很大程度上将影响全军，进而影响整个战局。

那么，紧紧盯住龙头品种的盘面状况，最终目的是什么呢？目的是让自己的资金能够暗度陈仓。比如，在钢铁板块中宝钢股份就是龙头品种，其一举一动势必会影响整个板块的动向，对整个钢铁板块的其他品种会起到风向标的作用。假如宝钢股份突然大涨，并且涨幅超过 5%，甚至超过 7%，逼近涨停，那么，这就给了我们积极捕捉该板块战机的一个非常好的信号。

接下来，要做的就是迅速浏览该板块其他品种，找出比较有潜力的，然后进行跟随动作，暗度陈仓。在这里，宝钢股份其实就成了一种先行指标，虽然跟进其他品种有点后知后觉的味道，但如果没有宝钢股份的异常崛起，我们怎能进一步谈战机的问题呢？就整体而言，这是一种非常巧妙的战术。

看到这里，也许有人会问，既然宝钢股份是龙头品种，为何不跟进呢？这也是一种策略，只是这是比较冒进的策略，尤其是在市场走势还没有确定的时候。假如你把握非常大，则完全可以大胆跟进。否则，作为一个相对稳健的策略，暗度陈仓才是不错的选择。

跟进策略要把握好先后顺序

采取暗度陈仓的策略也是有技巧的，毕竟宝钢股份下面也是分阶梯的，它们的爆发顺序往往也不是完全统一的。道理很简单，那就是当市场发现龙头宝钢股份启动了，接下来就会想到比宝钢股份等级低一些的钢铁股，最后才想到钢铁股里面的"兵"，人往往是这样想的，资金也往往是这样从高往低流动的。

回到主题，既然宝钢股份是龙头品种，那么，一旦龙头启动，紧跟其有所动作的会是什么呢？将军下面是什么人？副将！副将下面又是什么人？没错，就按照这样的等级次序去把握。宝钢股份是航空母舰，那么，其下面的战舰群从大到小依次抓，可以按照流通盘大小的顺序或者业绩大小的顺序逐级抓。这里的传导机制往往就是遵循这样的规律，别一下子就去抓小兵小将，那些都是留到这一板块热到最后时才去抓的。毕竟一个板块从启动到热再到狂热是循序渐进的过程，我们就按照这个过程，循序渐进式地去感觉这一板块的脉络。在具体的操作策略上，我们要按照顺序捕捉的策略依次选择，当然，这顺序排列的具体资料在战斗前其实就应该准备好。

"兵马"未动，"粮草"先行

战机的感觉可以从大到小去做，就如上面谈到的从大盘、板块、龙头品种到其他非龙头品种等这样的顺序去看。把握好顺序的同时，我们也要懂得"逆序"。特别是对于板块的感知，有时候在具体板块爆发前，往往会冒出该板块阶段性非常疯狂的非主流品种，即往往就是那些非龙头品种率先走了出来。比如在钢铁板块中，最先爆发行情的可能不是龙头宝钢股份，而是其他，如马钢股份等，这样的状况也是需要我们好好去感觉的。说白了，如果市场炒作是从"兵"开始的，那么选择次序也就相反了。大部分人的思路就是如此，通常都按顺序，太跳跃的思路一般不会出现。

在这个时候，我们从个股出发，结合市场的整体状况（涨或跌），以及所属板块的现状，再做一个综合分析，那么，由小到大的分析脉络也就较为清晰了，对于战机能否把握好也就心中有数了。在此，马钢股份就充当了"粮草"的角色，宝钢股份则成了后面的"兵马"了。

灵活机动，相信第一感觉

通过从大到小及从小到大的感觉脉络，我们清楚了要在市场中很好地感知一些东西，很重要的一点就是懂得灵活变通。毕竟这个市场不是绝对高度艺术的市场，你问 100 个人或许就有 100 种理解，但有一些成功的实战感悟则是很值得去学习的。市场就是如此，没有绝对，只有相对，我们要学会灵活应变，举一反三。

最后，如果你对这个市场的了解已经具备相当的底蕴，比如基本面的分析已经形成一套自己的模式，或者对于技术面的分析也有一套自己熟悉的方法，那么，请珍惜那些你在资本市场感知的第一感觉，比如当你看到一些图形的时候，你的第一感觉告诉你什么。此时，你的第一感觉往往是可靠的，这是我的真实体验，不过还是"仁者见仁，智者见智"。我不敢说这些内容有多厉害，但它们都是我在过去成功把握市场过程中的一些经验总结，价值是有的。读者能从中获取多少知识，那就因人而异了，希望可以给大部分读者带来有益的启迪。

结合实战具体分析

◇ 以 2008 年大盘破 3000 点为例

2008 年 4 月 22 日，是大盘破 3000 点的日子。如图 2-33 所示，我们可以非常清晰地看到，大盘在破 3000 点后短短几个交易日就走出了较为令人瞩目的反弹行情，6 个交易日左右反弹空间超过 20%。

2008 年 4 月 22 日盘中破 3000 点，无疑是一个非常不错的短期战机显现的时刻。此外，在具体把握板块之前，首先要把握好市场的脉络，对市场保持高度的敏感。

图 2-33 大盘 2008 年 4 月 22 日破 3000 点前后日线走势图

　　为何在 3000 点时我们要对市场保持高度敏感，而且要在破 3000 点之时勇于把握下一阶段性机会呢？道理其实也不复杂，一是从 6000 多点到 3000 点附近跌幅超过一半，半年左右如此暴跌，技术上已经是严重超跌，有反弹的强烈需求。二是 3000 点作为又一个比较重要的心理关口，无论从哪个角度来说，都有点不容再失的味道，尤其是在持续暴跌的过程中，对空方而言，越是疯狂往往越是强弩之末的表现。三是要坚定相信政府，中国市场还是个不够成熟与完善的市场，如此暴跌，已经开始严重影响到民生，政府不可能坐视不理。

　　之后政府开始出台一系列组合拳，如大小非解禁的配套措施，还有印花税的降低，改革新股发行制度，等等，无一不是完善并促进市场发展的政策，这也让市场找到了大反弹的契机，一切也就顺理成章了。

◇以宝钢股份在大盘破 3000 点后的阶段性表现为例

如图 2-34 所示，破 3000 点之时，既然我们可以判断出大盘短期有机会出现令人惊喜的反弹，那么这时候就具备了进一步研究的基础，也就是把握具体板块与个股的时候到了。

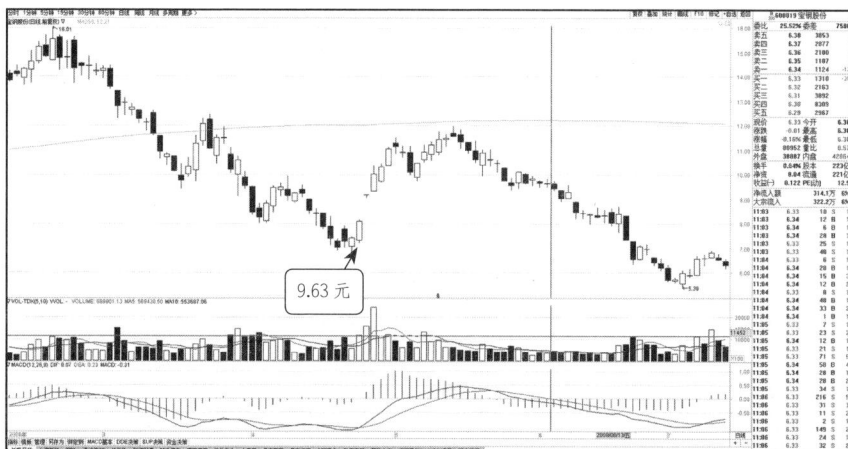

图 2-34　大盘破 3000 点后宝钢股份日线走势图

钢铁板块在当时具备两个重要特点，市盈率低与未来收购兼并整合题材将成为主旋律。市盈率低在市场出现转折时具有极强的吸引力，作为场外资金，在市场还没有完全走出大的上涨行情前，更多的是考虑个股价值，说白了，更多的是考虑风险问题，市盈率够低至少能够起到一定的抗风险作用。收购、兼并、整合这一题材，建立在低市盈率的基础上，无疑为该板块增添了不少想象空间，一旦行情启动，对场外行情也能够产生非常大的吸引力。另外，整个钢铁板块从最高点到目前这个区域，刚好调整过半，技术上存在非常大的反弹需求。

综合上面的特点，这一板块只要市场有稳定的反弹行情出现，其能够走出一波引领市场的行情的概率是非常大的。

擒贼先擒王，宝钢股份无疑是钢铁板块中的龙头品种，因此也就具备了非常重要的实战价值。如图 2-34 中，破 3000 点那天宝钢创出了 9.63 元的阶段性低点，之后 6 个交易日（其中一个交易日停牌，因此，图 2-34 中实际交易的状况看上去则是 5 个交易日）最高已经上摸到 14 元附近，足足比破 3000 点那天最低位置反弹空间超过 40%。要知道，同样的时间，大盘反弹的空间刚超过 20%，超越大盘空间的走势已经显而易见了。

◇以武钢股份在大盘破 3000 点后阶段性的表现为例

如图 2-35 所示，作为钢铁板块中的另一龙头品种武钢股份（自 2017 年 2 月 14 日起，"武钢股份"终止上市），也是市场上的权重品种之一，更是基金相当重仓的品种，破 3000 点之时创出的阶段性低点是 11.51 元，破 3000 点之后的短短 6 个交易日，其就已经上摸到 17 元附近，跟宝钢股份一样，对比阶段性低点，其反弹空间也超过 40%。

在此，我要说明的是，一旦把握住市场转折的机会，接下来，我们就要思考一旦转折，会超越大盘的板块是哪个，而这个板块往往具备什么样的品质。其实这从上面的分析中，读者也应可以感知一二了。一是该板块的基本面，二是人们对该板块未来的心理预期，这两者如果有比较好的结合，那么，就如当时的钢铁板块一样，会出现比较好的超越大盘的机会。

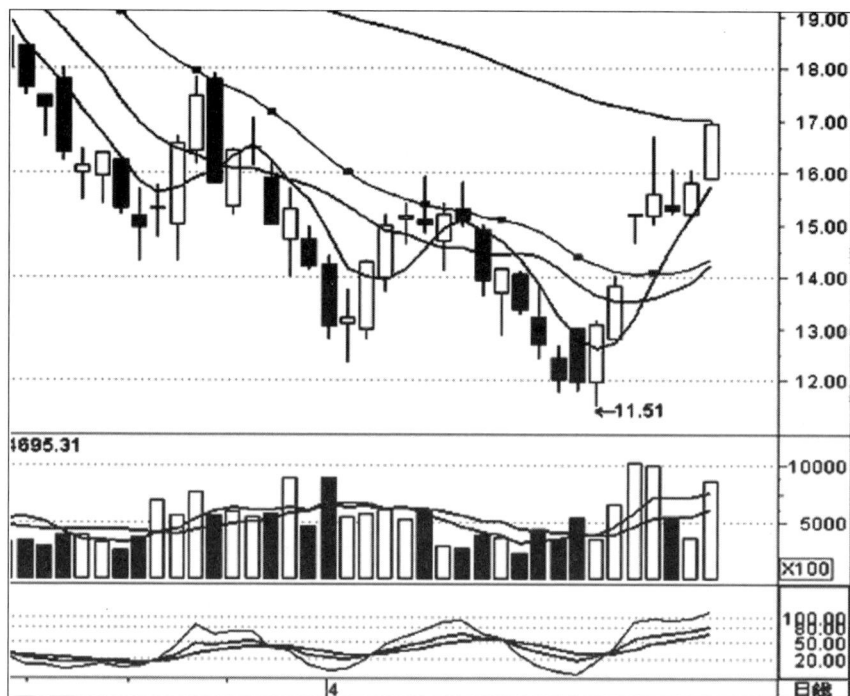

图 2-35　大盘破 3000 点后武钢股份日线走势图

　　擒贼先擒王，宝钢股份与武钢股份都是该板块的王者，是该板块具有相当权重的品种，都对市场有一定的影响力。既然市场要转折，大资金首选当然是它们。因为它们能起到四两拨千斤、牵一发而动全身的效果。

　　对于其他的二三线钢铁品种，则是后知后觉的品种，只有等整个板块行情起来了，才是介入它们的时候。顺序很重要，否则就算把握到了钢铁板块，具体个股没把握好，阶段性也未必能完全超越市场。

如何把握好市场的脉络

要把握好市场的脉络，如果从盘面这个角度入手研究，我认为，关键就是要在平时盘面各种热点或者个股活跃的状况中，发现一些不易被发现的大痕迹、大意图。

具体而言，在盯着市场的时候，我们要注意以下几点。

市场目前的热点是什么

市场的热点从哪里找？从市场的涨幅榜去寻找，看看市场目前涨幅排前列的大部分都是什么样的股票。具体又如何去看呢？有人会说板块不是很突出的时候，好像什么也看不出来，但这就是我们要重点去做的事情。好好去分析涨幅前列的品种，看看它们有什么共性，也许它们都来自不同的行业，但可以看看这些品种是属于基金把持多的还是游资把持多的。这点从哪里看？从十大流通股东去看。来自不一样的资金，这也是一种发现，不一样的资金会产生不一样的行情性质。总之一定要从涨幅前列中去找到它们共有的一些东西，这些你花了精力去寻找的东西，往往是一般人忽略的信息。这些信息告诉我们市场大资金的选股思路，从而帮助我们更好地揣摩市场大资金的运作思路。

热点产生的背景是什么

发现了热点，也揣摩了市场大资金的一些选股与运作思路，那么，现在就要好好分析一下热点产生的背景是什么。任何一个热点的诞生往往都不会是平白无故的，有时候虽然刚开始我们看不懂，但随着行情的深入，很多东西是势必能够看穿的。同时，最为重要的是，我们要清楚目前热点诞生时市场本身所处的环境，看它处于什么阶段，比如钢铁板块突然爆发了，那么现在市场是什么时机？处于什么阶段？整个钢铁行业又处于什么状况？整体爆发的导火索是什么？循着这些思路找到一些具体的答案，就可以看到一些较为清晰的背景。了解了背景，我们才能进一步分析目前热点爆发后的持续力度，从而给我们的具体操作带来实质性的启迪。

结合背景带来的实质性策略是什么

如果经过背景分析，它告诉我们热点机会目前更多的是一种不确定性，那么，我们最好的实质性策略就是欣赏，静观其变，以不变应万变。相反，如果经过背景分析，它告诉我们热点机会目前更多的是一种相对较有把握的确定性，那么，我们最好的策略无疑就是进攻，但进攻也是要讲究策略的。最好采取分梯队进攻策略，因为热点的发展都是分阶段的，群体性的热点也有分梯队炒作的过程，可能先是大家最为关注的品种，或者说是目前该热点中走得最为强势的品种，初期阶段我们完全可以采取跟随策略，就是跟随最为强势的那些品种，既然热点能够持续下去，那么强者往往就会恒强，经验也告诉我们，这样的机会是没有太大风险的。最为强势的品种开始进入相对巩固的阶段时，对市场的进攻策略就是要挖掘二线进攻品种，这可从强度顺序中去找。最后，当二线品种都进入一种相对巩固状态的时候，就轮到三四线品种了。当然，具体操作上，我们重点是把握一二线品种，因为这些品种资金介入的程度比较深，整体机会也就比较多，最重要的是，这些品种往往都具备一定的安全系数，毕竟对于大资金而言，一开始选择标的是比较慎重的。三四线的品种往往没有进入初期大资金备选名单中，其中肯定有部分品种是存在较大风险的。

接下来，我们通过一些例子，和大家分享一下如何看具体盘口。

图 2-36 为 2008 年 2 月 27 日武钢股份盘中进行中的分时图的部分截面。为何要拿这个进行中的图形来说事呢？

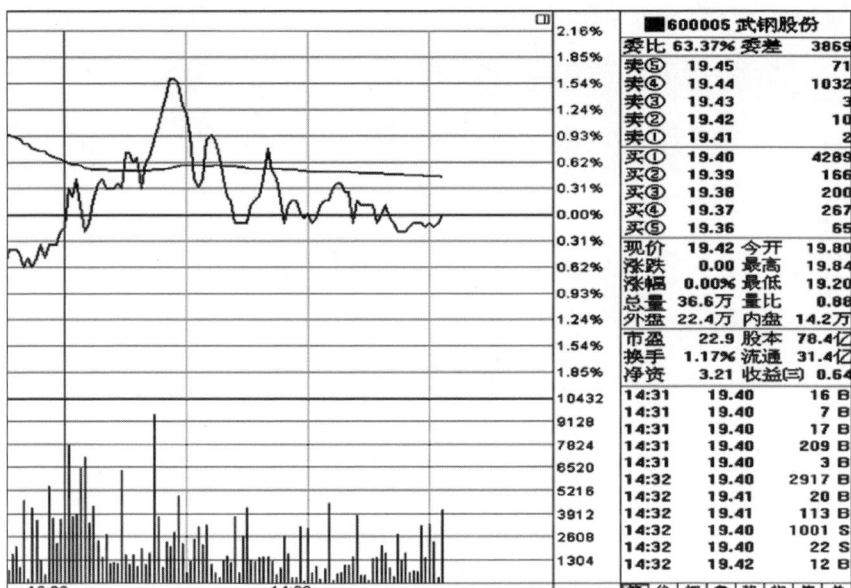

图 2-36　武钢股份 2008 年 2 月 27 日盘中进行分时图

背景：这个瞬间其实就是当天转折的开始，在还没到 14:32 的时候，上面的大卖单一直都使该股喘不过气来，前面 14:00 到 14:30 几乎就是一种心理上的折磨，下面寥寥无几的买单，上面悬着的大卖单，总是让人感到随时有可能破位下行，直到 14:32 谜底才逐步揭晓。大买单蜂拥而入，19.4 元迅速吃完后，横在那的 4289 手买单则使心理上的压力化解了一大半。

启发：在具体观察分时图的时候，一定不要被表面的现象蒙蔽，如果真的是一种出货手法的话，往往其在买单位置上不会出现太过稀少的现象，一般主力可以制造一些假象。相反，如果是想试探一下其余主力或者散户心态的虚实，则往往会挂大卖单来吓唬一下。这里也存在着故意拿部分卖单来吸引更多卖单的策略，最终来个大扫荡，武钢股份在这里制造假象刻意诱空的手法确实很值得回味。

结果：不妨再具体看这天武钢股份最终完全的分时图，对比后，很多东西就一目了然了。

图 2-37 为武钢股份 2008 年 2 月 27 日收完盘分时图，跟图 2-36 对比一下，我们可以发现，从 14:32 那关键的转折点开始，可以说在最后近半个小时中，其拉升了近 3 个点，几乎以全天最高价格收市，根本不给空方一点思考的余地，比较凶悍。

总结：看上去危险往往可能就不是危险的，这天的武钢股份分时图的表现多少也反映了这一点。最重要的是，通过上面两幅图的对比，投资者要学到，这个市场就是存在着很多操作手法，你在具体看待一些分时图的时候，要学会分析一些细节。如果在 14:32，你可以判断出这其实就是一个转折点，那么在操作上大胆，迅速采取跟进策略，至少短期内你已经成功了。当然，要判断出收完盘这样的结果，最关键的还是在 14:00 到 14:30 这个过程中，你能看透这看上去有点危险却暗含机会的盘面。说白了，这个过程很考验你对市场心理博弈的直觉。记住，别被表面蒙蔽！

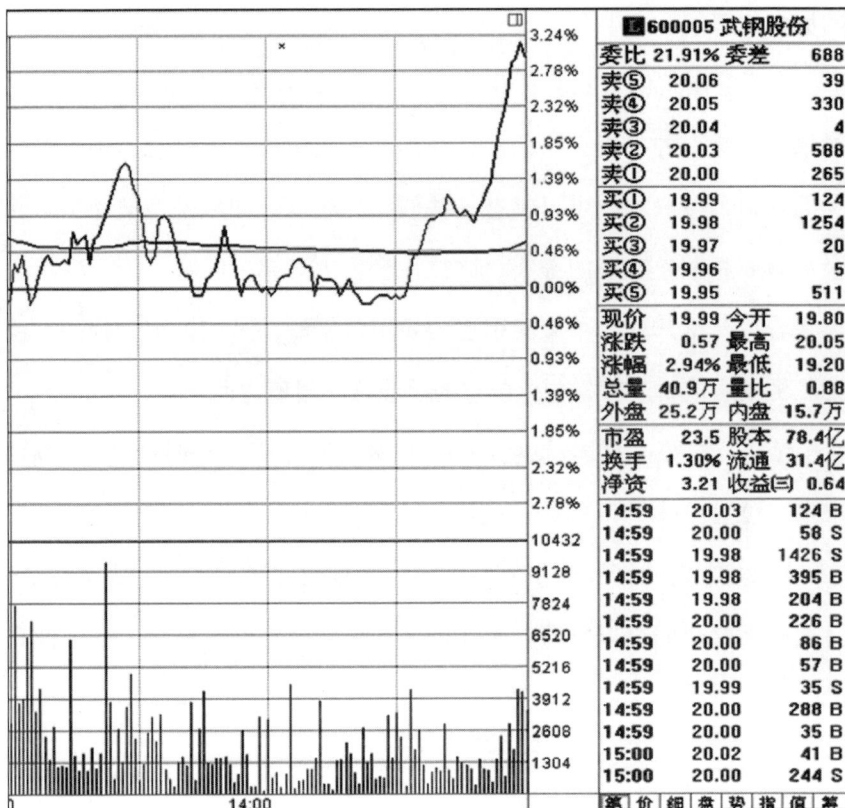

图 2-37 武钢股份 2008 年 2 月 27 日收完盘分时图

从对比反常中获取经验

如图 2-38 所示，从中我们可以看到，最新的那根大阴线是发生在 2008 年 2 月 29 日（星期五）的美国道琼斯指数收盘情况。

如图 2-39 所示，从中我们可以看到，最新的那根放量向上的突破阳线是发生在 2008 年 3 月 3 日的中国上证指数收盘情况。

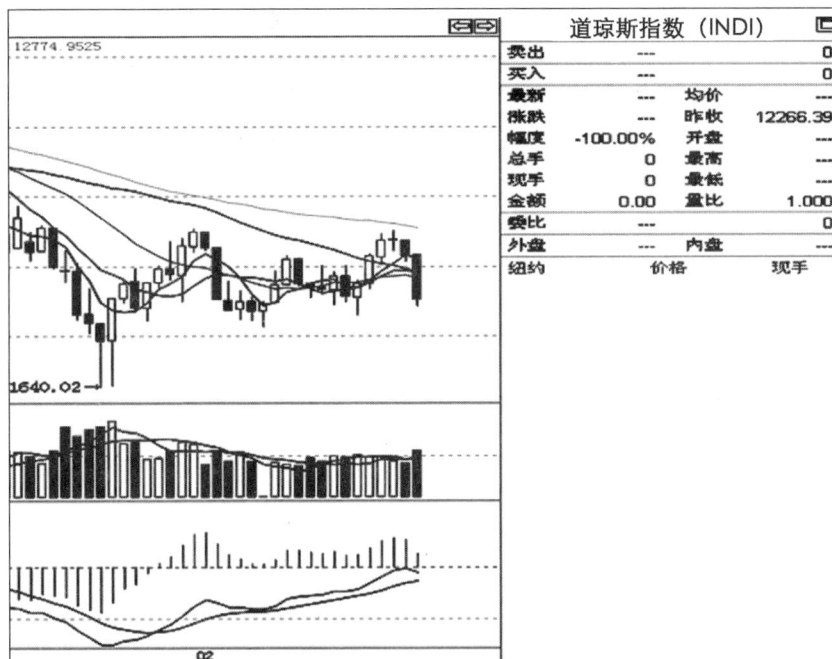

图 2-38　美国道琼斯指数收盘情况图

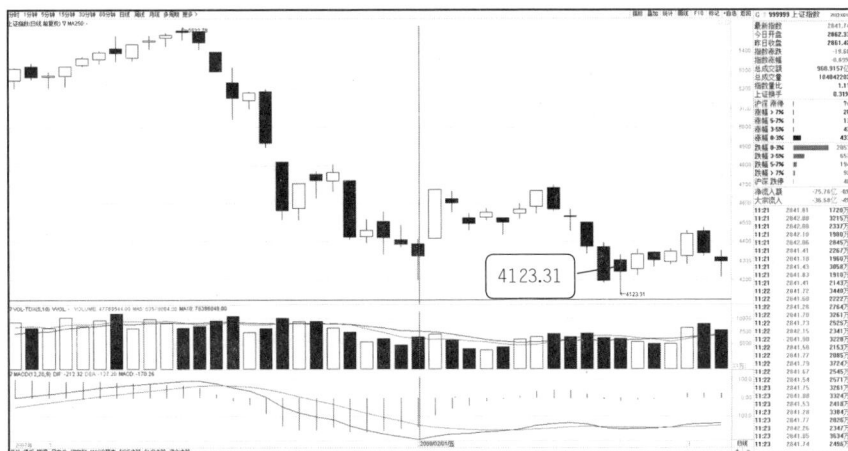

图 2-39　上证指数 2008 年 3 月 3 日收盘情况图

如图 2-40 所示，该图是 2008 年 3 月 3 日（星期一）上证指数全
天的分时走势图。

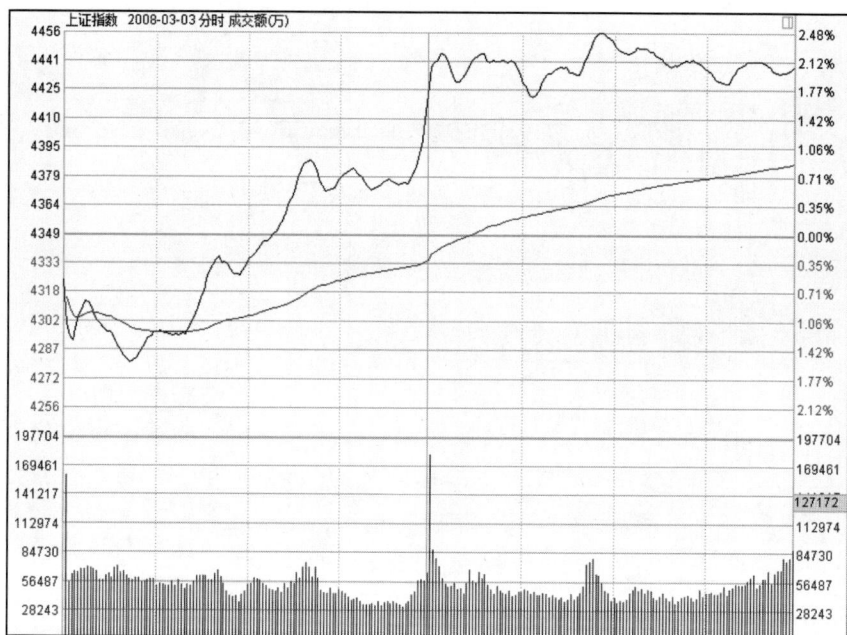

图 2-40　上证指数 2008 年 3 月 3 日分时走势图

美国与中国的时差是十几个小时，因此，星期五的美国股市收盘
情况（见图 2-38）是走在中国星期一股市收盘情况前面的（见图 2-39）。
在全球股市联动日益紧密的今天，正常情况下，美国股市暴跌对中国
股市会造成直接影响。

道理上是这样，事实又如何呢？事实是中国股市在星期一受美国
市场影响顺势下探后，走出了一波放量逐步收复失地并最终以中阳线
告收的走势。这从图 2-40 中可以看得一清二楚。

为什么呢？这是最值得深究的，只有明白了这点，作为一般投资者，才能在这个市场上真的有所进步。在我看来，有以下几点分析思路值得投资者学习。

①政策面偏暖。2008 年 3 月初，国内市场刚好处于"两会"召开之际，而且"两会"后对金融部分实质性利好政策出台的可能性很大，正是在这样的预期下，市场整体的做多信心也就显得较为积极。

②技术面支持。国内市场的技术面处于刚创新低的反弹，经历了上星期五的反攻后，不少资金持续做多的欲望依然较为强烈，而美国星期五的大跌本质上则可以看成是构筑阶段性底部的反复动作，其创新低的走势早已经历，目前是处于较为正常的相对低位的区间震荡格局，对此没有必要太过恐惧。

③心理博弈层面支撑。既然美国股市暴跌，对于最近大胆介入市场的主力资金而言，要想更好地收集到筹码，无疑就是在当天逆大部分人的思维，大胆做多，也只有这样，才能够最大限度地收集到更多的相对低廉筹码。在一般人心理不是很稳定的情况下，是最容易出现筹码松动的。星期一能够放出较为可观的量能很大程度上也来源于此，其实国内上星期五的阳线就已经多少反映出不少做多资金的欲望了，星期一的逆市再次上攻只不过是把这种欲望反映得更为彻底而已。

当然，这很有可能是做多主力的一种虚招，先刻意拉上去，制造短期的虚假繁荣，一旦环境继续升温，就找机会逃跑，这样的可能性也不是没有，因此，在具体分析过程中也要考虑到这一点。

不管如何，作为一般投资者，在看这个市场的时候，特别是市场大势走得比较有意思的时候，更要多留一个心眼，好好地分析一下，深入地去思考，让自己有所收获，同时这也是一种对市场把握能力提高的表现。对于这个市场，只有你用心了，获得的经验才能让自己有机会成为最终的大赢家。

操
盘
手
记

性格特征带来的思考

甲：在什么状态下一个人的性格特征能淋漓尽致地表现出来呢？

乙：沉浸在玩游戏的过程中，那时候一个人的性格特征是最容易表现出来的。你要更好地了解一个人，最好的方式就是让其投入地玩游戏。

甲：什么游戏比较适合呢？

乙：杀人游戏非常适合。

甲：就是那种有法官、警察与杀手等角色的博弈游戏吗？

乙：没错，每个人的心理特征都可以在玩的过程中不经意地流露出来。

甲：我玩过。确实如此，要思考，要表达，更要表演，实在是一种相当吸引人的游戏。人越多越好玩，有时候玩一局就可能花40分钟以上，实在是过瘾。

乙：没错，没玩过的人可能觉得没什么，或者有点不屑，而玩过的人，10个人中就有9个会觉得这游戏很不错，甚至说以后有机会要继续玩一玩。

甲：是这样的，非常有价值。

乙：你怎么去观察或发现一个人的性格特征呢？

甲：这其实不难，你从每个人表述的逻辑思维或分析思路就可以判断出其思维模式大概是什么状况；从每个人的谈话方式也能很好地感知其性格特征是什么样的；更重要的是，每个人在玩的过程中跟其他人相互间的玩笑或对话等，或多或少能反映其性格特征中是否具有魅力基因的问题。

乙：总之，就是通过每个细微之处去发现问题，发现价值，发现所需要的信息，对吗？

甲：完全正确，细微之中见功夫。

乙：呵呵，游戏中见真人。

甲：说得好，游戏人生，游戏中见真人。

乙：支持，喝茶……

要看透一个人的性格特征其实很简单，就是跟他一起玩游戏，并且让他进入游戏的状态中，就可以相对容易地把一个人的性格特征剖析得八九不离十。

博弈最终要的是概率大，能达到八九不离十的概率，就不错了。看人如此，试问股市如何呢？

关于均线的对话

甲：均线是什么？

乙：均线就是均线，是由不同日期、不同数量叠加起来的收盘价的平均数演变而成的一条条线。

甲：不明白。

乙：收盘价你知道不？

甲：知道。

乙：均线有很多种，比如5日均线、10日均线、20日均线、10周均线、5月均线等。

甲：这我清楚。均线是一种指标，不同的均线在日线图、周线图中都有很清晰的显示，不过我还是不知道它到底是什么意思。

乙：好。5日均线、10日均线，5日与10日就是不同数量的体现，一个是5个交易日，一个则是10个交易日，明白了吗？

甲：明白。

乙：同时，你要清楚的是，5日与10日分别代表的是一个阶段，现在的市场有5日与10日，去年的市场也同样有5日与10日，发生的日期是可以不断变化的，所以不同日期就体现在这里。

甲：原来如此，不同日期、不同数量是这样的意思呀！我明白了，你的意思是说5日均线其实代表的是在该时期中5个交易日收盘价叠加起来的平均数在图形上的展示，10日均线则是10个交易日收盘价叠加起来的平均数在图形上的展示。

乙：哈哈，你很聪明，一点就通。没错，如此类推周线、月线，8日均线、160日均线等的变化都一样。

甲：那么，不同的均线其方向有所不同又如何理解呢？比如5日均线向上，30日均线却向下。

乙：这其实再深想一步就清楚了，5日均线本质上代表的是当时5个交易日收盘价反映出来的平均值，30日均线则是那30个交易日收盘价反映出来的平均值。5日均线向上说明阶段性5日周期的市场价格波动有向上迹象；至于30日均线向下，就说明阶段性30日周期的市场价格波动有向下迹象。

甲：说白了，向上或向下或向平，其实就是反映了不同波动周期的趋势，对吧？

乙：对极啦！

甲：那什么是金叉、死叉呀？就是趋势重叠带来的叠加现象吗？

乙：没错，你已经彻底清楚啦！

甲：均线原来是这么回事呀，不过有点好奇的是，为何会设计出那么多的均线来呢？比如3日、6日、9日等，好像挺多流派的。

乙：这些都是表象。万变不离其宗，只要你知道其本质，不管其怎么变化，变的都是外在的，也就是出招的技巧，你要修炼的是内功，内功修炼好了，最终就是无招胜有招了。

甲：明白。

乙：当然，对均线的理解与具体运用远不止这里所谈到的，要想提升还需要更多的努力，这次交流，我只是起一个领你进门的作用。

甲：师傅领进门，修行在个人。哈哈，不过，以后还请你多多指导，那样我才能进步得更快。

均线是什么？很多人一知半解，或者被众多不同的均线迷花了眼晴，不知所以然。其实，均线反映的就是不同波动周期的趋势，简单来说，就是一条条由不同日期、不同数量叠加起来的收盘价的平均数演变而成的线。

均线很重要，可以让我们更好地理解市场；也很不重要，说白了均线就是反映价格波动的趋势，其实不用看均线，只是看K线，你已能够大致把握市场了，只不过均线让你看得更清楚而已。

市场技术上的东西，你需要用的时候不妨把其当一回事，不需要用的时候，你大可将其晾在一边，别被其折腾了，不就是均线嘛。要有这样的态度，才能泰然处之。

03

主力拉升的层次性

股价运行的层次性

不管股价的运行处在哪个阶段，它都具有一定的层次性，尤其是在主力拉升阶段，这种层次性会更加明显。由于拉升阶段无论是对参与其中的个人投资者而言，还是对运作其中的主力资金而言，该阶段将决定最终盈利的大小，因此其重要性不言而喻，能否熟练把握这种层次性也就显得至关重要。

首先我们来看看股价是因何而形成这种层次性的。从主力运作资金的角度来说，不同的阶段有不同的任务和意图，如在建仓阶段，收集筹码建立底仓便是该阶段的主要任务；在建完底仓迈向真正的运作阶段（拉升阶段），它的主要任务便是使资本实现增值；在出货结束整个战役的阶段（最后阶段），它的主要任务便是使资金成功套现出局。资金都是逐利的，对于主力资金而言更是如此，由于它存在众多的优势，这种欲望会更加明显，买进之后最终的目的就是为了更好地卖出。虽然其中存在很多的折腾，但它的本质不会发生变化。

除了不同阶段具有不同的任务之外，同一阶段的不同时期也存在不同的分工，它同样会形成层次性。

拉升阶段的层次性

主力拉升的过程不是一蹴而就的，更多的是逐步向上攀升，其常见的一种运行趋势就是螺旋式向上推进。接下来，我们可以通过一些个股的走势图进一步分析。

图 3-1 为中国宝安日 K 线走势图，图 3-2 为新五丰日 K 线走势图，从图 3-1、3-2 中我们可以看到其上涨过程并不是一蹴而就的，而是以螺旋式震荡攀升的形式展开的。

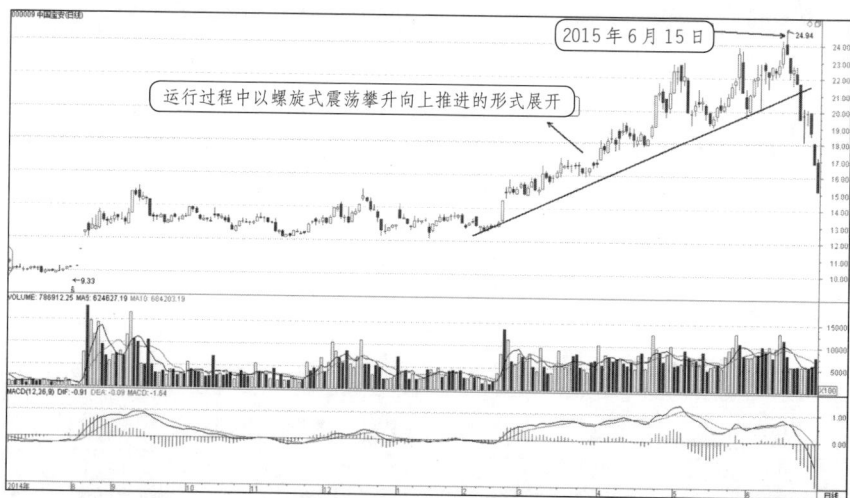

图 3-1　中国宝安日 K 线走势图

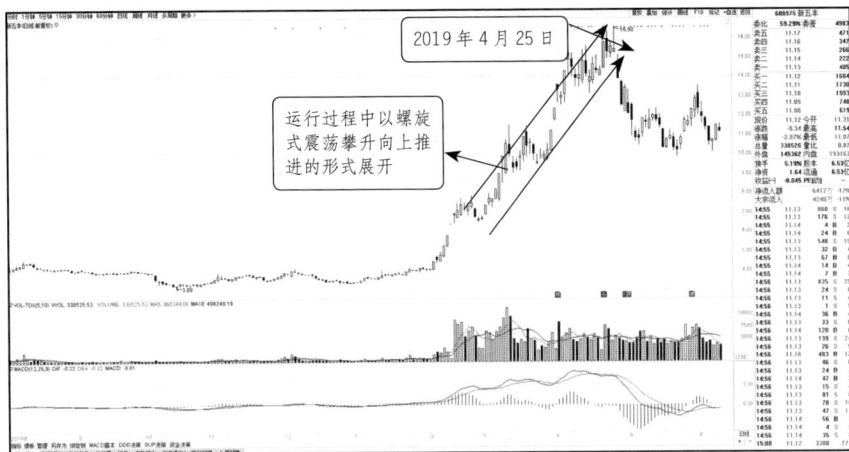

图 3-2　新五丰日 K 线走势图

【学习小总结】

　　由于非洲猪瘟事件，短期的生猪存栏量急速下降，猪肉供应量将会延续降低的趋势。生猪出栏量会有很大的影响，所以短期来看，种猪以及仔猪的价格将会上涨，反映到股市上，就会使有关企业股价上涨。

　　图 3-3 为格林美日线走势图，从该图中我们可以看到，其在上涨过程中运行方式的层次性较强，并保持有序地向前推进。此外，我们还可以从中看到，它的运行轨迹基本也是保持这种运行态势的，第一轮上涨如此，第二轮上涨亦如此，股性的重要性在此很好地表现出来了。所以，在看个股时，我们首先要分析其历史走势，知史可以明鉴。如果它的历史走势属于直线拉升的走势，那么当下要是再次启动，它

很有可能再次上演这种急速拉升走势；如果它的历史走势是震荡攀升的形式，那么今后要是再次启动，它很有可能依旧复制这种走势。图3-4情况与此类似。

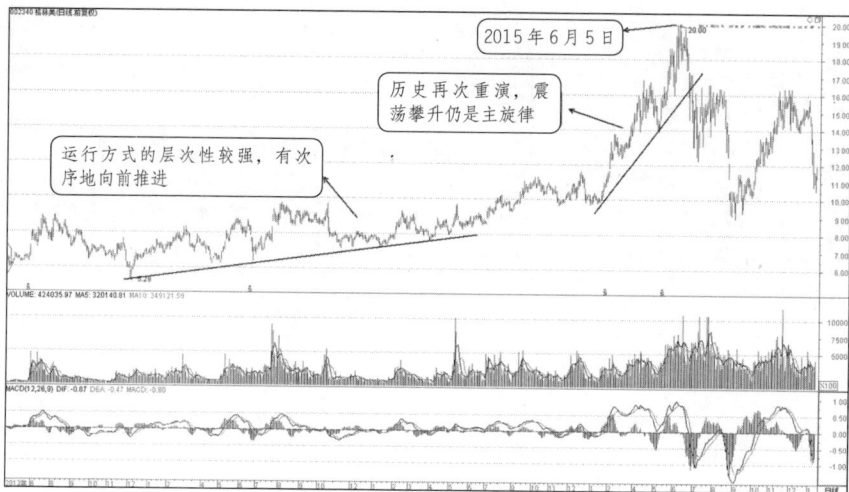

图3-3　格林美日线走势图

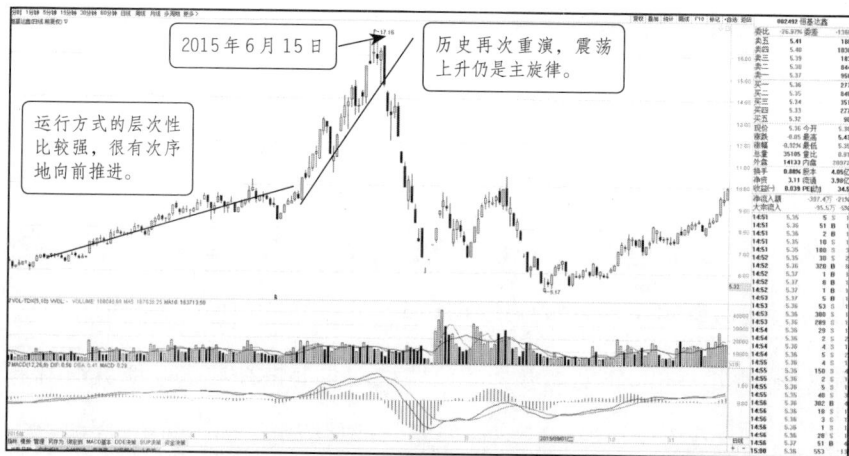

图3-4　恒基达鑫日线走势图

图 3-5 为佳创视讯日 K 线走势图。从该图中，我们可以看到历史重演，股性在此得到淋漓尽致的体现。

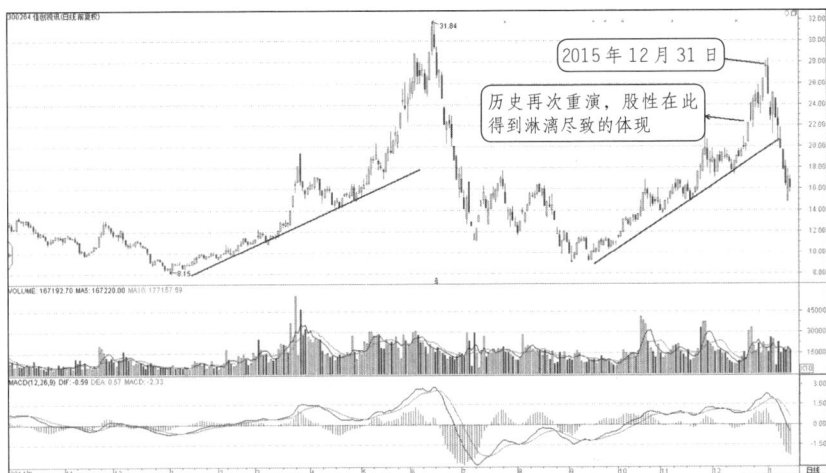

图 3-5　佳创视讯日 K 线走势图

图 3-6 为和佳股份（自 2020 年 4 月 3 日起，该公司股票简称由"和佳股份"变更为"和佳医疗"）日 K 线走势图。从图 3-6 中，我们可以看到，该股在运行过程中层次性亦非常明显。

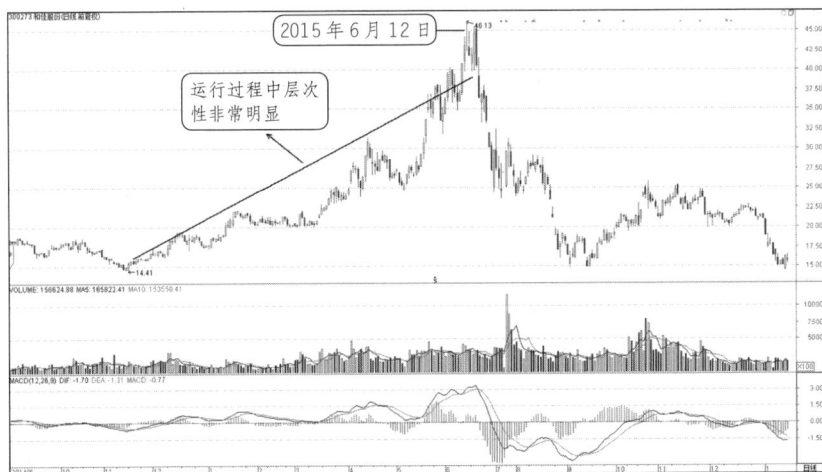

图 3-6　和佳股份日 K 线走势图

对于拉升行情，我们必须清楚不同层次的特征，才能做出正确的判断。如果不懂得辨别，很有可能股价稍微上涨一点，就有人会迫不及待地想离场了。在实际操作过程中，我也遇到过这种情形，很多时候自以为出在山顶，过一段时间回过头来看才发现还没有到山腰的位置，结果自然错失了大部分获利的机会。出现这种失误与个人的投资风格有关，同时在很大程度上也是个股拉升过程中股民对层次性特征理解不充分所导致的。

要解决这个问题，首先我们要对主力思维有一定的认识，即一旦深度介入，其一般都将会运作到底。当然，主力有时也会采取做波段的策略，但这个波段的涨幅不会太小。一般在大势配合的情况下，1倍以上的涨幅才有可能让投资者有套现的欲望。我之所以要讲这一点，是希望它能给那些获得蝇头小利就迫不及待想离场的投资者一些启迪。对于大部分个股而言，行情不是一步登天的，没有时间的累积，要想获取大的利润是相当不现实的。认清这个本质后，对抑制浮躁的市场心态具有积极的作用。心态平和了，看到了主力志不在此，更多只是为下一步更好地上涨扫清障碍的意图，也就不会轻易地被折腾出局，半路被颠下马背。

只有在半路不被颠下马背，后面的讨论才有意义。如果这一关都过不了，那就更不用说认清拉升行情的层次性特征了。对于在第一关中挺过来的投资者来说，认清拉升行情运行的层次性特征就显得尤为重要。面对此起彼伏的市场，在第一关不被颠下马并不意味着接下来就能顺利通过，就像面对层层选拔一样，只有综合素质超强的选手才有可能通过所有的考核。对于征战资本市场的投资者而言，综合素质的高低不仅体现在对市场的认识度，还体现在心态方面。这两者是相辅相成的，对市场的认识度越高，心态也就越平和。

对于主力资金而言，建立底仓后使股价脱离成本区，实现盈利直到最终的套现前夕都属于拉升阶段，这一阶段的运作好坏将对利润的大小起到决定性的作用。在讲拉升阶段的层次性之前，首先我们来看看市场中一个普遍的现象：很多时候我们会感觉真正的上涨行情总是那么短暂，等市场躁动迫不及待涌进时，行情却到头了，投资者兴致勃勃地纷纷入市，结果要不就是沮丧离场，要不就是长期站岗，真正能够享受其中乐趣的少之又少。这是市场普遍存在的一种现象，对此大惑不解的投资者或长期站岗的投资者看完行情运行的层次性特征后，我相信他们对这一切都会释然。关于这方面的内容，我将在后面章节中详细阐述。

不同层次的主力意图

前面分析了在不同阶段对于主力资金而言具有不同的阶段性任务，如建仓阶段的主要任务是建立底仓，拉升阶段的主要目标是实现盈利，整个战役基本完成时就要考虑全身而退的问题。同时，同一阶段的不同时期也相应地具有不同的目标，从而形成一定的层次性。事关获利与否及最终获利大小的拉升阶段，其层次性和每个层次主力的意图如何将是我们在此需要重点探讨的问题。

在拉升阶段，很多时候对于主力资金而言并不是一步到位的，更多的是以螺旋式震荡攀升的形式展开。这一点在上面列举的一些个股拉升阶段的日K线走势图中，都清晰地反映出来了。当然，其中也存在一些特例，如 *ST古汉（自2016年4月12日起，该公司股票简称由 "*ST古汉" 变更为 "启迪古汉"）的走势，其股性是要么不动，要么动起来绝对是惊天地、泣鬼神的高昂态势。然而对于刚刚启动的个股而言，其拉升阶段到底将采取哪种形式展开呢？对此，我们要学会辨别，做到知己知彼，方能从容应对。那么，如何去辨别？从历史走势入手，我们对股性就能略知一二。我们可以翻开其历史走势，了解在往时拉升阶段其是以何种形式展开的，是慢牛型还是短期急速拉抬型，历史会重演，在后市走势中其很有可能再次复制这种走势。这是我们判断的一个依据，当然，市场众多案例也表明，拉升阶段的展开形式更多的是以螺旋式震荡攀升上涨的形式运行的。这是市场股价运行的一种主要形式，对于历史股性模糊或不易辨别的，我们首先要想到的是它可能按照市场普遍的运行形式展开。

为何螺旋式震荡攀升会成为个股和市场拉升阶段的主要运行形式？这是由市场内在的运行本质决定的，短期而言，股价上涨的根本原因在于资金的推动，即供求关系中供小于求，买盘力量大于卖盘力量，从而推动股价上行；当买卖力量相当时，则会出现横盘拉锯的走势；而当卖盘力量大于买盘力量时，股价则会出现下行走势，买卖盘因素决定个股一段时期内价格的运行。对于上涨初期而言，由于股价相对较低，只要主力资金稍加引导便可以达到吸引市场资金跟进的效果，所以能很好地起到推动价格上涨的作用。也就是说，对于初期而言，买盘力量一般都会大于卖盘力量，股价也将逐步上行。但当股价阶段性积累了一定涨幅后，买盘力量就会相对减弱，同时资金套现的欲望开始增强，即卖盘的力量会逐步增强，达到一定程度后，买卖盘力量便达到一个阶段性平衡，股价也将涨势放缓，最终趋向区间震荡的格局。所以上涨到一定程度，多空双方能量的变化决定股价的运行将不可能一帆风顺，除非买盘的力量特别强大，即主力资金实力强大且迫不及待想要向上拓展空间，此时的上涨很有可能就是一蹴而就的，否则更多的是以震荡攀升的形式展开。对于市场主力而言，也比较乐于以此种形式达到最终的目的，尤其是对于志在长远的主力资金而言，其将会脚踏实地一步步向前推进。原因有二，一是有利于减少运作成本。对于这一点我们不难理解，在买卖盘力量阶段性相差太远的情况下，如果主力资金采取硬上的策略，无疑需要承接更多的卖盘抛压，需要投入更多的兵力才能达到一定的效果。而如果积累到一定涨幅，多空双方阶段性达到相对平衡后，此时采取一种蓄势的策略，释放一定的做空动能，同时在震荡中重新聚集做多动能，无疑股价再次向前迈进时，轻装上阵的效果会更好，从而形成"上涨—震荡消化积聚能量—再次上涨—再次震荡蓄势聚集能量"这种良性循环，并最终迈向目标位。二是有利于得到市场的认可，具备更多的群众基础。对于这一点我们也不难理解，市场投资者应该很清楚，当短期价格出现一定的涨幅后，一般多数投资者采取的是欣赏的策略，不参与，同时要是短期上涨幅度过大，吸引过多的眼球，难免会出现负面报道和受到市场的质疑。一旦群众基础动摇，到时很有可能面临从哪里来回到哪里去的尴尬局面。综合种种因素，主力资金更多地喜欢采取不温不火的形式来达到最终的目的。

看到这里，相信大家对拉升阶段股价的运行方式和其中的缘由已有了一定的了解。股价的运行在上涨过程中更多的是以进二退一震荡攀升的形式展开，上涨过程中的每波回调都是为接下来更好地上涨做准备的。这一点给我们提供了两点信息：第一，面对拉升行情的回调不要畏惧，不要轻易被颠下马背；第二，拉升初期的每波回调都是好的买点，可以采取低吸的策略。然而有些投资者可能仍然有些困惑，怎样才能知道它会走出一波拉升行情呢？这就要回到如何选择个股目标标的上来，研判这一点可以从以下两种思路着手。一是根据基本面研究，这一点在本套丛书的《吴国平操盘手记：主力选股策略》一书中有详细的分析，在此不再赘述。二是根据资金面考虑。从资金动向考虑也有两个选择方向：

第一，当下市场主流热点。主流热点能够形成资金深度介入的结果，这种主流一旦形成，将会持续很长一段时间，其形成也常常是政策大背景或国际环境某方面极度配合后的一种产物。当我们分析它是否具有持续性时，不妨看看有没有这些因素的配合。如果有，无疑这种可能性就大大提高了，同时看看资金流向，在启动前夕是否有主力机构建仓的身影。如果符合这两个条件，那么最终成为持续性主流热点的可能性就很大。相信大家对 2010 年年初海南板块的炒作及 2010 年年底资源类板块的炒作记忆犹新，前者是海南晋升为国际旅游岛国家战略体现的产物；后者是美国实施第二轮量度宽松政策，国际热钱肆虐，国际大宗商品得到爆炒后的一种传递效应的结果。还有之后受益于"十二五"规划中大力发展高端装备制造业的机械板块与其中高铁概念股的爆炒，以及大力发展水利建设而兴起的水利板块的热炒，再之后受益于保障房的建设、水利建设、产能过剩得到良好改善的水泥板块的炒作，等等，这些都是时代大背景下的产物。主流热点一旦形成，就会持续相当长一段时间，在这段时间内上涨初期的每次回调都是一个好的买点。

　　第二，筹码集中度大幅提高，未来有望进入拉升阶段的个股。这种个股一般经过很长一段时间的酝酿期，在近期出现筹码大幅集中的迹象时，接下来很有可能走出一波上涨行情，这是按资金流向选择个股的一种可行办法。不过还是要注意以下几点，首先这种筹码大幅集中的个股很多时候都是基金扎堆的结果，众多基金有时候会出现"鬼打鬼"的现象，所以有时候也不一定能真正走出行情来。也就是说，对筹码集中度的高低需辩证地去看，同时也需结合其他因素综合分析，分析其最终走出行情来的概率有多大，再采取相应的策略。其次，根据机构资金进场的时间推测主力的建仓成本，了解大概的建仓成本后，对比当下的位置和主力建仓成本区域，明晰当下的股价水平所处的状态，是处于成本区、刚好脱离成本区，还是已经大幅远离成本区，这些都是我们在建仓之前，在目标标的选择过程中要重点分析的。

操
盘
手
记

解决问题的方式

甲：绞尽脑汁想不出来的感觉真不好受。

乙：那就别绞尽脑汁了，试着先跳出来，听听音乐，散散步，放松一下。

甲：很难做到呀，任务紧迫，时间不等人。

乙：是你能想到的始终是你的，不是你能想到的勉强也没用。

甲：或许是……

乙：别或许啦，就听我的，好好放松一下再说吧。

甲：嗯……

乙：还在犹豫呀，哈哈！

甲：我开始释然了。

乙：是的，该释然就要释然。

甲：有没有更好的放松方式？

乙：有的，那就是去蹦极。

甲：啊，那个太刺激了，简直会要了我的命。

乙：就是要刺激，当刺激到你冲破自身紧张的极限后，自然就会彻底放松下来了。

甲：这就是物极必反的道理？

乙：没错啦！

甲：其实放松的方式有好多，未必要去蹦极，比如自己用力让肌肉绷紧，最后一下彻底放松。

乙：你懂得举一反三啦，可喜呀，看来你已经开始放松了。

甲：哈哈……

放松，要不就是自然地放松下来，要不就是物极必反，紧张到极限后的释放就是放松。当面对问题不得其解的时候，寻找一种适合自己的放松方式是很有必要的。这种跳出问题来看问题，再回去解决问题的方式，最后不一定能将问题解决，但会增大解决问题的可能性。

很多时候不是我们没有解决问题的能力，而是我们在这个过程中不懂得放松一下再去解决，结果走入死胡同。

生活终归是生活

甲：你好像坐立不安的？

乙：是啊，在等一个近期将出台的好消息，如果不出来就惨了。

甲：这消息出来的可能性大吗？赌进去了是吧？

乙：基本会出来，可能性很大。是赌进去了，而且仓位很重。

甲：既然可能性很大，该来的始终会来的，不用着急。

乙：可内心就是无法平静下来，吃饭、睡觉时都想着这事情。

甲：坐下来吧，喝杯茶，我们聊聊动漫如何？

乙：《火影忍者》和《航海王》都很精彩。

甲：是呀，鸣人与路飞都成长得很好。

乙：快乐的时间过得真快，一下子就到了吃晚餐的时候了。

甲：是啊，一天就这样过去了。不管消息有没有出来，我们的生活还不是要过？

乙：嗯，最终消息如何，我们先不管了，该吃饭还是要吃饭的。

甲：是啊，生活终归是生活，我们让自己好好活在当下才是最重要的。

乙：哈哈……对！

甲：走，吃寿司去！

乙：还是吃北京烤鸭吧！支持中国动漫！

甲：哈哈……好！

要以从容淡定的心态面对一切，这是一种让自己轻松快乐的生活态度。当你放松了，一切自然就变得没那么重要了。面对股市也不例外，不管有无好消息出来，都要淡定面对，而没有必要担心到寝食难安。

记住，生活终归是生活，该来的始终会来，珍惜当下，一切自然就好。

怎样识别拉升的层次性

如何识别拉升的层次性？要掌握这一点，首先我们要知道拉升包括哪几个过程。这里，我们以市场常见的拉升形式螺旋式震荡攀升为例。拉升阶段的整个运行过程可以分为初级浪、主升浪、末日轮。顾名思义，初级浪就是处于刚刚脱离主力成本的初步启动阶段；主升浪就是投资者梦寐以求的大幅攀升阶段，也是主力资金获取利润的决定性阶段；末日轮就是强弩之末的阶段。

了解整个过程的层次性后，最重要的是我们要懂得识别这种层次性，也就是要对每个层次的主要特征有清楚的认识，从而明晰当下个股运行状态所处的阶段，进而采取相应的策略。

初级浪的特征

初级浪就是刚刚脱离主力筹码成本区的初期启动阶段。一般而言，这个阶段的到来更多的是一种"随风潜入夜，润物细无声"的过程，这也是初级浪阶段的最大特征，它的到来很难被人察觉。为什么初级浪会出现这种特征呢？从本质上来说，这主要是由主力资金在此阶段的意图决定的。此阶段出现在刚脱离主力资金成本区域时，为了收集更多的筹码，主力资金更多的是采取一种韬光养晦的策略，在建仓阶段前更多的是一种折磨人的走势，上下波动幅度极为剧烈。折腾的目的一是清洗浮筹，二是制造恐慌达到收集筹码的目的。经过折腾过程（建立底仓）后，再来个不温不火、韬光养晦的磨人过程，试问此时在场的投资者将是何种心态？不坚定的浮动筹码很有可能在第一关（建仓时的折腾阶段）就已乖乖地交出了筹码，此时成功闯过第一关的投资者并不意味着从此就能走上阳光大道，接下来将要面对进一步的挑战。很多投资者能够经受住上下折腾的走势，但不一定能够忍受长期的磨人走势，所以很有可能一气之下就一走了之。出现此种行为也是情理之中的事情，人性就是如此，多数人比较喜欢激情澎湃的生活，而不太喜欢单调乏味的生活。这一点在股市上也表现得淋漓尽致，很多人喜欢活蹦乱跳的走势，哪怕今天涨停明天跌停也比总是趴在那里不动要好。所以第一关上下宽幅波动的走势对投资者起不到太大的威胁作用，反而他们更乐于接受。虽然上下巨幅波动的最终结果仍是原地不动或出现下跌，但其过程充满了激情，投资者也不至于不能接受。相反，整天波澜不惊缺乏活力的走势更让人窒息和难以接受。很多人可能还会发出此类感叹，此时退出就算最终结果出现上涨也没有任何遗憾。

总之，初级浪的最大特征在于其不动声色，总是静悄悄地来临，很难让人察觉，自然也很难产生赚钱效应，总体来说，其重心还是会保持上移的态势，但过程难免会磨人。

主升浪的特征

主升浪是继初级浪之后的拉升浪，是整个拉升过程的核心阶段，也是实现利润最关键的阶段。那么，该阶段的主要特征又是什么呢？这是我们分清行情运行至这个层次的重要依据。主升浪最大的特征就是上涨起来具有持续性且干脆利落，当然其中也会有回档。这个回档往往出现在一波大的拉升走势之后。在拉升的过程中一般有很好的持续性，每天创出相较前一日的新高是常态，强势特征明显。这个阶段看起来让人羡慕不已，但真正能把握它的人少之又少，毕竟来到这个阶段必须经过前面让人受尽折磨的过程，能够顺利过关的已是少数，很多人可能在这个美好过程来临之前就已下车了。然而前期没有上车或半路下车的看到主升浪阶段每天创出新高的走势时，又想跟进一把从中分得一杯羹，这种想跟进的投资者主要有两种心态。

第一种是谨慎派。当这些个股落入这类投资者的视线时，很大程度上是在行情已经出现不少涨幅的背景下，即强势特征已运行一段时间，对于想参与但因阶段性已出现一定涨幅而不敢贸然进场的谨慎派，想参与又怕跌的心理很有可能会使其采取观望的策略。但对于已形成的走势，主力资金不会给市场太多的低吸机会，更多将会采取一种逼空的策略，休整蓄势的洗盘动作一般都是在盘中完成，随后便重拾升势。持有想参与但又怕跌心理的投资者望眼欲穿等回调，回调却迟迟不来。这时，投资者不仅要饱受每天创新高的折磨，还可能在失去耐心之际，一气之下杀了进去，结果调整却从天而降。这种现象在市场中屡见不鲜。持这种心态的投资者就这样看着行情一步步从身边走过，不仅会失去把握的时机，还可能落得一进就下跌的悲剧。

第二种是激进短视派。这种类型的投资者一看到强势上攻走势，便不管三七二十一地跟进，相对第一种谨慎派而言，其行动果断、激进、先入为主。当然，这种顺势而为、果断而为的行为在短期内可能见到效果，但缺点就在于太过于短视。强势上行的走势并不代表着一马平川，相反盘中的波动会相当激烈，即主力在盘中采取洗盘的动作会相当凶狠，在这个剧烈动荡的过程中，激进短视型的投资者很有可能被迫下车，最终小有盈利或白忙乎了一阵。

抱有上述两种心理的投资者占市场的绝大部分，这也是为何绝大部分投资者总是在市场中赔钱和赚不到钱的原因。相反，自始至终坚持到底的投资者少之又少，这也是为何只有少数人能够最终获胜的原因，也是为何只有做长线才更有可能获得大利的原因。这也印证了一句话，做股票最终玩的是心态，不然很多经济学家、教授、行业专家早就成为股神了。当然，这里不是说专业知识没用，而是说具备某一方面的要素还不足以站在少数能盈利的行列中，要想站在少数人行列中，心态的好坏至为关键。

末日轮的特征

末日轮对于股票市场来说，就是上演最后的疯狂。疯狂，就是该阶段最大的特征。对于市场而言，此时情绪异常亢奋；对于个股而言，常常伴随着连续涨停的动作；对于投资者而言，迫不及待地想打开账户看金额增长的情况。这些都是末日轮行情的明显特征，一旦出现这样的情况，则说明阶段性行情可能要告一段落了。然而，你知道末日轮为什么常常会伴随着这些特征吗？对此，我们可以从以下两个方面来理解。

首先，从大众群体来说，市场情绪之所以异常亢奋，是因为大多数投资者一窝蜂涌进，最主要的原因是市场行情异常火爆，赚钱效应已被极大地激发，从而导致市场情绪高涨。但行情走到异常火爆的地步，往往也是上涨走势运行了很长一段时间的结果，才有可能达到让市场情绪异常火爆的地步。我们都清楚，上涨走势运行很长一段时间后，再次出现大的阶段性涨幅明显有点难度，而且从市场运行的规律来说，真理往往掌握在少数人手中，尤其在资本市场更明显。当大多数人都涌入时，说明大部分人已经认可接下来的走势。不过，行情会按大部分人的预期走出来吗？显然不可能，结果往往是与大众预期背道而驰。

其次，从主力博弈的角度来说，主力资金想达到全身而退的效果就必须营造出一片繁荣的景象，这样才能吸引源源不断的资金涌入市场。此时,主力便可暗度陈仓,悄然离场。所以看到异常火爆的行情时，尤其是当指数或个股在相对高位出现此种情形时，十有八九将会迎来阶段性调整，应保持警惕。还是那句话，做多做空并不重要，重要的是哪一方利益最大化。当行情运行一段时间市场情绪达到异常亢奋的地步时，不论从主力资金全身而退的角度而言，还是从对手盘大而多的角度而言，此时做空更有利于实现利益最大化。

操
盘
手
记

我嘛，就是这样的

人哪，当不知道什么才是工作的时候，一是极度地享受当下的生活状态，二是迷失了生活方向。这两种状态都不会是常态，很可能会互换，时而第一种，时而第二种，非常有意思。

我嘛，就是这样的。

此时，需要冷静，更需要刺激，冷静的是好好认识自我，刺激的是需要外力让自己从当下这有点分不清状况的背景走出来。

想到什么就去做什么，顺着自己的感觉走，这有时候是好事，但有时候未必是好事，带来的可能就是更多的迷茫。

我嘛，就是这样的。

不管如何，路还是要走的，状态还是要调整到正常轨道上来的，只是这过程可能是比较缓慢的，但一步一步地，总会达成目标。

这犹如下棋，先布局，后走子，在关键几步棋上务必冷静沉着，这样才能奠定整个战役的基础，取得最终的胜利。有时候，只要走对了关键的那么几步，剩下的就算走错一些，问题也不大，影响不了最后的结局，只是赢多赢少的问题。

我嘛，就是这样的。

心情不太好的时候，或者是不太想得通的时候，在电脑前必须让自己的思绪顺着键盘的敲打声释放出来，否则会越发变得糟糕。我发现，敲打键盘也是一门艺术，在思想充分释放的过程中，那敲打出来的节奏绝对像是在演奏一首美妙的交响曲。

我嘛，就是这样的。

生活中有太多值得思考的事情，而每一次思考后，很有可能就有一个新的创意，或者是一个新的想法。比如，书市各种图书的畅销规律，其实跟股市的炒作规律很多时候都是一样的，有异曲同工之处，都讲究题材，也很讲究风水轮流转。将它们充分联系起来后，那就如一幅精彩绝伦的画面，自己只能意会但难以言传。这样的思考非常有意思。

我嘛，就是这样的。

舒服多了，夜也深了，明天还要早点出发去游玩呢，也该睡觉了。设好闹钟，喝口水，明天去游玩，好好释放一下自己。

书市带来的思考

甲：书的销量起落犹如股市股票涨跌。

乙：符合市场热点的书容易大卖。

甲：不过，抓题材抓热点的书如果本身内容不过关，结果往往也就是昙花一现。

乙：是的，另外有些书是慢热型的，需要市场的发现，就好像股市中的价值发现一样。

甲：这样的书一旦火起来，那持续性就很厉害了。因为这是靠书的内容取胜，而不仅仅是靠那些题材噱头，就好像股市中的长牛股票一样，不爆发则已，一爆发就不得了。书能否畅销，有时候如酒香也怕巷子深，在书的内容好的前提下，如果配合一些营销策略来运作，那么最终的结果往往就是超乎想象的。

乙：是啊，我发现那些超乎想象畅销的书往往都是有一定营销力量在里面的，真正靠口碑畅销起来的书能量有限，书好并开始火后必须借助营销的力量，那样才能"火上浇油"，燃烧得更旺，成为书中奇迹。

甲：没错，就好像股市中的热点一样，一旦这热点是切合基本面的，是真正有内在价值支撑的，那么爆发后市场主力在适当的时候再拉一把，让其彻底疯狂，那就真的是天空无限高，任你天上飞，奇迹可能也就由此产生了。

乙：很多路子都是相似的，畅销书毕竟是少数，大多数书的命运都很可能是随波逐流，过一把瘾就死。

甲：回到股市，真正牛的股票也是少数，而能真止赚到钱的投资者也是少数，更多的投资者也是随波逐流，过把瘾就死，最后的结局往往都是输家。看上去很热闹，但最后真正赢的人没几个，这跟书市的状况何其相似呀！

乙：万事万物的道理其实都是相通的。

甲：是呀，没想到这看似简单的书市也如此复杂。

乙：呵呵，现在深究的层面也仅仅是其中一部分而已，书市如股市，看似简单实则复杂，都是博大精深的世界呀！

在生活中可以看到的事情，如果真正深究一下，其实很多事情都是大有乾坤的，书市就是如此。

稍微深究一点，就有很多跟股市相似的地方，非常有意思。

生活也是这样，找到生活中跟自己感兴趣的行业具有共性的东西，那不就有意思了，生活不就变得更加丰富多彩了吗？

多点对比，多点思考，多点深究，一切都会变得不一样，一切都会变得很有意思。

应对拉升阶段不同层次的策略

兵法有云：知彼知己，百战不殆。只有认清形势，了解各层次的运行特征，我们才知道行情运行到何种程度，才能制定相应的策略。不管形势如何多变，只要抓住本质，便可以从容应对。通过掌握拉升阶段不同层次的特征，我们就可以制定相应的策略。

初级浪的应对策略

初级浪属于脱离主力筹码成本区的初期启动阶段，这个阶段的到来更多的是一种"随风潜入夜，润物细无声"的过程，它最大的特征就是不易被人察觉。之所以会这样，是因为主力为了收集更多的筹码，在此阶段采取了韬光养晦的策略，于是出现了这种磨人的走势，让人看不到希望地蜗牛般前行。当然，在这个过程中，它还是会保持上涨的态势，但这种上涨是让人看不到希望的上涨，短期内它犹如一潭死水，沉闷得让人窒息。对于喜欢追涨杀跌的投资者来说，很难在这个阶段坚持下去，往往也会错过后市的真正拉升走势。了解了此阶段的特征后，我相信大家对如何应对初级浪的策略，心中应该有数了。对，最好的策略便是耐心潜伏。采用这种策略的好处在于，可以提高把握住突如其来的主升浪机会的概率，不至于在拉升的前一刻被颠下马背；还可以从中获得正收益，虽然初级浪走势慢如蜗牛，但从整体来看，出现上涨的概率还是较大，因此获取正收益的可能性也大。

由此可见，潜伏的意义非常大。也有所谓的短线高手可能对潜伏不屑一顾，当然，对于能够很好地掌握买点的投资者而言，也许能够节约很多机会成本，但对于大部分投资者而言，他们是很难做到这一点的，所以守株待兔的潜伏办法不失为一种好办法。

图 3-7 为长虹 CWB1（自 2011 年 8 月 11 日起，"长虹 CWB1"终止上市）阶段性走势图。2011 年 3 月 16 日是它出彩的一天，当天上涨幅度达到 29.34%，这让绝大多数人感到出乎意料，这天一根长阳线从相对底部冲击到历史高位附近，出其不意，让人大开眼界。

图 3-8 为长虹 CWB1 上市以来的全景图，当天从相对底部一路上攻至历史高位附近，巨幅上涨机会在一天中成为现实，也在一天中转瞬即逝。对此，有人拍手称快，有人则感到万分惋惜，也有人发出这样的感慨："要是从相对底部到历史高位附近的涨幅不是在一天之内完成，而是在一个时间段内完成，便可以把握其中一部分机会。"确实如此，如果其上涨不是在一天内完成，不少人很有可能会把握住一部分波段性操作机会。其中的原因不难理解，我们可以看到，在长阳线上涨的前几天出现了一定幅度的下跌，不少人（这种人可能是所谓的

图 3-7　长虹 CWB1 阶段性走势图

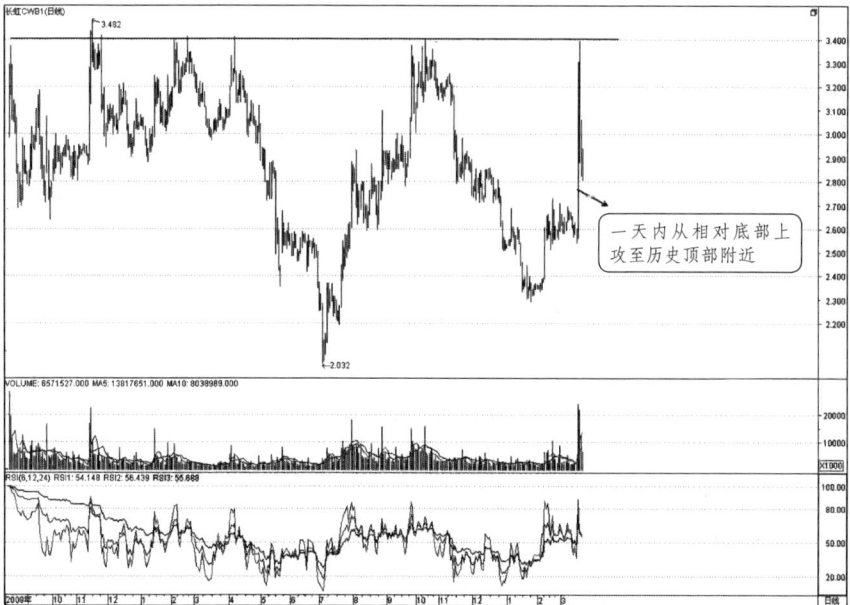

图 3-8　长虹 CWB12009 年 9 月至 2011 年 3 月全景图

技术分析高手，也可能是真正的技术分析高手）看准了其波段性将会下跌，便可能选择在此采取阶段性规避风险出局的策略，目的是希望采取高抛低吸的策略在此处做一个差价，也许正是这一步棋使自己丧失了一天近 30% 涨幅的机会。因为真正能够做到低吸的投资者毕竟是少数，等你反应过来想要进场时，股价可能高高在上了。

图 3-9 为长虹 CWB1 阶段性走势图。如图所示，不少人在上涨前夕下车后，可能就再也来不及上车，他们就这样与近 30% 的涨幅机会擦肩而过。

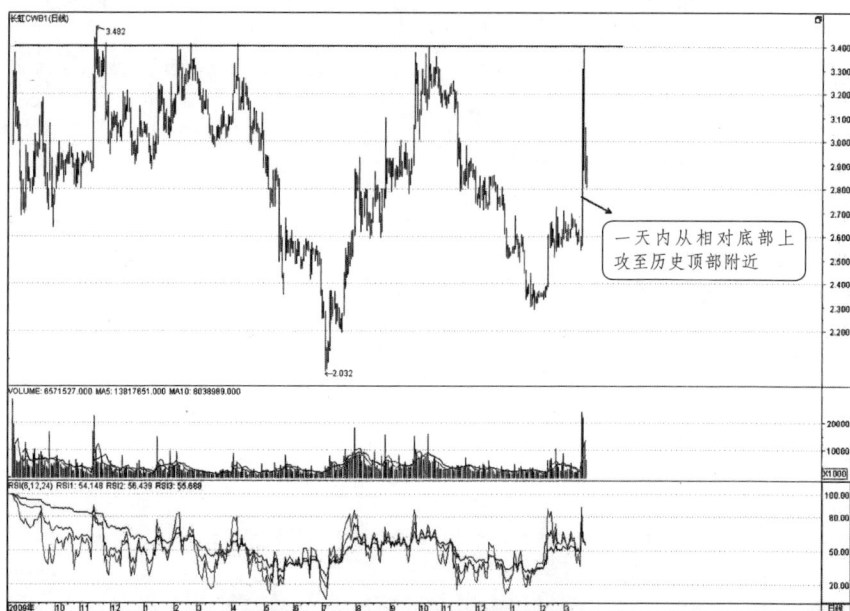

图 3-9　长虹 CWB1 阶段性走势图

为何有人感慨要是近 30% 的涨幅不是在一天中完成，而是在一段时间内完成，便至少可以把握其中一部分机会呢？这是因为如果这个涨幅不是在一天内完成，那么在后市他们就还有上车的机会。比如说，当该认购权证的涨幅不是在一天内完成而是以逐步上涨的形式出现，那么在上涨前夕下车的投资者在该权证出现止跌企稳迹象时便还有上车的机会，可是突如其来的上涨完全打乱了不少人的投资节奏，所以发出这样的感慨也就很正常。

这一天的走势还告诉我们一个道理，有时候要把握住大机会确实需要好好潜伏，也就是一旦看好其接下来的走势，采取买入的策略后，其中的波动如果没有触及开始所设立的止损点就尽量少动，最好做到不动。在股市中，有时候太聪明也并非好事，有可能聪明反被聪明误，就像前面讲到的上涨前夕下车的不少投资者，他们看到了阶段性会下跌的风险后，便采取了短期出局规避风险的做法，可以说在这根长阳线出现之前操作非常成功，当这根长阳线出现后，他们前面的操作就成了一大败笔。

图 3-10 兆日科技经过底部震荡后，开始拉升，但是幅度不大，然后持续调整一个月。这是初级拉升，如果你此时下车，将错过后面一大波行情。不要忘了，主力的目标肯定不仅仅是 20% ~ 30%，绝大部分目标都在 100% 以上。从这里可以看出，我们做一只股票时一定要判断它处于哪个阶段。

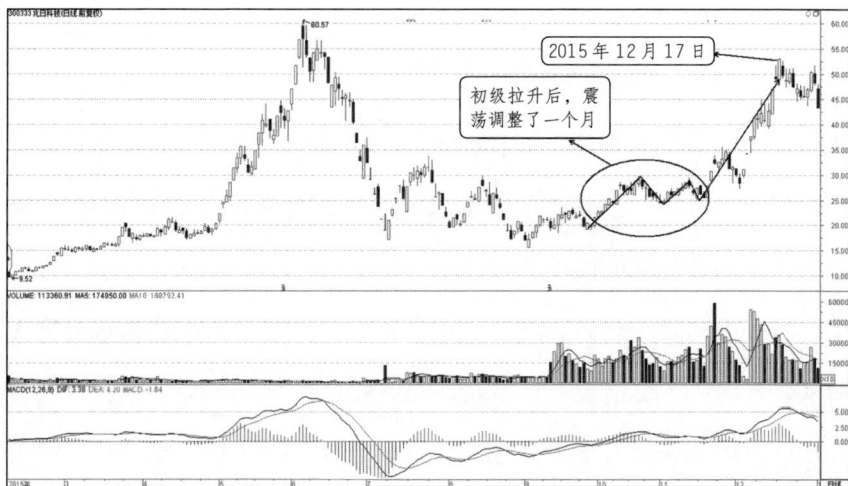

2015 年 12 月 17 日

初级拉升后，震荡调整了一个月

图 3-10　兆日科技阶段性走势图

主升浪的应对策略

主升浪是继初级浪之后的拉升浪，是整个拉升过程的核心阶段，也是实现盈利的最关键阶段。此阶段的主要特征是，上涨具有持续性且干脆利落，每天创出相较前一天的新高。当然，能够坐上这趟车来到这里的投资者也已不简单，既然经历千辛万苦来到这里，怎么说也得好好把握接下来真正大幅上涨的机会。然而如何去把握呢？

首先，我们必须弄清楚哪些地方容易使人犯错误。主升浪阶段是上涨具有持续性且每天都可能存在创新高的走势，但为何很多人就是吃不到呢？对于这个问题，不知投资者有没有好好分析一下，致使我们犯错误的原因是什么。这是问题的关键，只要我们能够找到致使我们犯错误的原因，并在后市中尽量避免，那么最终成功的概率也就大很多。在股市中，别人犯的每一个错误都是我们积累财富的机会，同样，我们犯的每一个错误也为别人积累财富提供了机会，要想赢，就要尽量降低犯错误的概率。

在这个阶段哪些地方容易致使我们犯错误？我们还是得从该阶段的运行特征入手，表面上看这个阶段可能天天创新高或处于收阳的状态，即最终结果看起来很简单且让人很振奋，但过程并非如此简单。主升浪之所以有可能每天都创出新高，一方面是因为主力资金投入了更多的兵力，具备了更强大的上攻能量；另一方面是由于主力资金的蓄势和清洗浮筹一般都在盘中完成，不会像平时的回档一样，需要一段时间的休整，所以在短期内会出现大幅上涨。容易使我们犯错误的地方就在此，在洗盘的过程中，股价要想短期内连续上攻，主力需要投入更多的兵力，还要及时释放上涨带来的获利盘的压力，轻装上阵才能走得更远。如何及时释放上涨带来的压力？无疑盘中的剧烈洗盘动作就成了主力惯用的手法，这也是我们会看到在股价出现放量上攻的那一段时期内，股价的波动会异常剧烈的原因。然而正是这个剧烈的震荡使不少人中途下车，丧失了把握后市继续大幅上扬的机会。

找到问题的症结所在后，相信大家对如何应对主升浪行情，不轻易错过这来之不易的机会更添一分把握了。总之，我们要深刻地认识到这个机会的来之不易，不要轻易让其从手中溜走。对于这一点，不少投资者并没有引起足够的重视，而是以一种相反的心态去对待，买进去后下跌了可以死拿不放，但稍微上涨了便迫不及待地卖出，生怕涨幅跌落回去，结果就是每次都是赚少赔多。试问抱着此种心态的人能获取大的盈利吗？显然不可能。如何改掉这个坏毛病？我想最终的办法还是要调整好心态，就是不要过于短视和恐惧。当然在上涨时，我们有这种为了安全而及时兑现的想法是很正常的，但不能太短视，来到这个市场的目的就是为了获取盈利，所以好不容易遇上了赚钱的机会为何要轻易与之说"拜拜"呢？其实这与平时做生意的道理是一样的。如果遇到了一个可以让你赚大钱的生意，你会轻易放弃这个生意吗？这时候我相信绝大部分人都会继续经营下去，而不会轻易抛弃这个赚钱的买卖。同样的道理，遇上了一只能让你赚钱的股票，为何不能继续持股待涨呢？所以对于喜欢跌了死拿不放、稍微上涨就迫不及待想走的投资者而言，不妨在行动之前多想想上述做生意的例子。在此，我想再强调的是，遇上了能让你赚钱的股票不容易，不要轻易把它抛弃了。相反，遇上了与你没缘分的股票，还是趁早卖掉好。

总之，应对主升浪拉升走势的总体策略是：多一分耐心和坚定，不要过于短视，好不容易遇上了赚钱的机会，就要紧紧握住，而不是迫不及待地离场。

末日轮的应对策略

对于末日轮的应对策略，我们依旧是从该阶段的特征入手。不论是大盘的末日轮还是个股的末日轮，它们在这个阶段最大的特征就是疯狂。而且这个疯狂出现在相对高位附近，也就是在前期已经明显有不少涨幅的情况下。对于为何会出现这种疯狂的特征，前面已做了详细的分析，主要是主力为实现从容套现而制造的一种繁荣景象。对于主力资金而言，要想从容地套现，上涨无疑是最好的方法。只有这样，才会吸引足够的跟风盘涌进，这也是主力很好地利用了投资者喜欢追涨的心理的结果，然而上涨真的有如此大的魅力吗？对于这个问题，相信参与这个市场的投资者都会有一定的感受，但不管怎样，从大众的心理与人性的弱点来说，这一点确实还是具有相当诱惑力的，真正能禁得住诱惑的人不多。

毕竟人的忍耐有一定的限度，超出这个限度后便难以抑制冲动这个魔鬼。当一只个股阶段性涨势如虹引起你的关注，刚开始你也许不会有太多的想法，只会觉得短期涨幅有点大了。此时，大多数人会不断暗示自己冲动是魔鬼。所以虽然有上车的冲动，但这种想进又怕跌的心态让我们止步，采取了观望的策略。当价格没有出现预期中的下跌而是再次大幅上扬时，投资者便开始有点怀疑自己的眼光了，于是有了想赌一把的心态。此后股价有任何上涨的迹象，很有可能都会牵动投资者的神经，股价一旦再次疯狂，投资者想不杀进去都难了，于是就这样一步步被诱骗上钩了。当初想到的什么冲动是魔鬼，要对自己残忍点这类的想法都抛诸脑后了，赌一把的侥幸心理占据整个内心世界，就算知道是主力资金在拉升上演最后的疯狂，也想抱着碰碰运气的心理参与一把。相信不少投资者曾经都有过类似的投机心理。人性的弱点本是如此，再加上市场的投机气氛如此浓厚，试问主力能不好好利用吗？可以说越是上涨越不怕没人追，当然，这在成熟资本市场也不例外，毕竟人性的弱点是不分国别的，只是其强度有强有弱罢了，这也是主力屡试不爽的原因。

如何应对末日轮，不同的投资者应有不同的应对策略。对于有耐心且能够控制住心魔的投资者来说，就算再疯狂也不参与就不会带来什么影响，当作赏心悦目足矣。然而对于无法控制心魔且喜欢投机的投资者来说，想参与也不是不可以，毕竟这个阶段存在一定的风险，但利润也是可观的，把握得好也是一笔不小的收益。但短期的高收益同时也伴随着高风险，这是一把双刃剑。如果把握不好，很有可能就要在高位站岗，这是必须意识到的。意识到这一点后，对于敢死队而言，接下来的重点便是如何好好去把握的问题，有勇气去把握也未尝不可，前提是要控制好度。一般而言，在疯狂上涨过程中量价背离的初期，还可以继续去参与，疯狂后如果出现量价背离已有一段时间，同时量能开始萎缩，股价在相对高位上攻乏力时，则需要高度警惕，尤其是伴随着放量长阴出现，主力大逃亡已接近尾声时，则预示着此地不宜久留，是时候要离场了。

总之，末日轮肉多但刺也不少，不是每一个人都能把握的，能够把握的毕竟是极为少数的人。不管怎样，只要把握住属于自己的机会就好，其他的就不要太过于强求。

操
盘
手
记

理解真正的缺口

甲：一定要找到突破口。

乙：突破了，其他就好办了。

甲：一个缺口被打开，就有可能引发连锁反应。

乙：可怕的就是这连锁反应。

甲：没错，所以别小视缺口。

乙：从来就不敢小视缺口，但有时候面对小缺口不免会显得信心不足。

甲：要相信缺口带来的能量，相信缺口最终带来的连锁反应。

乙：是的，当没看到能量跟连锁反应的时候，总是难免有点忐忑。

甲：坚定信心，一切都会过去的。

乙：是啊，要达成最终的目标，坚定信心必不可少。

甲：呵呵，可能很多人不知道我们在谈什么呢。

乙：可以说是二级市场上的缺口，也可以说是事业上与生活上的缺口。

甲：没错，缺口无处不在。

乙：道理相通，关键是我们要明白缺口的意义。

甲：明白，坚定信心。我们继续喝咖啡。

乙：没错，在继续喝咖啡的过程中耐心等待接下来上演的好戏。

甲：该上演的必然会到来的。

乙：一切尽在缺口出现后。

　　缺口，无处不在，二级市场、事业、生活上都存在。只是有时候我们将它忽略了，或者我们没有很好理解其本质的意义。缺口一旦在关键时刻被突破，其意义就深远了，很可能就是决定性的。

　　别小看缺口，只要打开了，一切皆有可能。

04

捕捉主升浪

　　捕捉主升浪是每个投资者梦寐以求的目标，高涨而亢奋的情绪是他们面对主升浪时的常态。然而对于经历千辛万苦完成建仓阶段的主力资金而言，打造主升浪是最能考验他们的紧要关头。因为折腾了这么长时间，最后能实现多大收益，就要看主升浪能升多久、能升多高，这用"毕其功于一役"来形容，一点都不为过。尽管说拉升前的主力资金已经基本完成了底仓的筹备，但他们要琢磨的问题一点都没少，比如说成本较低的流通筹码是否仍比较多，会对即将来临的拉升造成多大的压力？个股的股性是否比较活跃，一旦点燃拉升的激情，跟风盘的情绪是否能被激活？大盘或者板块的走势在拉升时期能否助一臂之力？如何控制拉升股价的节奏？等等。

　　在一般投资者眼里，看似疯狂的拉升阶段其实并不是主力资金头脑发热，用巨量资金把股价捧上天的，这背后蕴含着其极为细致的事前准备和谨慎的操作。很多时候，在拉升阶段主力希望达到的境界就是自己先"点上一把熊熊烈火"，然后场外疯狂的资金"蜂拥而上"，接着自己再从中不断进行"套现—点火—股价拉抬—再套现"的循环操作，直到股价达到预期目标再谋求下一步的全身而退。总之，在拉升股价时"四两拨千斤"和"阶段性套现再蓄势"是主力资金最为看重的两个环节。

拉升前的酝酿

进攻号角吹响前的积极酝酿

底部总是静悄悄，顶部往往闹哄哄。主力资金拉升前的准备动作，都是尽可能避免被过多场外资金的目光关注，同时希望场内筹码，尤其是成本较低的筹码及时离场。因此，要研究主力资金的主升浪，不得不研究的就是拉升前蓄势待发的阶段。

主力资金在拉升时期需要做的事情就是引爆市场进入疯狂的"第一把火"，用少量的增量资金迅速拉抬股价以吸引跟风盘追涨，从而主导他们操盘的方向。那么，怎样才能做到"四两拨千斤"呢？第一，大量流通筹码被高度控盘，这样剩下的浮动筹码就很少了，这也是主力资金建仓达到的效果；第二，低成本的获利筹码在拉升前尽可能少，因为一旦进入拉升阶段，这类筹码较容易集体套现形成较大抛压；第三，场外短线资金关注度高，但一直犹豫或者等待股价爆发的信号，它们其实是股价持续上涨的重要推手。其中，第一点对大量流通筹码高度控盘，其实在建仓阶段就已经基本完成，而第二点和第三点才是拉升前主力资金最需要解决的问题。这就是人们俗称的洗盘和试盘。

一般投资者往往以为洗盘、试盘这两类动作是相互独立的，不是洗盘就是试盘，这种非此即彼的想法无疑是思维简单的表现。对于主力资金而言，无论是建仓还是拉升阶段，都是融合了各种操盘手法的综合过程，都需要洗盘和试盘，只是所要达到的目标各有差异罢了。更进一步说，无论是建仓还是拉升，既然是各种手段的综合，就绝对不是简单纯粹的单向买入或者卖出的问题。在建仓时期，主力资金的买入可能是为了吸筹，也可能是为洗盘和试盘的阶段性策略做准备，因此会出现抛售和打压行为，但最终还是为了吸纳大量廉价筹码。在拉升时期，主力资金的买入是为了抬升股价刺激跟风盘的进入，但也会出现阶段性的抛售套现，然后再进行小规模的吸筹、洗盘、试盘，如此反复，酝酿一浪接一浪的进攻。之所以要重点提及这个问题，就是为了提醒读者不要用一根筋的思考方式去看问题，见到盘中有大单买入就以为是要拉升，大单卖出就以为是要出货，这种见涨看多、见跌看空的思维注定会让你在市场上吃大亏。只有站在利益最大化的角度思考多空博弈背后的逻辑，才能更深刻地感悟到市场脉动的准确节奏。

再回过头来细说拉升时期出现的洗盘和试盘。为了方便阐述，我根据"拉高、震荡、打压和休息"四种操盘手法对洗盘和试盘进行具体定义。即拉高回落为向上试盘，阴线打压为向下试盘，阶段性向上向下试盘的震荡整理为洗盘，休息手法则融入了上述三种策略。

在底部形态即将面临向上突破，进行第一次脱离主要成本区的拉升动作前，主力资金会不断运用向上试盘测试抛压大小和跟风盘的积极性，运用向下试盘测试浮筹的多少和底部的坚固程度，运用震荡整理消磨场内筹码的耐心，运用休息策略隐藏实力让市场误认为主力已逃。读者一定关心究竟什么时候主力资金才会正式开始拉升，其实这并没有一个绝对的量化指标。如果存在唯一的信号指导着主力资金的运作，那么这个市场还存在不确定性吗？因此我们只能从多个主要因素去揣摩其意图，争取把握住大概率的事情即可。

在我看来，如果具备以下四个因素，那么主力资金进行拉升动作的欲望会更加强烈。一是大盘不存在连续大跌的系统性风险，因为在泥沙俱下的背景中，逆势进行持续上涨所耗费的能量是相当巨大的，排除个别特殊原因，主力资金一般不会在此背景下贸然行动；二是投资标的的炒作题材正处于市场的阶段性热点，一旦选择拉升，将会更容易吸引跟风盘；三是个股本身在底部形态突破位置所承受的抛压已经足够少；四是一旦选择上攻动作，不需要太大的成交量便可以接近或者突破重要颈线位。

最后，回顾我们确定突破颈线位的两个"3"，即超过颈线位价格3%并且站上颈线位超过3个交易日。这样我们就能更加有把握地去研判主力资金是否正式进行拉升动作了。

操盘手记

市场中的高手与低手

甲：你承认市场藏龙卧虎吗？

乙：承认。看看市场阶段性冒出不少牛股，却不是市场主流资金在把持的，从这点我就充分感受到市场上有些能人是隐身的。

甲：你承认市场鱼龙混杂吗？

乙：承认，有好就有坏，两者是对立统一的。你看看市场上那些所谓的名嘴，真正有水平的有几个，不少还是"黑嘴"呢！这回你明白什么是鱼龙混杂了吧。

甲：如何去区分这些呢？

乙：充实自己，提升自己，用心去观察与发现，一切自然就明了了。

甲：有什么系统性的方法可以提升自己吗？

乙：当然有。你跟我交流，跟我学习的过程，其实就是一种方法。

甲：能否告诉我学习的关键是什么呢？

乙：千万别痴迷短线，更多的是要从大波段的角度去思考问题。

甲：这点我不太理解。

乙：很多人为何很难看出问题呢？事实上，就是陷入短视的陷阱中。不少人能猜对一两次，他们往往就因这一两次而被迷惑了，但要猜对很多次就需要水平了。短视的人往往是不能猜对太多次的，猜对几次就很幸运了。真正懂得从大波段的角度去思考问题的人，看对的机会就会多很多。把战线拉长来看，看整体，这样，看错的概率就会大大降低。看人如此，看股也是如此。

甲：大概明白了，短视的人很容易被那些猜对几次的人迷惑，事实上，仅仅猜对几次，很多人都可以做到，包括短视的人，对吧？非短视的人则不会被猜对几次的人迷惑，他会客观地去看待，在战线拉长的背景下去看，这样，水平高低就自现了，对吧？

乙：很对，总结得很好。不过，就算猜对很多次的人，也别神化他，毕竟市场上是没有神仙的。

甲：该学习的还是要学习，但别神化之，对吗？

乙：哈哈，就是这意思。

市场上有高手，也有低手。不过，很多时候真正的高手可能不明显，反倒是低手非常突出。为何？道理也不复杂，一些真正的高手境界到了，懒得过多折腾了，因为他们是做大波段的。反过来，低手呢，境界没到，特喜欢折腾，很多时候市场就是喜欢折腾的人。所以，怪现象就出现了。当然，这不是绝对的，但我们要知道市场中有类似的现象存在。

持续形态一触即发

主力资金一旦决定拉升,向上运行的趋势便会形成。在这个过程中,个股突破时的成交量一般都不会太大,会随着股价的逐步上升而日渐增加放大,日益呈现出一种活跃的状态。这是因为拉升初期上方抛压较轻,主力机构只需动用少量资金就可以推动股价上扬,而随着股价上升又会吸引场外资金的目光。胆大者早追进,犹豫者观望,因此场外资金的进入也是一个循序渐进、逐步增加的过程。当股价慢慢远离成本区域后,主力资金一般会加大力度促使股价急剧上扬,同时成交量迅速放大,这样更容易成为市场焦点,从而帮助自身实现阶段性套现。随后,由于场外跟风资金逐渐减弱,场内筹码套现慢慢转强,主力资金又会重新运用洗盘、吸筹、试盘的方式继续下一轮的拉升。运作的原理如此,但是由于投资标的本身内在价值的不同、主力机构资金实力和目标价位的差异,甚至市场环境的人气有所区别等因素的影响,不同主力资金在运作不同个股时都会呈现出不同的拉升节奏。

从形态的角度看，主力资金在拉升时段的节奏差异会造成盘面上股价形态的不同，即上升途中持续形态的不同。同样地，我们可以从这些形态上的差异去感悟主力资金的操盘意图，从而为我们的应对策略提供一些有价值的参考。因为这事关我们是采取继续持有还是大胆吃进的决策问题。

在《操盘论道深入曲：抓住形态》一书中，我们曾经详细介绍过中继形态，中继形态有很多种，其中最突出的是旗形形态。可以说，无论是三角形还是矩形，都可以归类到旗形中。道理很简单，当我们看待旗形的视野放宽之后，会发现其形态有两大特点：一是要有旗杆，二是要有旗面。

在上升途中，旗杆就是拉升的阶段，而旗面则是休整蓄势的过渡过程。换个角度讲，旗杆就是多方占优的向上明显波动，而旗面就是多空双方博弈激烈形成震荡的状态。旗面的形态无非就两种：一是上升三角形，二是平行的矩形。上升三角形还可以分为直角三角形、对称三角形、钝角三角形和锐角三角形。平行的矩形也有向下倾斜的和横盘震荡的。但是，我们要谨记一点，对形态的理解和运用千万不能教条化，学会细分形态并不是要我们按图索骥，而是要学会从中感受多空能量博弈的对比与其背后蕴藏的主力意图。

上升三角形

在三角形形成的过程中，这期间的波动必然会反复拉锯，至少两个回合才能形成四个点，从而构成三角形形态。说白了，当我们确定主力资金已经选择开始脱离成本区的一波拉升，如果我们考虑介入，则必须耐心等待时机，否则被套的概率就会较大。如果仓位控制不慎，就会形成非常被动尴尬的局面。

那么，为什么同样是三角形却有不同的形态特点，这和主力资金的操盘思维又有何关联呢？只要我们懂得上升三角形的本质是多空双方博弈的能量体现，答案就不难得出了。中续形态就是行情运行到中间还要持续进行的形态。主力资金在一波拉升过后的必然动作就是阶段性的套现，然后进行洗盘、震荡和试盘，再酝酿下一波的拉升。这些动作的力度大小和时间长短都影响着上升三角形的形成。

上升直角三角形意味着上边线近似平行，下边线由逐级抬高的低点形成。从形态上来看，就是在冲高的过程中反复冲击同一阻力位，这说明多方的上攻姿态比较明显，能量比较充沛。一旦持续形态完成，向上波动的幅度就会比较大。这时采用的就是底边等长法，即下一波拉升的高度至少和逐级抬高低点所形成底边的长度一样。从主力资金的角度来看，它之所以在上升途中采取构筑直角三角形的形态，是因为其前期建仓与洗盘的效果较佳，加上投资标的所吸引的人气高涨，跟风盘积极性高。因此，一旦选择再次拉升，主力资金的意图一般不会太过狭窄。面对这种上升直角三角形，我们应该更加坚定地持有或者是勇敢地跟进。话说回来，采取这种以空间换时间的激进手法进行持续形态的构筑，也从另外一个角度说明主力资金的拉升幅度虽然巨大，但可持续性不强。

而上升锐角三角形和对称三角形，在本质上与上升直角三角形相差无几。上升钝角三角形（楔形）意味着上边线与下边线都向下倾斜。从形态上来看，就是冲高的高点一个比一个低，而回落的低点也是一个比一个低。这说明多方的进攻力度稍弱，而空方的套现欲望较为强烈，盘面上形成的状态就是摇摇欲坠状。一般来说，这意味着主力资金的实力不是很强大，需要在拉升期间套现较多，才有足够的增量资金进行下一波的运作。但是，这也有可能是主力资金采取以退为进的策略迷惑市场，阶段性地隐藏自身实力。因此要判断这种情况下主力资金的真实意图，还需要结合中续形态出现前的拉升力度进行综合分析。如果拉升幅度十分大，说明主力资金的持续投入巨大，而且跟风盘的积极性也高，这时出现上升钝角三角形形态很可能只是稍做歇息而已，再次上攻的幅度就应该与前一波所形成的旗杆长度相差无几；如果拉升幅度不是太大，则说明主力资金的实力有限，或者是前期控盘程度不高，所以在上升休整震荡的途中就出现了钝角三角形的形态，这种情况下再次出现的上攻幅度恐怕就只能和三角形的底边长度做比较了。这种分析思路是在正常情况下才可行的，正所谓兵不厌诈、兵无常道，当所有人都按照同一个方向思考的时候，主力资金可能就会反其道而行。

上升矩形

上升矩形是高点和低点所形成的水平线平行的上升中继形态。只不过当高点和低点越来越低时，就会形成典型的上升旗形；当高点和低点几乎一致时，则会出现头肩底的变体。尽管头肩底形态的最小量度涨幅为底位与颈线位的垂直距离，但由于这里可以看作是上升途中的矩形，因此它和上升旗形都可以采用上升旗杆的高度进行最小量度涨幅的计算。

出现上升旗形的中继形态，说明主力资金在实现一波拉升之后的洗盘力度非常凶狠。一般来说，这很可能是由于前一波的拉升十分强劲，比如伴随着连续涨停的出现，那么获利盘套现的欲望也会较强，两股巨大的空方能量相加，就容易造成暴涨暴跌的巨大波动。无论如何，这都反映了主力资金的做多动能和未来目标价位是比较惊人的。

出现上升矩形的中继形态，说明主力资金在筹码控制上仍然需要进一步行动，因此在一波拉升后会选择横盘震荡式的洗盘吸筹动作。这种"空中加油"的行为意味着主力资金并不急于继续猛攻，而是乐意采取以时间换空间的策略为接下来的拉升做准备。面对这种中继形态，我们需要确认的是何时才会出现真正的突破信号。与研判底部形态的头肩底有效突破标准不同，研判中继形态的上升矩形，只需要一个"3"便可，即突破颈线位 3% 就可视之为有效突破。若是研判趋势反转，才需要用到两个"3"，即突破底位 3% 且超过 3 个交易日。

操
盘
手
记

关于平衡的问题

甲：市场最狂热的时候，往往也是风险最大的时候。这句话固然没错，但有时候看似最狂热的时候也可能是更疯狂的开始，这到底如何去看？

乙：这就是考验功夫的时候了，仁者见仁，智者见智。不过，需要明白的是，在疯狂到自己看不清楚的时候，就不去赶那潮流。结果要不就是少赚一点盈利，要不就是回避了风险。不管是哪个结果，都不会有什么损失。不过问题就在于如果市场再疯狂一段时间，很多人心理就难以平衡了。在这种情况下，你要做的就是让心理平衡。当心理平衡了，一切也就平衡了。

甲：呵呵，这样一看，我们似乎没有必要为这样的问题而烦恼。

乙：遇到这样的问题时，关键就看你如何去平复那难以平静的心了。

甲：嗯，说的是。其实那时候也可以设立一个止盈点去搏，再疯狂，就算是赚到的，没疯狂，调整了也能及时出来。

乙：是的，不过说起来简单，做起来难，最可怕的是身在庐山不知山呀！

甲：没错，很多时候眼睛都会迷失方向，只看眼前，无法跳出来看，以致最终还是陷进去了。

乙：嗯，越是疯狂的时候越要提醒自己，赌大可以，但发现形势不对就要及时抽身。

甲：创业板过山车般的波动就是一个最好的例证。

乙：是的，有时候做个欣赏者挺好的，当大家都往里面去掘金的时候，我们在外面卖卖水也不错。

甲：哈哈，是啊，至少到了最后，我们不至于成为掘金失败者，反倒有可能笑到了最后。

乙：这世界本就是如此。

平衡心态的问题，其实何尝是最疯狂之时才需要，很多时候都需要。面对任何问题，其实或多或少都需要一个平衡，没有平衡就容易走极端，极端也就意味着容易走火入魔，那是必须避免的呀！

人生，很多时候就是探讨一个平衡的问题，和谐，和谐，平衡也。

从《火影忍者》与《爱情公寓》想到的

甲：看过《火影忍者》吗？

乙：看过。故事情节相当吸引人，我不禁感叹这世界怎么会有人这么厉害，竟然能创作出这么精彩的动漫。我也知道《火影忍者》的成功并非一个人努力的结果，而是一个团队合作的结果，但依然非常惊叹这背后的力量。

甲：看过《爱情公寓》吗？

乙：刚看完第一季。该电视剧让我看到了中国都市情景剧的精彩，简直可以跟日韩同类作品抗衡了，实在令人惊叹。这就是市场化的力量。

甲：你喜欢看动漫，影视剧也不放过，哪还有时间去研究市场呢？

乙：功夫在诗外。研究市场并非要天天泡在其中，很多时候是要靠来自市场外的积累与沉淀，然后再将其运用到市场中，这样成长的空间更大。这点我深有感触，每次看完这些动漫和影视剧，我就会思考其成功的因素。通过这样的思考，我的思想深度更进一步了，视野开阔了，想象范围更广了……实在有太多太多的好处。反过来跟资本市场联系起来，会有更多的思路或创意诞生，让我对市场与生活都会多一分热爱，有了热爱，一切就皆有可能。

甲：嗯，所以有时候太专注也不是一件好事。

乙：该专注的还是要专注，但该放松释放则要完全放松释放。劳逸结合，才能让自己真正越来越有能量。

甲：怪不得你时常要出去旅游一下呢，那也是一种不错的放松方式。

乙：人生在世，多一分对世界的认识，就多一分精彩。

甲：爱好广泛，又爱思考，这岂不是为你写书提供了很多的素材与感悟？这真是一举多得呀！

乙：嗯，没错，一切都是相互联系的，只要保持好心情，这里的联系就会进入良性循环，让生命变得更充实与精彩。

动漫的世界，你喜欢吗？搞笑的影视剧，你喜欢吗？科幻的世界，你喜欢吗？悠远的大自然，你喜欢吗？……太多太多，不一而足，我都喜欢。

事实上，只要你对生活、对工作、对家庭……充满热情，幸运之神就会常常眷顾你的。什么样的磁场就吸引什么样的人。

别小看生活，生活中蕴含着很多大智慧，就看你愿不愿意去发现并分享了。

盘面三板斧

在"吴国平操盘论道五部曲"系列丛书中，我曾经介绍过分析盘面的三板斧：长上下影线、缺口和时间窗口。当时是从技术工具的角度去分析，而本节则以前面所讲的主力资金在拉升阶段的操盘思维作为主线，并将"吴国平操盘论道五部曲"系列丛书当中的知识融入进来，从而迸发出新的智慧火花。

在资本市场上，能运作的方法和工具可以说是万变不离其宗，而我的盈利系统是建立在有机结合各种工具和投资理念上的综合体。在我看来，将不同的分析工具放在不同的背景下重新融合，是将盈利系统进一步完善和升华的重要途径。

上升途中的上下影线

在分析 K 线的上下影线时，我们必须明白市场运行的大背景，就这里而言，市场运行的大趋势就是向上波动。明白了这一点，我们再去研讨上下影线就有了基础。

在《操盘论道升级曲：看穿盘面》中我曾经提到，在上升阶段，长上影线一出，不论其实体是阳线还是阴线或者是十字星，接下来这长上影线都会具有向上的牵引力。快则短期很快冲破上影线高点，慢则震荡消化一段时间再冲破之。

从主力资金的角度剖析长上影线

如果从主力资金的操盘思路重新理解长上影线的形成，我们可以发现，一旦主力的建仓阶段完毕，接下来就是为上攻做准备。其中向上试盘就是一种制造长上影线的操盘手法，其目的就是为了测试上攻重要阻力位时的抛压是否沉重，以及跟风盘是否积极。而主力资金冲高后采取暂时休息旁观的手法令股价回落，是为了动摇犹豫的获利筹码。因此，这种向上试盘带来的长上影线就是为以后进一步拉升做准备的。除了向上试盘之外，主力资金实质性的上攻也是造成上升阶段出现长上影线的主要原因。在拉升阶段主力资金要做的就是点燃市场激情的"第一把火"，当跟风盘在股价抬高后追进时，他们的持有成本就较高，所以期望的目标价位也相对于低成本的获利筹码更高。跟风者有胆大勇敢和胆小犹豫两种。当股价一再创新高的时候，持币观望的潜在跟风盘都希望能够在较低的价格时乘上这一趟车，而主力资金为了进一步抬高场内筹码的持股成本，也不会一路高歌猛进，丝毫不做调整，因此冲高后的回落间隙其实就是主力留给跟风盘的空间。

当然，如果主力资金实力特别雄厚，其投资标的的题材又正好符合市场热点，采取逼空式的上涨迅速脱离成本区也是他们可能选择的操盘手法，但这毕竟是少数黑马股的罕有表现。如果我们不能提前介入享受这一盛宴，那么静下心来好好观赏也不失为一个回避风险的好办法。

在上升阶段判断长上影线 K 线带来的"短"机会与"长"机会

在主力资金进行拉升阶段，一旦出现长上影线的 K 线，什么状态下意味着是"短"的发起攻击时机，什么状态下意味着是"长"的发起攻击时机呢？要掌握好这两个时机，抓住以下两大环节是关键，同时它们对操盘具有极大的实战价值。

◇长上影 K 线出现前的 K 线状态

我们都知道，股价的波动更多的是依靠"势"推动的，为何大的上升通道中股价整体就是震荡攀升的状态？这是因为大的上升通道带来的"势"就是上涨，所以股价的波动更多地呈现震荡攀升的状态。

大趋势一旦形成，波动更多的是跟随大趋势而行。所以，长上影 K 线出现前的 K 线状态也就是其势头，超短期的大趋势到底处于什么状态很关键。

我们很清楚，出现长上影线之前无非是攻击形态或者是整理形态。攻击形态意味着势头强劲，这十分有利于长上影 K 线短期内再次发起攻击。从主力资金进行拉升的角度看，在长上影线之前能够出现持续攻击形态，说明主力前期建仓洗盘的工作效果和市场跟风盘对个股的认可度都比较理想，才能形成多方占据主动的局面。即使随后出现稍微的冲高回落，很可能是盘中需要进行一定的洗盘，主力资金采取以退为进的策略罢了。当然，如果在一波极其凌厉的逼空行情后再出现长上影线，则需要警惕多方能量集中宣泄后的阶段性休整。所以，在持续上攻过程中出现长上影K线时，多说明短期内该品种完全有望再发起一波更凶悍的攻击。道理很简单，就是其"势"已经形成，能量较为充足。相反，如果在长上影K线前是整理形态（包括弱势攻击形态），那么，一旦出现长上影线，就要小心短期内市场出现延续整理的可能。因为从主力资金操盘的角度看，整理形态期间出现的长上影线很有可能是向上试盘的表现，说明在多方上攻时仍受到较大抛压，需要一定时间的震荡洗盘。

总之，如果上影线之前的势头并不凶悍，能量并不是非常充足，虽然有向上的欲望，但可能需要进一步积蓄能量才能继续向上拓展空间。此时，我们可以密切关注其动向，但不必过于着急介入，一旦发现有向上强势攻击并有突破长上影线最高点的态势，再采取跟进策略也不迟。

◇长上影K线本身的状况

如果说长上影K线出现前的K线状态是外在的重要因素，那么长上影K线本身就是内在的重要因素。

通过前面的学习，我们知道长上影K线存在五种情况。

第一，带长上影的小阳线，多方试探性上攻但被空方反扑收获有限，最终仅以微弱优势取得胜利；第二，带长上影的中阳线，多方试探性上攻，虽然被空方反扑较为厉害，但多方整体依然凭借一定优势获得最后胜利；第三，带长上影的小阴线，多方试探性上攻，但被空方反扑较为厉害，多方无功而返，最终空方反而以微弱优势取得了最后胜利；第四，带长上影的中大阴线，多方试探性上攻，但被空方猛烈反扑，多方最后不仅无功而返，而且还节节败退，最终空方以占据明显或绝对优势取得胜利；第五，带长上影的十字星，虽然多空双方最终打成平手，但多方在这一过程中上探的空间较大。

如果这五种情况按照包含多头能量的强弱来排列，则依次为：带长上影的中阳线、带长上影的小阳线、带长上影的十字星、带长上影的小阴线、带长上影的中大阴线。

当然，这里包含的多头能量仅仅是指这一条带长上影的K线，虽然只是那么一条，但其蕴含的多头能量大小能在很大程度上影响短期多头的战斗欲望。道理很简单，主力资金在拉升股价期间的攻击动作就好像打仗一样，进攻过后，最终胜利与否或者胜利的程度在很大程度上会影响士兵短期的士气，这是毫无疑问的。

如果这一条带长上影的K线能量达到带长上影的中阳线水平，短期而言，一般会更容易再次发起一波攻击，毕竟这也是乘胜追击的策略。因此，在实际操盘过程中，当出现这种能量较为充足的K线时，对短期持续进攻是有利的。当然，如果是单日反转就另当别论，但一般情况下，这样的情况是有利于短期持续进攻的。

相反，如果这条带长上影的K线能量属于带长上影的中大阴线，那么很显然，就此单日而言，进攻无疑是彻底失败的，军心也会受到严重打击。出现这种情况，有可能是主力采取上攻动作的时机不够恰当，如碰上大盘暴跌这样的系统性风险，出现进攻的夭折。除非采取刻意的诱敌深入策略，否则接下来必然经历一段时间的休整，士气很难再次迅速提升，发起短期进攻。所以，当单日能量越弱甚至逆转越厉害时，往往意味着中期才能再次发起攻击，接下来更多的可能是处于震荡整理、消化并积蓄能量的过程中。

上面两大环节是判断长上影线的K线带来机会的"短"与"长"的关键，不过我们要清楚的是，这两大环节是相互影响、相互抗衡的，只有两大环节的方向较为一致的时候，短期机会的概率才会较大，否则更多的可能是中期机会。

总的来说，第一环节一旦确立为攻击形态，除非第二环节处于能量大逆转，即比较大负能量的状况，否则，更多的都是短期机会。第一环节一旦确立为整理形态，除非第二环节处于能量充足，即比较大的正能量的状况，否则，更多的都是中期机会。

在上升阶段中，对带长下影线的三点注意

我们来谈谈带长下影线在上升阶段中的意义。带长下影线具有向下的牵引力，这点毫无疑问，但这力量究竟有多大，就要具体结合其实体状况，看是阳线、阴线还是十字星。而这具体的影响能有几何？是短期震荡还是需要震荡消化一段时间呢？怎么去把握？要注意什么？

第一，带长下影线一旦出现，短期进入震荡整理的概率大。在上升阶段中，虽然大的方向是向上，但带长下影线的K线一旦出现，就意味着多方开始犹豫，空方开始攻击，市场阶段性至少会进入一个短期震荡整理的过程。道理不复杂，主力资金既然选择了在上升途中形成长下影线，就意味着其使用向下试盘的方式进行洗盘吸筹的可能性较大，动用空方能量后是需要再次积聚上攻能量的，立刻上攻不是不可能，只不过慢慢恢复人气是较为稳妥的。

第二，密切留意长下影线最低点的支撑力度。带长下影线的 K 线一旦出现，震荡整理格局展开后，我们要密切留意长下影线的最低点，看其是否能够支撑住。如果能够很好地支撑住，那么它随后将很快恢复元气，继续向上。如果支撑不住，那就将难免延长震荡整理的时间。不管是否能够支撑住，有一点是必须清楚的，那就是别急着去把握低点，不妨多看看，耐心等待其真正恢复元气，等其有再次向上欲望之时再跟进也不迟。毕竟，带长下影线短期更多的是震荡风险，需要加以防范。

第三，观察成交量是否有效放大。一旦进入长下影线带来的震荡整理状态，除了关注 K 线本身之外，成交量也是一个关注指标。成交量的多少能够反映出市场多空双方博弈的激烈程度，当长下影线对应的成交量出现明显放大的时候，这是个积极信号，说明承接盘比较积极，往往能起到大大缩短震荡整理时间的效果。因此，一旦发现成交量明显放大，不妨留意接下来的实际动作，如果市场出现较为积极的动作，则不妨跟随之。但是，切记，别太急，还是那句话，一个人刚摔下来要再次站起来是需要时间的。哪怕成交量放大很明显，也不可太急。毕竟长下影线的出现就是军心动摇的具体表现，成交量放大只能说明多方有机会快速结束震荡整理状态而已，并不意味着马上会结束。

总的来说，在上升阶段中，长下影线的出现，意味着短期进入震荡整理的概率很大，此时要关注长下影线的最低点的支撑力度与成交量的对比状况，这些都与其接下来能否很快再次进入上升状态有着密切的关系。至于实体本身是阳线、阴线还是十字星，这些都不是最重要的，对此，反倒可以采取忽略的态度。

上升途中的缺口

在主力资金进行拉升时，由于流通筹码已经大部分控制在自己手中，因此一旦多空某一方的能量稍微加大，就容易出现各种类型的缺口。不过，正是因为这个阶段的缺口有被主力资金刻意放大的可能，所以学会区别对待就显得十分必要。

对于上涨中续阶段中的缺口，我们要注意以下五点，才能做到了然于胸。

第一，注意第二个重要缺口。

一般情况下，上涨中续阶段是从底部反转形态的突破缺口开始，一直到最后作为进入结尾信号的衰竭缺口出现。在突破缺口与衰竭缺口间必然存在着一个中续缺口，因此，在上涨中续阶段我们需要关注的缺口往往就是突破缺口后出现的第二个重要缺口。所谓重要缺口，就是特指中续缺口的延续或者衰竭缺口，至于普通缺口和在上涨运行过程中出现的小形态带来的突破缺口，都不算是重要的第二个缺口。

第二，化繁为简。

对于小的上涨中续阶段，我们还好去把握，但是，一旦面对像中国石化这样较大的上涨中继形态，就要注意其过程带来的众多缺口造成我们研判上的难度。为了化繁为简，最好的方式就是盯住周线图，面对时间跨度比较长的波动，最好的方式就是找出与其相对应的大周期，从大周期中去发现缺口，通过缺口找出一些规律与信号。因为在大周期中，缺口即使出现在那些小形态中，我们也能够较为清晰地去把握。

第三，重要缺口不会轻易回补。

面对上涨中续阶段的缺口，有一点务必记住，那就是对于这一阶段出现的重要缺口，要有市场不会轻易回补的思路。毕竟，在上升趋势面前，重要的跳空上涨缺口带来的更多的是打开阶段性上升空间，更多的是机会，其蕴含的风险也只有在市场完全转势时才有可能发生。

第四，认清跳空向下缺口的本质。

在上涨中续阶段，多空双方有时候在关键的关卡面前博弈是比较激烈的，或者说多空双方在特定的环境下博弈会比较反复，尤其是当空方占据一定优势的时候，跳空向下缺口就可能随时产生。此时，要认清其产生的区域及是否会给大的上升趋势带来质的改变。如果属于震荡区域，对大的上升趋势没有威胁，那么，面对这样的缺口，更多的是机会，短期回补继续向上的概率将很大。

第五，衰竭缺口比较特别。

由于上升中续阶段的尾声是加速后再加速的反转，很多时候这个过程意味着时间跨度短，因此，在周线上，衰竭缺口就未必能够很好地体现出来，很多时候可能是没有。不过，请务必记住，周线上没有衰竭缺口并不意味着其不存在，在时间跨度短的周期上是肯定能够找到其对应缺口的。没错，那就是在日线图上。此时，在上升中续阶段的最尾声，我们需要学会化简为繁，要把重点放在日线图上，在日线图上近距离观察，一切我们想要看到的缺口都能够在那里找到。所以，衰竭缺口请更多地从日线图上去寻找。

总的来说，上涨中续阶段是个重要的环节，是个黄金时期。此时的关键是要充分利用缺口的特点，操作时做到胆大心细，自然一切就在掌控之中。

时间窗口

通过研究时间窗口去理解主力资金在拉升阶段的表现，这其中反映出主力资金的操盘者也是具有心理波动规律的正常人。因为从本质上来说，时间窗口就是对大自然和人类社会活动波动规律的一种应用。学习就是温故知新，我们不妨再次回顾关于时间窗口的内容。

时间窗口是把利剑，在个股研究中应注意三点

第一，从月线图入手把握吃大波段的方向。

目标长远的主力机构，尤其是要迎接一波牛市到来的先知先觉资金，其操作周期可以长达一年或一年以上，因此，从大时间周期的角度看，主力的拉升阶段不会在一两个月的时间内就结束。一旦机会来临，抓住个股拉升的大波段，其收益无疑是非常惊人的。最重要的是，判断市场波动的时候，我们需要把握未来以月为单位的行情导向。如果时间窗口刚好告诉我们下个月可能出现转折，那么，在具体操盘过程中是否就有更好的策略来应对呢？答案无疑是肯定的。月线在时间窗口的研究过程中是不容忽视的，对奠定大方向的基础研究有时候具有关键性的作用。

第二，充分结合周线图和日线图，灵活做操盘。

由于我们的研究重点是个股的拉升阶段，考虑到主力资金对个股股价波动的影响力不同，我们要更加灵活地运用时间窗口。因为除了大盘股之外，中盘股和小盘股都比较容易受到主力资金的操控，那么其体现出来的周期性规律就不一定严格按照"神奇数字"的规律。因此我们在具体运用时更应该考虑"共振""位移"等细节因素。另外，周线图与日线图是要充分结合在一起的，这不仅涉及跨不同时间周期的时间窗口是否共振的问题，还涉及具体操盘的具体策略等问题。毕竟周线图与日线图两者的时间跨度并不大，一大一小的时间周期面对时间窗口的变化，会给我们带来很多启发。需要特别注意的是，日线图上的时间窗口的能量远比周线图上的要低，因此，"神奇数字"相对较小的时候，其起到的转折作用有时候并不会特别突出，在日线图的运用上要着重把握跨波动周期的共振，那样产生的能量才更具有转折色彩。总的来说，运用时间窗口将周线与日线结合起来，思路会更清晰，操盘也就更加胸有成竹。

第三，千万别走火入魔。

由于时间窗口带来的神奇效果，很多人可能会为此痴迷，妄想依靠"神奇数字"来解决市场中的所有问题，把握好所有机会。那是不可能的。时间窗口有神奇的一面，但还没有达到神话的层次，我们学习它，只是让我们在具体把握市场脉络时成功的概率大一点。由于日线图波动比较复杂，因此我们对时间窗口的运用会更趋于频繁。不过在运用时务必做到有的放矢，毕竟时间窗口在日线图上的能量有限，很多时候未必能够发挥出其应有的价值。另外，如果投资者过于痴迷时间窗口，就会进入一个"技术为王"的死胡同，最终难以自拔。我们的盈利系统是基本面与技术面充分结合的系统，只认其中一面，在我看来，是不可取的。在技术上，我曾经走火入魔过，结果就是陷入死胡同，只有跳出来，把基本面与技术面充分结合起来，才有广阔的蓝天，这是我的体会。

在时间窗口运用中，看透起点、位移、超短周期的奥秘

时间窗口在具体运用过程中，有些细节是要特别留意的，比如"神奇数字"计算的起点如何把握？时间窗口的"位移"如何理解？超短周期中时间窗口该怎么运用？很多的细节问题都会涉及，这些都是非常实在的问题，在此，我们不妨一一将之解决。

第一，"神奇数字"计算的起点如何把握？

计算的起点简单来说就是阶段性的高低点，每一个高低点都可以作为"神奇数字"计算的起点。

不过，越是关键的高低点，作用就越大，能量也越大。因此，在大的上涨或下跌阶段中，我们需要选择一个主要的计算起点。

在大的上涨阶段中，最低点就是最主要的计算起点，其余相对低点则是次要的计算起点，如果要计算不同波动周期共振的话，务必记住，在大的上涨阶段中，起点都必须是低点，这样方向才一致。相反，如果是在大的下跌阶段中，起点则必须都是高点，这样方向也才一致。

所以，"神奇数字"计算起点在没有任何方向性的前提下，就是高低点。

第二，时间窗口的"位移"如何理解？

时间窗口的"位移"是很常见的现象，为何如此？本质上是外力导致的结果。比如，预计第21天发生转折，但在第20天的时候市场突然有个重大利好或利空消息出台，这个重大的突发性事件就构成了外力因素，最终结果往往就是提前一天发生转折。

另外，"位移"也跟市场内在的能量波动有关。比如，市场极度低迷，在进行到第21天的时候，市场也没有太大反应，此时，并非真的没有反应，而是可能因"位移"会推迟一天发生，市场内在的能量较弱有时候就会导致向后"位移"。相反，如果市场内在的能量较强，很多人都预期第21天会发生转折而采取了提前行动，最终的结果往往就是"位移"到第20天发生转折。

第三，在超短周期中时间窗口该怎么运用？

在超短周期中，由于K线的极度复杂与变化的极度快速，波动过程往往会极其迅速。面对这样的情况，时间窗口固然能够提供很好的提前转折信号，但仅仅依靠时间窗口来进行判断，一是超短周期中能量太弱，很多时候未必有效，二是超短周期中K线极其繁杂，未必能被很好地利用起来。因此，时间窗口在超短周期中的运用必须结合其他技术工具，比如形态等。时间窗口在短、中、长周期的作用都有其各自不同的运用效果，这也是有目共睹的，但在超短期中，独立运用显然是不切实际的。其实，如果延伸开来，我们在所有周期中运用的时间窗口都是不能独立作为判断依据的，综合运用才是赢之道。学习的是系统，而系统就是一个从分散到综合的过程。

上面的问题仅仅是其中涉及的三个常见问题，还有更多问题有待我们一起去学习与感知。不管如何，我们只要把握住了"宗"，"万变"都无妨。

时间窗口"间隔"的奥秘

◇时间窗口"间隔"的奥秘既复杂也简单

在时间窗口"神奇数字"的运用过程中，3，5，8，13，21，34，55，89 等都是用得很频繁的，很多人也懂得如何去运用这些"神奇数字"，只是再深一层，"神奇数字"间隔的数字，或者说具体点，"神奇数字"之间"间隔"的非转折点还有价值吗？又该如何去面对呢？这些问题很多人就未必能够很好地回答了。这也正是我在此特别要谈到的时间窗口"间隔"的奥秘。

①非大转折背景，"间隔"过程将延续前面趋势的波动。

市场的波动有主要趋势与次要趋势，主要趋势其实就是指大的方向（这里的大方向并非特指时间跨度好几个月的周期，而是指两周以上构成比较完整的时间窗口的周期），次要趋势则是指大方向背景下的阶段性小方向。

很多时候，时间窗口开启后给我们展示的都是大方向背景下的阶段性小方向转折，真正的大转折即彻底改变大方向的时间窗口，其所需要的能量是相当巨大的，非一般时间窗口能达到该效果。

所以，在具体波动过程中，我们在面对时间窗口的过程中，就要区分大方向与小方向。具体在实战中，我们可以这样去把握"神奇数字"

之间的"间隔"，比如该品种已经处于阶段性较大的一个向下波动过程，虽然时间窗口的开启给予了市场短期转折的机会，但转折过后，其将延续原来的方向。

因此，具体而言，"5"可能带来转折波动，但"6""7"则出现延续的波动，到"8"再转折，如此类推，直到最后终结这个大方向的时间窗口的转折出现。对于实战来说，在延续波动的过程中，我们就可以防范"回避的风险"与把握"保险的机会"了。

②"确认"环节不容忽视，有时候赢就靠这一步。

"回避的风险"在这里特指在下跌阶段中，时间窗口之间的"间隔"波动成为需要回避的风险。

"保险的机会"在这里特指在上涨阶段中，时间窗口之间的"间隔"波动成为相对保险的机会。

上面谈到的时间窗口"间隔"是在理想情况下出现的状况，如果涉及"位移"，则一切都将随之改变。所以，时间窗口的"间隔"带来的风险与机会就需要进一步去剖析。此时，我们就要引入"确认"的环节。

具体而言，当时间窗口的转折发生后，紧接着的那根交易K线应作为"确认"K线。如果其延续原来的方向，那么，接下来的"间隔"波动则可以确信无疑；否则，没有"确认"环节，市场随时有可能出现意外波动，从而最终没能达到预期的结果。这个"确认"环节会耗费一个交易K线，在间隔较长的时间窗口之间，这数量还有可能递增几根，但不管如何，这"确认"的环节会压缩"间隔"过程可供操作的时间。这样做是非常值得的，多个"确认"其实就是多个"保险"，在具体实战博弈过程中，有时候赢就是靠这多出来的一步。

③利用时间窗口的"间隔"价值去把握"逼空"机会或回避"逼多"风险。

时间窗口的"间隔"价值，其体现最明显的地方是在"逼空"或"逼多"的过程中。

试想一下，当一只品种已经反复震荡上扬了 13 个交易日，第 14 个交易日把上升趋势"确认"后，剩下到"21"的过程如果该品种疯狂暴涨，我们就不会过早出手抛售了，至少会等到第 20 个交易日（"位移"一天）才考虑，而不会匆忙地在第 17 天或第 18 天就抛售。

如果在第 14 个交易日前资金还没介入的话，那么，在持续暴涨的时候，比如第 15 天或第 16 天，甚至第 17 天或第 18 天，投资者就都敢于追涨，去把握那看上去危险但实际相对安全的机会。

反过来，如果一只品种或市场出现阶段性"逼多"行情，原理则与上面的相反。所以，为什么"强者会恒强""弱者会恒弱"？其实，有时候时间窗口的"间隔"在其中发挥了相当重要的作用。

时间窗口"间隔"的奥秘其实不复杂，就是"延续""确认"并结合"逼空"与"逼多"而已。

◇时间窗口的非凡意义

稍微懂点技术分析的人都知道"神奇数字"，但要很好地运用它，却并非一日之功，这是一门看似简单实则奥妙无穷的"武功"，就好像武侠小说中常谈到的无招胜有招的道理一样，只是要达到这种境界必须有一个反复修炼的过程。面对市场，研究思路上的原则是：大盘第一，个股第二。这是一直以来大家认可的原则，在这里也不例外。

当然，在实战过程中我们并不能否认在市场进入大转折阶段中，依然有一些走出独立行情的品种出现，这也是市场避险资金的一种需要，很正常。只是我们要客观去面对这样的矛盾，毕竟独立的仅仅是少数，我们身在其中，是要抓大概率事件的机会，少数机会除非特别有把握才可为之，否则，更多的只是欣赏而已。学习时间窗口，你是否发现，我们对部分个股在大转折阶段能否走出独立行情的分析，又多了一个技术上的"确认"工具？

学习，其实就是从部分学习到最后综合融会贯通的过程，体系也是这样完成的。这就好像做股票一样，要有单兵作战的能力，更要有把握综合战役的本领，你才能成为常胜大将军，而不仅仅是一个高级散户。

大盘是个高级的综合体，众多个股虽然单一，却不可或缺，每一个关键个股就是大盘的关键组成部分，当大多数关键个股的转折都发生在一个特定时期时，市场的转折也就随之产生了。

因此，我们研究市场的转折，其实就是研究关键个股的转折。关键个股的转折一旦发生群体现象，市场也会随之发生微妙的变化，从而影响到更多的个股，最终全面传导开去。当然，此时也有一些顽强的抵抗者，这其实就是多空双方能量的抗衡，市场总是有多方才有空方，失去任何一方都会少很多精彩。只有双方充分博弈，市场的精彩才会不断上演。

　　时间窗口就犹如冲锋号一样，一旦开启，博弈就将进入白热化状态，很有意思。没有时间窗口的神奇，真不知道市场的魅力该如何保持下去。世界也是如此，只有不断上演令人惊讶的变化（转折），人类才会不断发展与进步，人类的所有付出才有意义。

操
盘
手
记

从思考开始的逻辑

甲：思考，很多人需要思考。

乙：冷静，很少人懂得冷静。

甲：面对市场你会思考，但面对机会你懂得冷静吗？

乙：只会思考而不懂得冷静的人，可以成功，却很容易因不够冷静而失败。

甲：思考只是开始，这点是很多人容易忽略的。

乙：是呀，好好衡量一下自己，知道自己的斤两，才能把握属于自己的机会。

甲：你会兴奋吗？你容易兴奋吗？

乙：很容易，我比较感性，不过，这更多是在生活中，在工作中我还是比较理性的。

甲：感性与理性不矛盾。

乙：我懂的，只是很多时候在面对机会时我有点不能把持住自己，容易冲动。

甲：所以你需要一个懂得冷静的人在你身边辅助你。

乙：说到辅助我的人，事实上，我一度非常需要。

甲：呵呵，后来如何解决的？

乙：人才自动飞过来。呵呵，主要是自己向外展示了那样的信号。

甲：自动飞过来的毕竟是少数吧，只有主动向外展示你的需求，那些飞过来的才真正会让你看花眼吧。

乙：是这样的，问题的解决与否有时候就在于你是否展示信号。

甲：当你面对机会而无法控制自己内在的情绪时，你是否懂得向外多展示一下你的信号呢？当然，这向外展示的对象肯定是值得你信任的人。

乙：这点我其实已经认识到了，也正在积极运用之中，跟你分享不就是这样的过程吗？

甲：哈哈，好，我喜欢。

思考、冷静、机会、分享、展示……这些关键词其实就是一种逻辑思路，顺着这样的逻辑思路，很多问题都可以得到解决，关键是你有没去做。

你做了吗？反正我开始做了，效果似乎不错，值得一试。

生命只有一次的启迪

甲：市场玩的就是概率，赢了固然可喜，但输了也别沮丧，关键是最终能够活下来才是真正的赢。

乙：很多人开始时大赢，结果却输得很惨，类似这样的例子举不胜举。你说那些开始时大赢的人没点本事吧，那不见得，肯定是有本事的，只是骄傲让他们忘却了风险。

甲：赢可以赢很多次，但有时候输一次大的最后也还是输。

乙：这有点像开车，生命就那么一次，可以平安无事驾驶很多年，但只要有一次致命的重大交通事故，那么结局都是悲惨的，前面的辉煌驾驶记录与之相比都没任何意义了。生命结束了，其他还有什么意义吗？

甲：在资本市场真正大玩的，对很多人来说也就那么一次，尤其要珍惜。小痛小伤不可避免，问题也不大，但千万别过度冲动，最终酿成"致命车祸"，那一切都没意义了。

乙：是呀，突然想到世事无常。人的起伏变化有时就是那么快那么戏剧化。

甲：你发现没有，真正经历过考验而活下来的人，往往都会变得较为谦卑，因为他们深知在资本市场中生命只有一次的意义。

乙：这在期货市场的博弈中表现得最明显，一次重大战役的失败，往往就足以让人彻底跟资本市场说"拜拜"。

甲：在"股期时代"的中国，试问未来有多少人会在辉煌中突然"死亡"呢？

乙：从长远来说，从概率的角度来说，数量不会太少。

甲：残酷。

乙：资本市场的本质就是如此。

甲：要活，就好好珍惜生命才是。

平平安安地开了多年的车，然而一次重大的交通事故却让自己损失惨重，那时后悔也没有意义了。资本市场的残酷也在于此，有时候重大战役的失败往往可以把之前所有的成功都彻底击碎，使人黯然离开。

抓住了机会，要懂得珍惜。人的欲望是无限的，在欲望不断膨胀，骄傲不可一世的时候，是不是要懂得放弃呢？

记住，有舍，才有得！

细节的意义

主力资金在实施拉升动作期间，盘口上必定会有一些细节扰乱或者引导场内筹码和场外资金，这种细节我们可以称为主力资金与对手盘进行对话的"语言"。当然，这里的"语言"并不是说主力资金会将自己真实的意思完全反映在盘口上，本质上来说，主力资金只希望对手盘能够接收到有利于其利益最大化的信息。说白了，主力表达出来让对方看到的信息，往往不是众所周知的"字面意思"。如何分清主力的真实意图和干扰信息，对于要捕捉个股主升浪的操盘手来说就显得十分重要了。

盘口特征

主力资金正式进行拉升的上攻动作，需要两股力量的助推。一是剩余的流通筹码愿意多待在场内一阵子，暂时不会集体进行套现，从而对拉升造成抛压；二是场外的资金愿意跟风介入，即使以高价格的成本买入也乐意追涨。因此，主力资金就会通过各种盘面语言试图与对手盘进行沟通，希望对方能够"理解"自己的意思，并帮助其实现股价的拉抬。

活跃股性，让股价飞一会儿

通常来说，在建仓期的各种洗盘和试盘过后，股价呈现出相当沉闷的状态，而成交量也会显得相对低迷和呆滞。在拉抬股价初期，主力往往很少会有跟风盘，反而可能引发上档的更大抛盘。因此，主力资金为了活跃股性，必须利用连续性买入的大手笔对敲来引导成交量的缩放，扫掉所有的上档抛盘，充分吸引市场上短线资金的注意。请留心"连续性买入的大手笔对敲"，这就是市场呈现的"语言"，往往出现连续的主动性大买单成交，短线资金的敏感神经就会被刺激，"这个股票有异动，可能要暴涨了"的想法立刻占据了脑海，并催促其赶紧跟风买入。一般来说，主力资金都会先在报价盘面挂出几千甚至几万手的卖盘，然后自己再直接在几分钟内一笔或几笔全部买入。这就是主力资金点燃股价上涨的"第一把火"，在之后的股价拉抬过程中，主力资金只需要在最关键的位置（例如分时图的均价阻力位、日K线的形态突破位和整数位等）稍加一把力助推股价，这个个股就会变得特别引人注目，也会逐渐吸引大量的跟风盘蜂拥而来。所以说，主力资金要想活跃拉抬前的股性，就会利用"连续性的大量主动买单"与场外资金进行对话，让股价好好地飞一会儿。

紧密跟踪盘面买卖，保持多头气氛

在每日的买卖交易活动中，按照市场的一般"共识"，如果委比成了正数，自然就容易引导市场形成一种多头气氛。而无数短线资金此时就在监视着报价窗口中的买 1、买 2、买 3 和卖 1、卖 2、卖 3 之间的变化。

因此，在股价的盘面上，主力资金在关键时刻投入一点资金，除了直接横扫卖 1、卖 2 和卖 3 报价窗口中流通筹码所形成的主动性买盘之外，还会在买 2、买 3 甚至买 4 放置大量的委托买单。这样就会使市场形成一种必须"以买 1 或高于买 1 的价格才能买到筹码"的火爆局面，同时委比保持正数也会使更大范围的短线资金介入。

另外，主力资金还会密切关注盘中任何一笔不是来自自身的主动性卖盘大单，防止这种在自己拉抬计划外的大卖单带来持续性的负面影响。如果大盘突然意外变盘，从而发生大幅下杀的话，主力资金还要权衡各方利弊，考虑是继续保持强攻还是采取以退为进的策略。

对敲与对倒

在主力各种拉升股价的技巧之中，使用最为频繁且最有效的手段莫过于对敲。对敲是一种利用成交量来制造市场兴奋情绪的操盘手法，它的主要目的是使跟风盘思路被操控，使其形成主力资金需要的看盘结论，从而引导跟风盘按照主力的既定意图进行跟进或卖出股票。对敲不仅是主力拉升股价阶段中最重要的手段之一，并且在建仓、洗盘、试盘和出货等阶段也经常用到，只是因其目的不同而导致具体应用有所不同。

那么，什么是拉升阶段的对敲？我们不妨剖析一下此时主力的意图。在拉升股价阶段，主力主要利用较大手笔的对敲手法来大幅度拉抬股价，让市场发现成交量急剧放大而吸引跟风盘，制造出该股票正被资金普遍看好和疯狂追捧的迹象，充分提升场外散户的期望值，让人们认为行情一触即发而买入股票，减少日后该股票在高位盘整时的抛盘压力，尤其是要让广大散户投资者有一种想买却又买不到，只能采取追涨的方式才能顺利成交的感觉。

此时从盘口上来看，小手笔的买单往往都不容易成交，而每笔成交量又在明显有节奏地放大。强势的买卖盘一般会出现三位数以上，股价上涨起来非常流畅轻快。尤其是在报价窗口买卖挂单之中并无大单出现，但是成交大单经常可以看到。即使有较大的买卖盘也总是突然出现又突然消失，而股价不会有一种向下掉的感觉，下档大量的买盘迅速跟进。总的来说，盘口上虽然出现了价量齐升的现象，但是每一笔成交量都有所减少。因为主力资金采用对敲的手段拉抬股价时，只需适当地拉高股价，场外的跟风盘自然会闻风而入，已经不再需要像在建仓、吸筹时那样投入大量的资金来支持。

总之，"大笔挂单频繁出现和消失"是主力资金在拉升阶段用以吸引跟风盘的操盘手法之一；"价量虽然齐升，但每笔成交量并不大"说明流通筹码被高度控制，主力资金只需少量投入进行对敲便能抬高股价；"挂单没有出现大单，成交时却有大单"意味着跟风盘在主力资金对敲的诱导下十分积极进场推升股价。这些盘口上的细节，都是值得操盘手细心体会的。

还有另外一种操盘手法与对敲有异曲同工之妙，那就是对倒。一般而言，对敲和对倒都被看作主力资金为了制造大成交量而进行的一种特殊操作。不过，在我看来，对敲与对倒之间的差别还是值得注意的。从主力资金的角度看，无论是对敲还是对倒，都是为了隐藏自身的交易手法。怎么理解？很简单，就是通过这种操作手法与对手盘进行沟通，只不过这种沟通是为了达到自身的特殊目的，并不是要把自身真实的意图表达出来，因此带有很强的迷惑性。

对敲的重点是"敲"字，其力不重，但能让对方感受到一些"不明显但有微妙之感"的波动，就是主力资金将大量的成交量拆分开来，分笔"小批量"逐步地成交；对倒的重点是"倒"字，意味着能量倾泻而出，使对方强烈感受到一些"刺激眼球和神经的动荡"，就是主力资金将大量的成交量拆分开来，分笔"大批量"地逐渐成交。对敲的用途在于让市场看不到大单挂出和成交，股价却出现大幅度的波动；对倒则用于让市场看到大单成交，使对方以为股价要朝某一个方向运动。无论是建仓、拉升还是出货阶段，主力资金都会不断运用对敲和对倒，以达到"引导"场内筹码和场外资金的目的。

因此，我们要清楚，不能一看到对敲和对倒就判断股价要跌还是涨，关键是要判断目前个股处于什么阶段，主力资金采取这种手法的真实意图是什么。多思考这类问题，无疑会使我们的操盘决策有更高的可靠性。这种思路，其实可以从我的投资格言之一"做多做空并不重要，重要的是谁的利益最大化"延伸开来琢磨，一旦参透，读者一定会有妙不可言的意外之喜。

买卖盘的夹板战术

在主力资金控制股价的技巧中，夹板战术是最为实用的，实战效果也是最好的。因此，操盘手从细节中去深入挖掘主力资金的真实意图，就不难理解这种夹板战术了。

这种夹板战术就是在报价窗口中设置委托买卖单的策略。按照市场的一般"常识"，如果下方买档委托单大，说明买方力量较强，相反，如果上方卖档委托单大，则说明卖方力量较强。主力资金正是运用这种市场的惯性认知，反其道而行，在交易中不断挂出迷惑市场的委托买卖单，从而达到引导市场往自己预设的方向走的目的。

具体操作方法就是主力资金自己暗中在报价窗口里布置虚增的委托买卖挂单，即分别在股票报价系统的上下买卖窗口中挂较大的买入卖出单，中间常常相差一分钱或几分钱，如此一来，就将股票成交的价格严格控制在一个相当狭小的交易区间内。因为按照交易规则，除非有更大的单子或者以更高（更低）的价格参与买（卖）报单，否则是不可能以相同价位与主力资金这些预先埋设的大单成交的。另外，这种夹板战术同样可以运用在建仓、拉升和出货各个阶段，只不过引导市场的方向各有不同而已。

就拉升阶段而言，主力资金运用夹板战术的目的就是为了拉高股价。因此，我们可以观察到，尽管盘面上由于主力资金布局的大单使股价被限制在一个狭小的空间之内，但是盘面依然不断地有小买单（或小卖单）进行交易，这些小单买卖一般来说就是被主力"引导"的散户成交。这就是拉升股价前的寂静。主力资金会选择一个让市场措手不及的时刻进行大单对倒，并伴随着股价的拉抬，这时的大单买卖就会极大地刺激短线跟风盘的眼球，让他们觉得是股价进行实质性突破的时候了，从而吸引其追涨杀入助推股价。当主力资金营造出这种十分活跃的交易现象后，如果盘面确实聚集了大量买卖跟风盘（至于有多少是自己的委托单，多少是市场的，只有主力资金自己才清楚），主力资金就会选择暗中撤掉委托单，让场外资金尽情地发挥和表现。如此在适当的价位不断反复，主力就能运用"四两拨千斤"的巧劲，顺利拉升股价。

实际上，买卖委托单的布局设置是可以千变万化的，只要能够达到迷惑市场、引导市场的目的，主力资金就会在不同背景下灵活运用。这就像兵家作战时的排兵布阵一样，一切以实现自己的利益最大化为宗旨。关于这个话题，其实本身就是一个十分有研究价值的内容，也不是三言两语能够说清楚的，以后有机会我会继续和大家深入探讨，读者也可以根据这里提及的内容和思路进行独立思考，一定会大有收获。

实盘应用案例：正邦科技

盘口细节是交易时段中变化最为复杂的要素，尤其是委托单的放置和撤下，往往就是体现某些不为人知的主力意图的关键战场。学会通过盘口细节去感悟多空双方的博弈，是一个优秀操盘手的必要素质。下面我们就以 2011 年 7 月 8 日正邦科技的分时图走势为例，为大家展示主力资金在拉升阶段的操盘思路。

如图 4-1 所示，开盘 15 分钟内，正邦科技无惧大盘弱势，逆势走强超 4%，9 点 42 分到 43 分的短短一分钟内，就有 3 笔共超过 2000 手的主动性买单交易。这里主力资金想表明的是：突破 11.90 元并非难事，有筹的先别卖，没筹的快来买啊！再来看看此时的买卖委托单，在卖 2 位置的 11.90 元上，仍然"压"着超过 2000 手的大卖单。为什么主力资金要在 11.90 元的位置大做文章？这是操盘手需要仔细琢磨的问题。

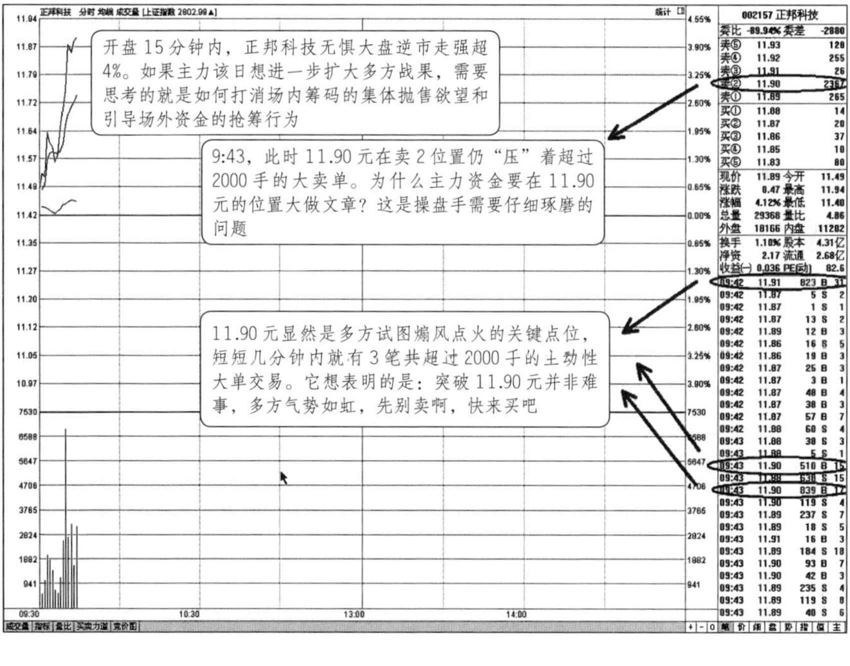

图 4-1　正邦科技 2011 年 7 月 8 日分时图（一）

如图 4-2 所示，仅仅过了不到半分钟，刚刚还在卖 2 位置的 11.90

元，已经被后移到卖 5 位置。原因就是有部分场内筹码还是抑制不住其强烈抛售的欲望，在上方有巨大的超过 2000 手"抛压"下，选择了甩价卖出。这部分筹码的抛售，表明空方看到上方有大卖单就条件反射地以为股价要跌，显然这是散户思维导致会错主力真实意图的表现。

图 4-3、图 4-4 与此类似。

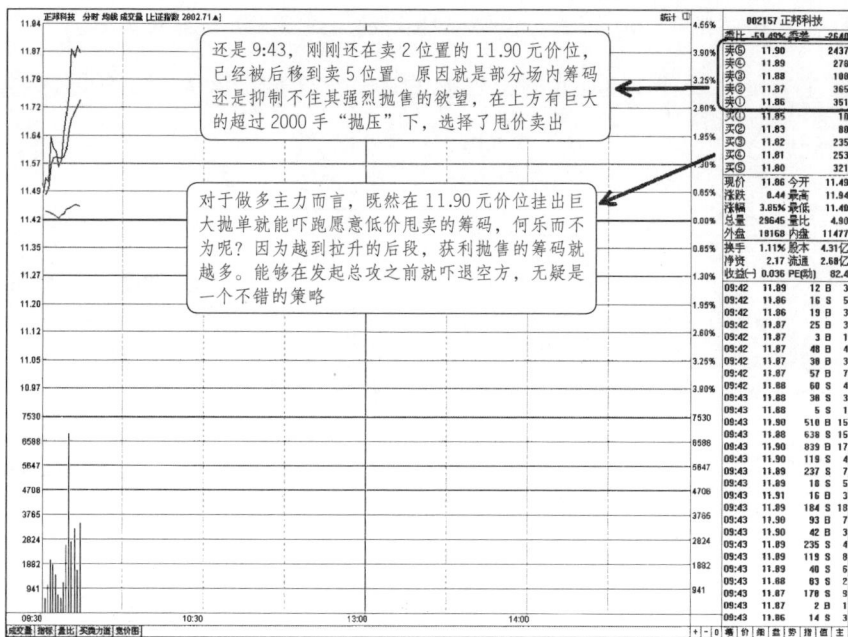

图 4-2 正邦科技 2011 年 7 月 8 日分时图 (二)

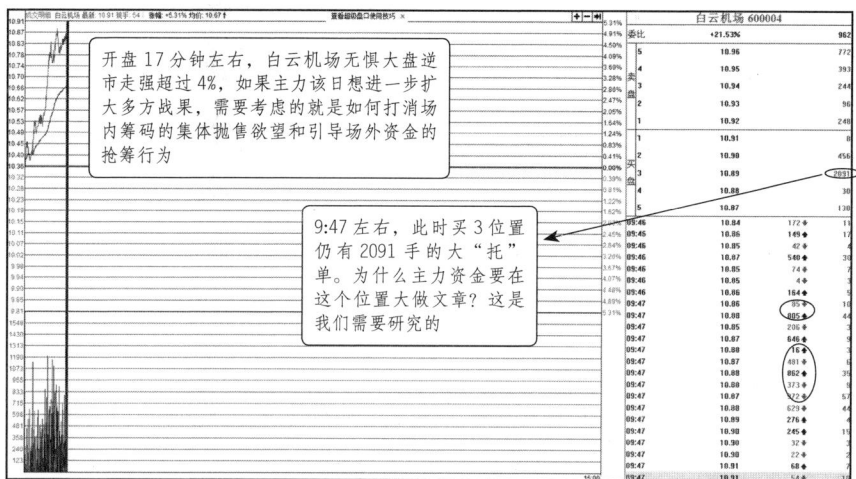

图 4-3　白云机场 2019 年 1 月 21 日分时图（一）

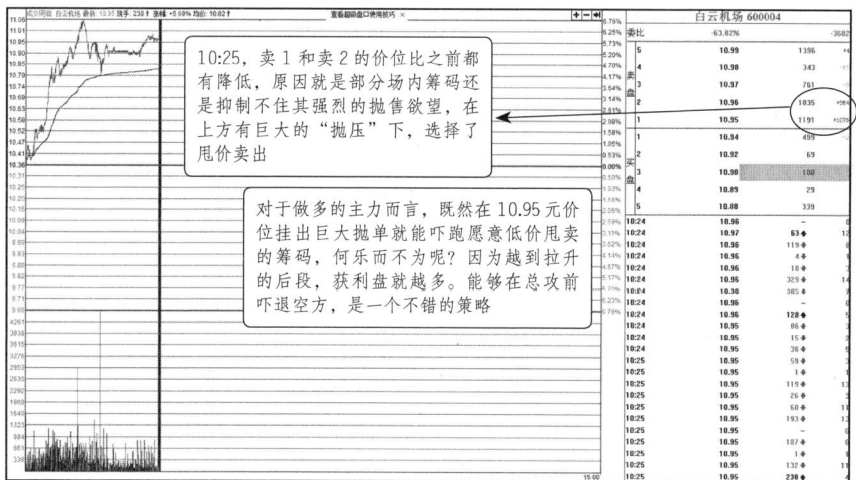

图 4-4　白云机场 2019 年 1 月 21 日分时图（二）

对于正邦科技的做多主力而言，既然在 11.90 元处挂出巨大抛单就能吓跑愿意低价甩卖的筹码，何乐而不为呢？因为越到拉升的后段，获利抛售的筹码就越多。能够在发起总攻之前就吓退空方，无疑是一个不错的策略。

如图 4-5 所示，9 点 48 分，由于 11.90 元处放置的超大卖单而诱发的抛售盘使股价回落到 11.80 元，而此时主力也干脆隐藏自己的实力，只在买 4 和买 5 位置放上部分买单稳定股价，但相对于卖单的单数显得相当"弱小"。这也是主力想要检验空方势力的策略之一：袖手旁观。假若此时也不能诱发更多的卖盘，主力就可以考虑是否发起下一轮攻击。图 4-6 亦如此。

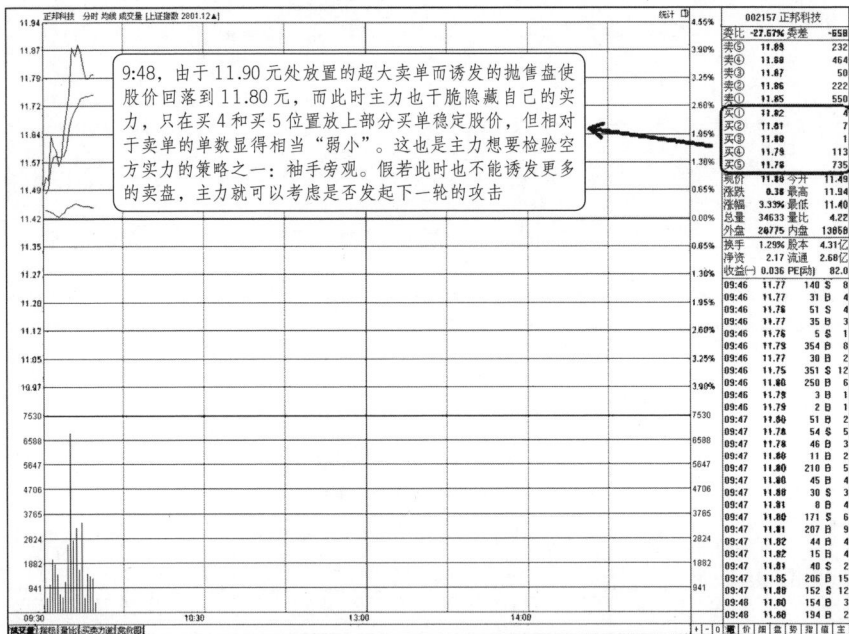

图 4-5　正邦科技 2011 年 7 月 8 日分时图（三）

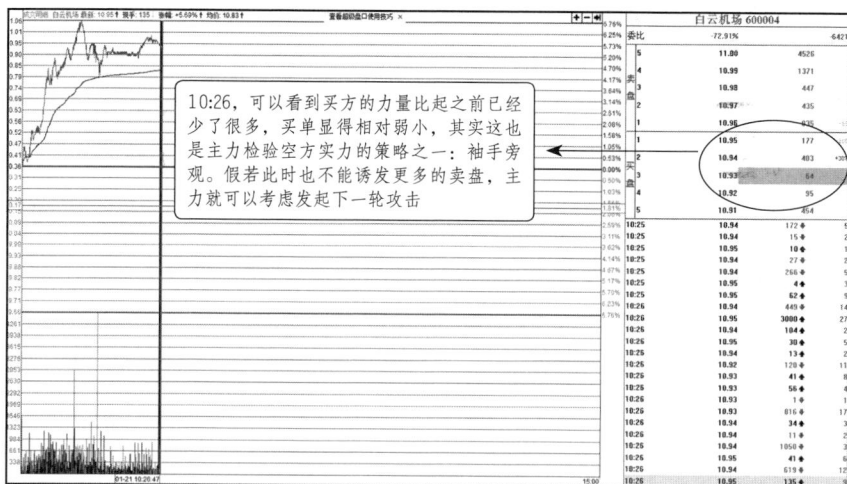

图 4-6　白云机场 2019 年 1 月 21 日分时图（三）

如图 4-7 所示，9 点 52 分，主力毫不犹豫地用 1000 手主动性买单打掉之前预先埋伏的 11.90 元大卖单，9 点 53 分，再次用超过 2000 手的主动性买单打掉上方卖压，股价瞬间推高至 11.98 元，这就是戏剧性的转折点。值得注意的是，此时 11.90 元已在买 1 位置上有超过 1500 手的大买单。10 分钟前还是关键压力位的 11.90 元，转眼间已成为重要支撑位。多空转换有时就是如此奇妙。图 4-8 与此类似。

如图 4-9 所示，9 点 50 分开始，正邦科技分时图走势明显逆大盘的走向而行，这也让我们从另外一个层面感受到该股的主力实力雄厚，志在高远。11.90 元上的大托单，明显给了场外资金做多的底气。买 1、买 2 和买 3 较高价位买单的不断涌入，就是主力成功激发跟风盘的表现。

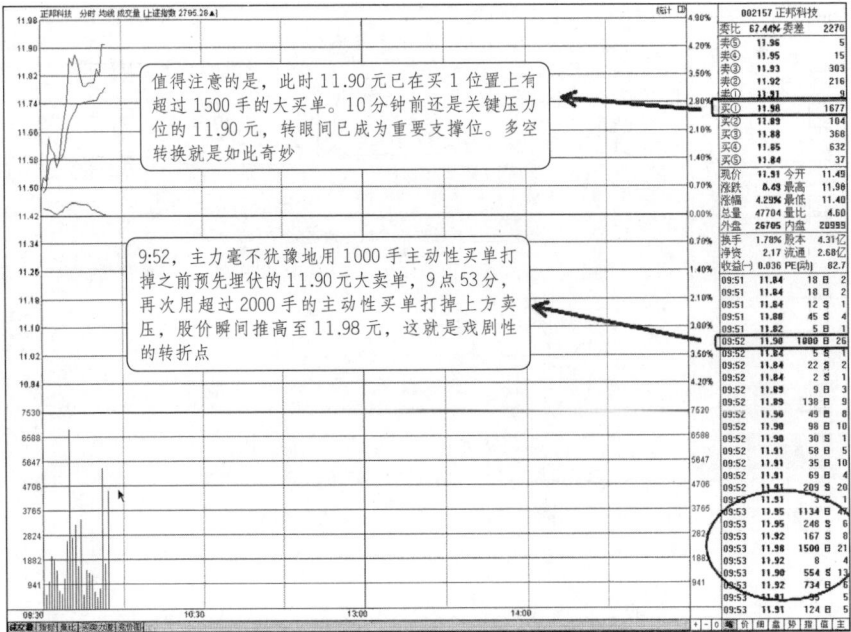

图 4-7　正邦科技 2011 年 7 月 8 日分时图（四）

值得注意的是，此时 11.90 元已在买 1 位置上有超过 1500 手的大买单。10 分钟前还是关键压力位的 11.90 元，转眼间已成为重要支撑位。多空转换就是如此奇妙

9:52，主力毫不犹豫地用 1000 手主动性买单打掉之前预先埋伏的 11.90 元大卖单，9 点 53 分，再次用超过 2000 手的主动性买单打掉上方卖压，股价瞬间推高至 11.98 元，这就是戏剧性的转折点

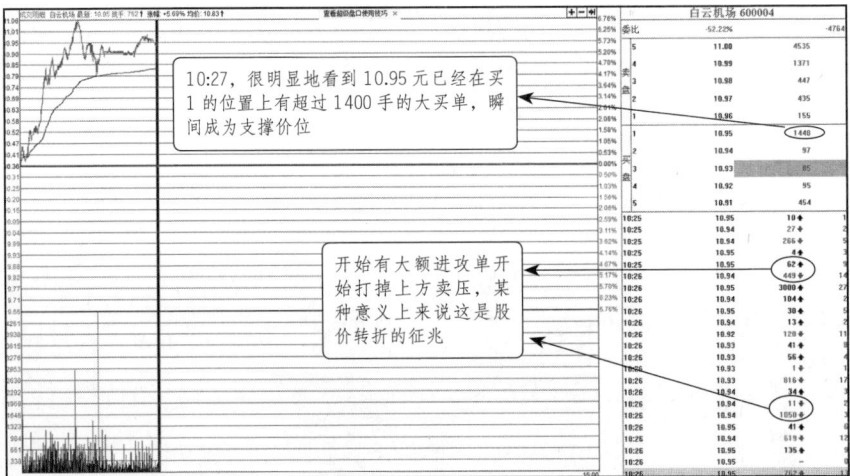

图 4-8　白云机场 2019 年 1 月 21 日分时图（四）

10:27，很明显地看到 10.95 元已经在买 1 的位置上有超过 1400 手的大买单，瞬间成为支撑价位

开始有大额进攻单开始打掉上方卖压，某种意义上来说这是股价转折的征兆

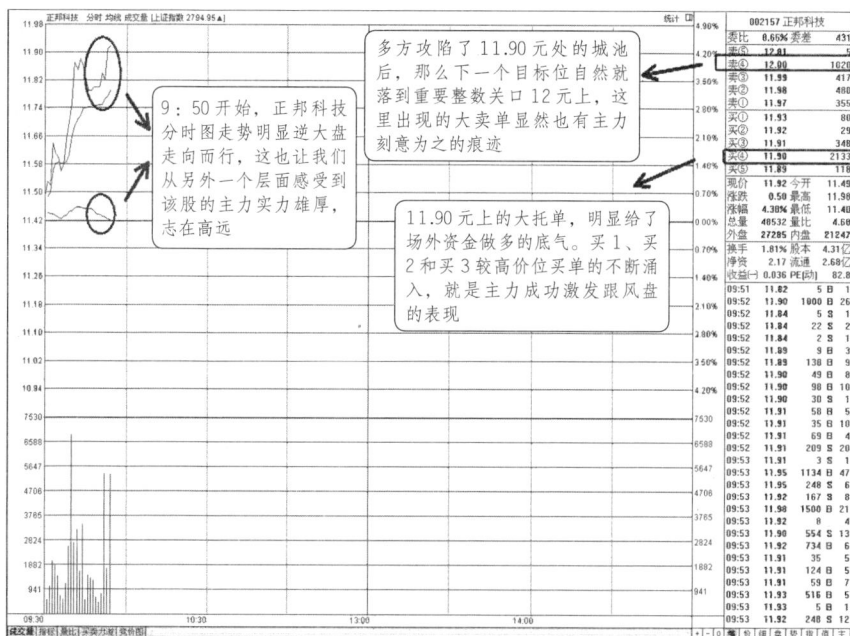

图 4-9　正邦科技 2011 年 7 月 8 日分时图（五）

多方攻陷了 11.90 元处的城池后，下一个目标位自然就落到重要整数关口 12 元上，这里出现的大卖单显然也有主力刻意为之的痕迹。

如图 4-10 所示，9 点 53 分和 54 分，经过两个回合的大单买卖后，正邦科技的人气已经被成功激活。买方委托单的价格越来越高，而 12 元压力位的抛盘也减少不少，看来这一波上攻越过 12 元将不困难。唯一影响人气的是同期大盘正处于一波下杀中，这是主力做多需要警惕的地方。图 4-11 与此类似。

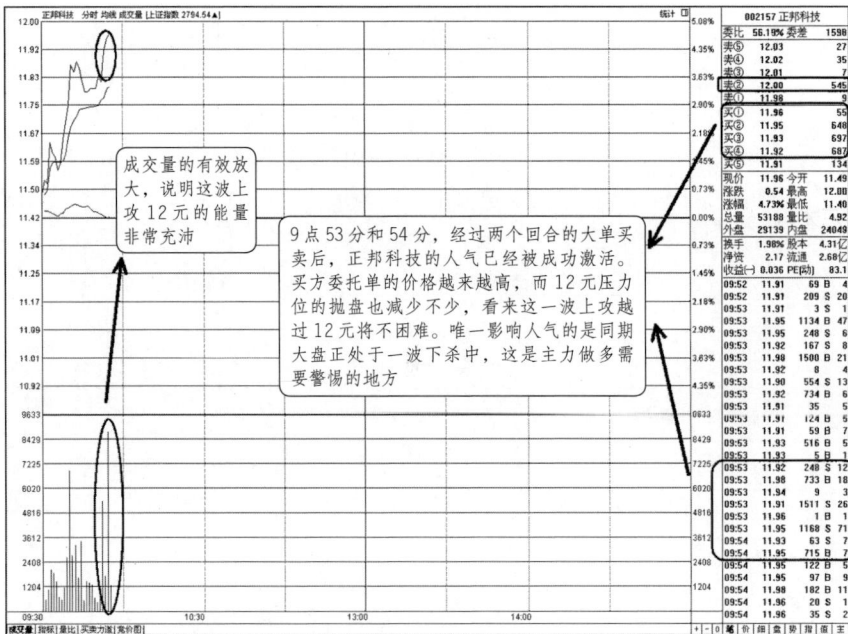

图 4-10　正邦科技 2011 年 7 月 8 日分时图（六）

成交量的有效放大，说明这波上攻 12 元的能量非常充沛

9 点 53 分和 54 分，经过两个回合的大单买卖后，正邦科技的人气已经被成功激活。买方委托单的价格越来越高，而 12 元压力位的抛盘也减少不少，看来这一波上攻越过 12 元将不困难。唯一影响人气的是同期大盘正处于一波下杀中，这是主力做多需要警惕的地方

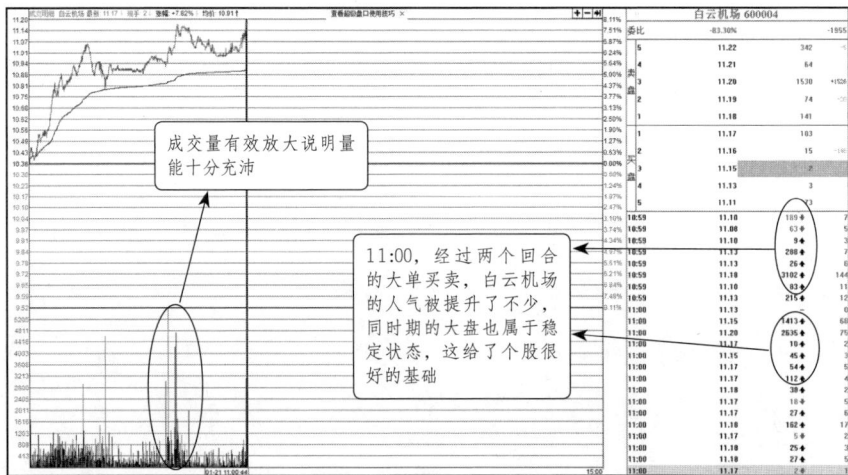

图 4-11　白云机场 2019 年 1 月 21 日分时图（五）

成交量有效放大说明量能十分充沛

11:00，经过两个回合的大单买卖，白云机场的人气被提升了不少，同时期的大盘也属于稳定状态，这给了个股很好的基础

如图 4-12 所示，果然，1 分钟内正邦科技已经上攻到 12.08 元处，而同期大盘仍然处于弱势。此时是考验做多主力的时候，是一路穷追猛打还是步步为营，选择何种策略往往就体现出一个操盘手的个性和艺术功力。图 4-13 与此类似。

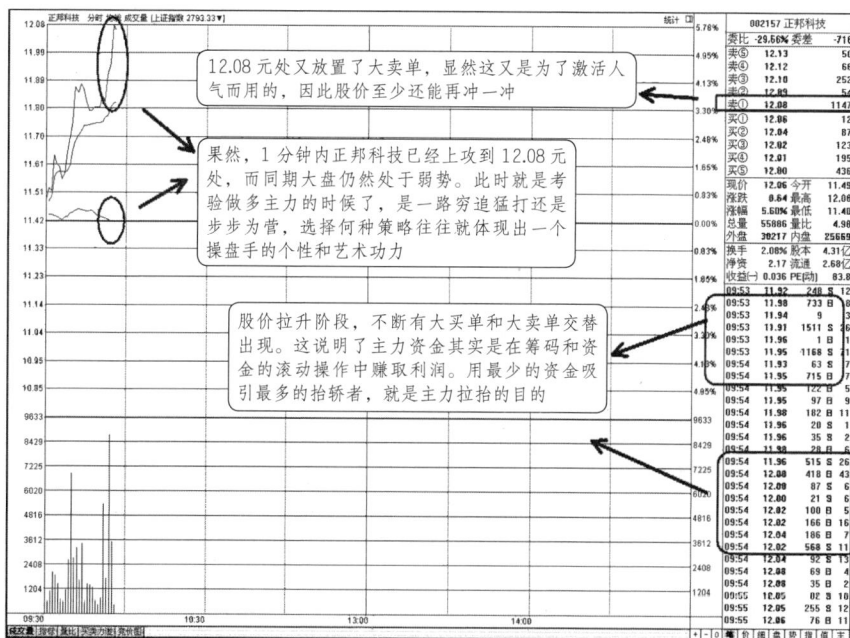

图 4-12　正邦科技 2011 年 7 月 8 日分时图（七）

再看成交栏目，这里显示在股价拉升阶段也不断有大买单和大卖单交替出现。这说明主力资金其实是在筹码和资金的滚动操作中赚取利润。用最少的资金吸引最多的抬轿者，就是主力拉抬的目的。

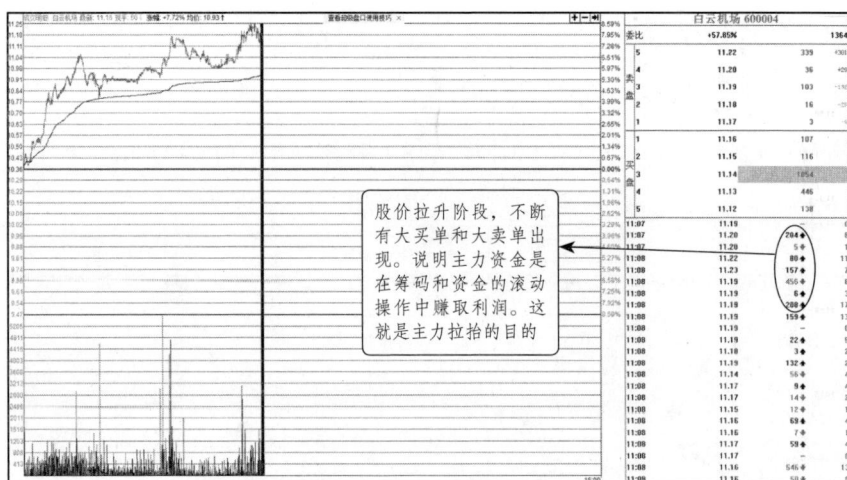

图 4-13　白云机场 2019 年 1 月 21 日分时图（六）

最后我们来关注买卖盘委托单。卖 1 位置 12.08 元上又放置了大卖单，显然这又是为了激活人气，因此股价至少还能往上冲一冲。

如图 4-14 所示，随后的几分钟内正邦科技最高上攻到 12.19 元处。此时的大盘出现了破位下挫的走势，极大地影响了人气，因此主力资金也选择了以退为进的策略，稍做调整，提高在此价格区间上的换手率。

无论股价如何回落，12 元仍然是一个重要的支撑位。这是因为对于场外资金和场内筹码来说，12 元就是一个牵动着他们买卖神经的关卡，主力资金当然会十分"关照"这一位置，尤其是当大盘呈现相对弱势的时候。

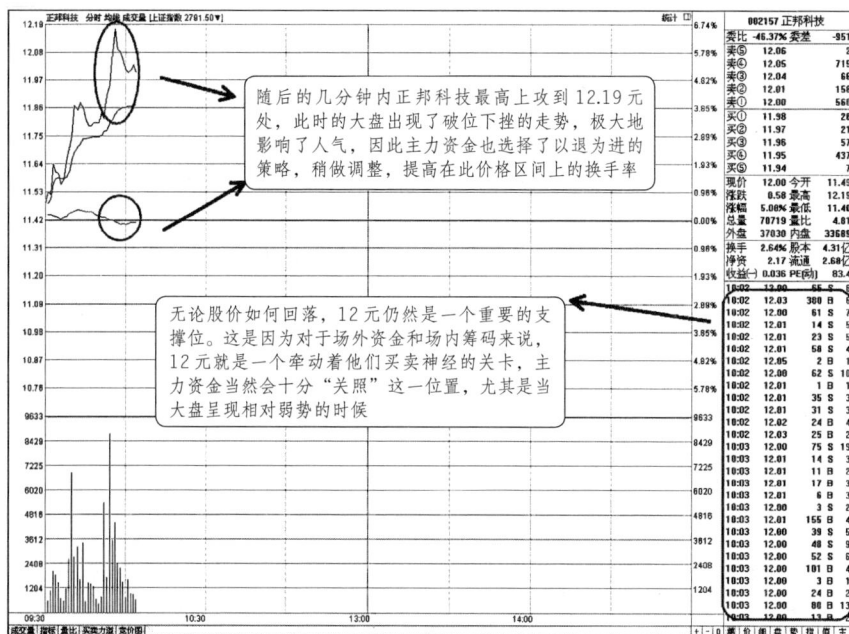

图 4-14　正邦科技 2011 年 7 月 8 日分时图（八）

如图 4-15 所示，大盘稍有企稳的迹象，正邦科技马上又出现拉升的动作，说明主力资金当前最关心的还是大盘的走向，因为该股的人气已经被激活。图 4-16 与此类似。

如图 4-17 所示，大盘在 10 点后的走势依然没有强硬起来，而是有进一步下挫的迹象，但是正邦科技的做多主力似乎没有就此罢休的意思，而是稍微做了个双底形态然后摆出要突破的架势。

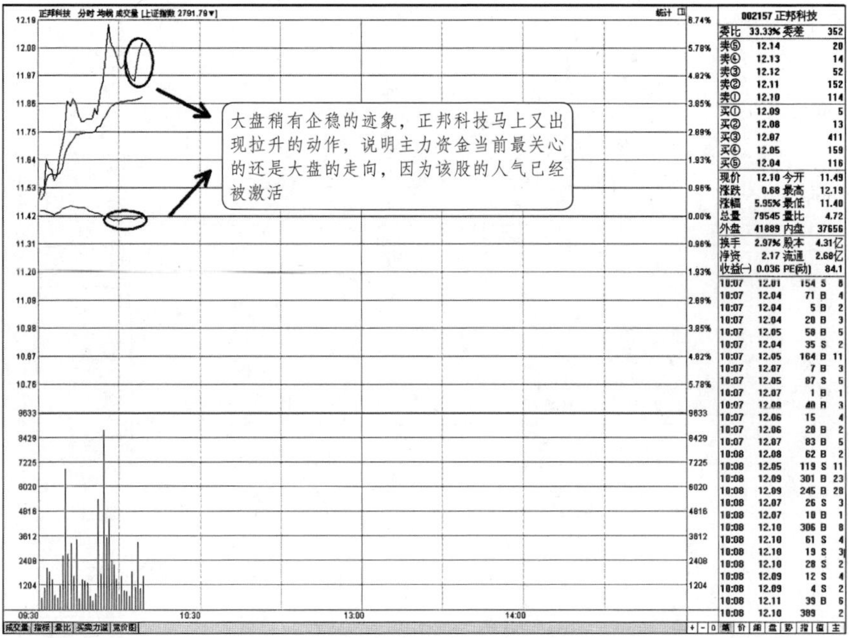

大盘稍有企稳的迹象，正邦科技马上又出现拉升的动作，说明主力资金当前最关心的还是大盘的走向，因为该股的人气已经被激活

图 4-15　正邦科技 2011 年 7 月 8 日分时图（九）

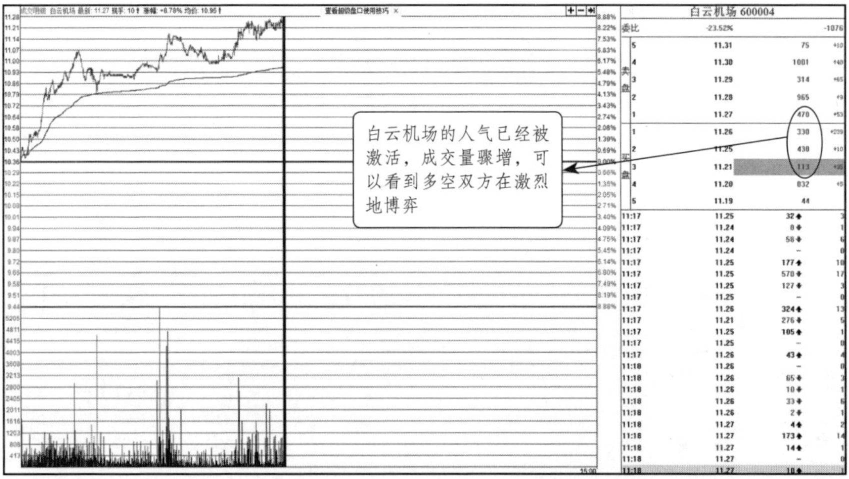

白云机场的人气已经被激活，成交量骤增，可以看到多空双方在激烈地博弈

图 4-16　白云机场 2019 年 1 月 21 日分时图（七）

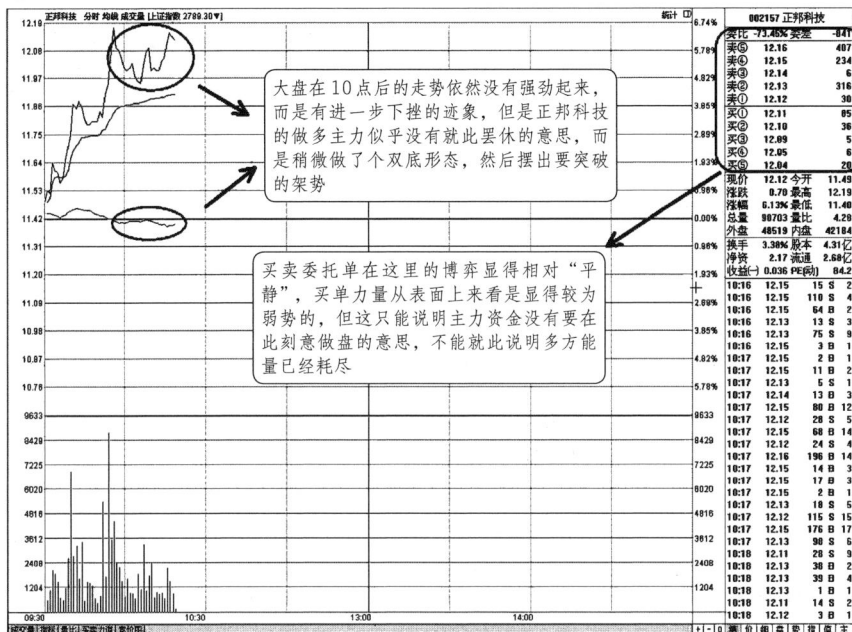

大盘在 10 点后的走势依然没有强劲起来，而是有进一步下挫的迹象，但是正邦科技的做多主力似乎没有就此罢休的意思，而是稍微做了个双底形态，然后摆出要突破的架势

买卖委托单在这里的博弈显得相对"平静"，买单力量从表面上来看是显得较为弱势的，但这只能说明主力资金没有要在此刻意做盘的意思，不能就此说明多方能量已经耗尽

图 4-17　正邦科技 2011 年 7 月 8 日分时图（十）

买卖委托单在这里的博弈显得相对"平静"，买单力量从表面上来看是显得较为弱势的，但这只能说明主力资金没有要在此刻意做盘的意思，不能就此说明多方能量已经耗尽。

如图 4-18 所示，当天快 10 点 30 分时，大盘终于出现了回暖迹象，而此时正邦科技也选择在 12.05 元至 12.15 元之间震荡，主力资金的用意似乎就是等待大盘上扬时伺机突破双底形态的颈线位。

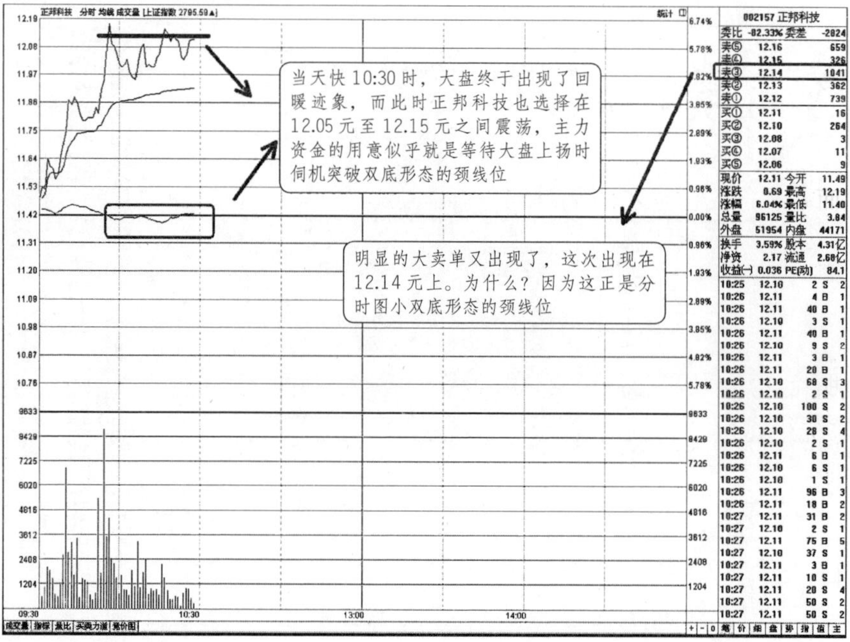
当天快10:30时，大盘终于出现了回暖迹象，而此时正邦科技也选择在12.05元至12.15元之间震荡，主力资金的用意似乎就是等待大盘上扬时伺机突破双底形态的颈线位
明显的大卖单又出现了，这次出现在12.14元上。为什么？因为这正是分时图小双底形态的颈线位
002157 正邦科技

图4-18　正邦科技2011年7月8日分时图（十一）

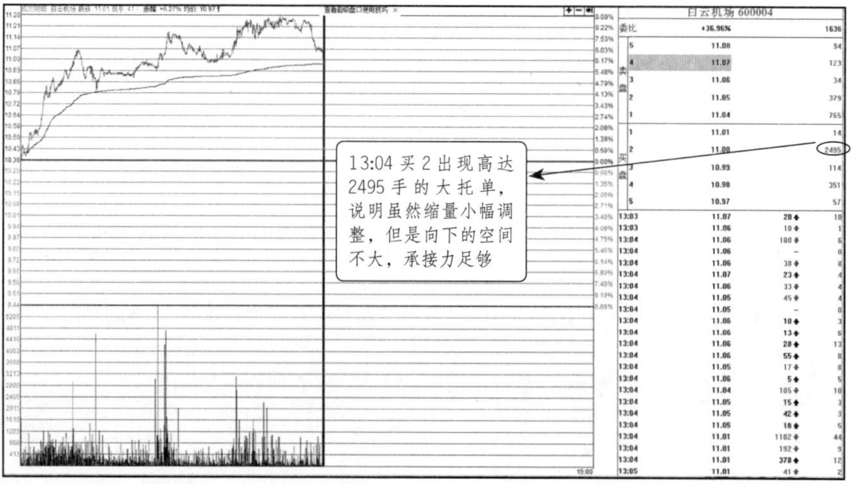
13:04买2出现高达2495手的大托单，说明虽然缩量小幅调整，但是向下的空间不大，承接力足够
白云机场 600004

图4-19　白云机场2019年1月21日分时图（八）

在买卖单委托上，明显的大卖单又出现了，这次出现在 12.14 元上。为什么？因为这正是分时图小双底形态的颈线位。图 4–19 与此类似。

如图 4–20 所示，10 点 30 分以后，大盘并没有出现上扬的动作，而是在压力位遇阻后出现回落态势，然而正邦科技的主力显得毫无畏惧，仍然采取了突破上攻的策略，勇气可嘉。

这次突破的成交量对比早盘的前两次放量显得较小，这既可以说明当前正邦科技的盘子较轻，也可以说明这次上攻的能量稍微减弱。

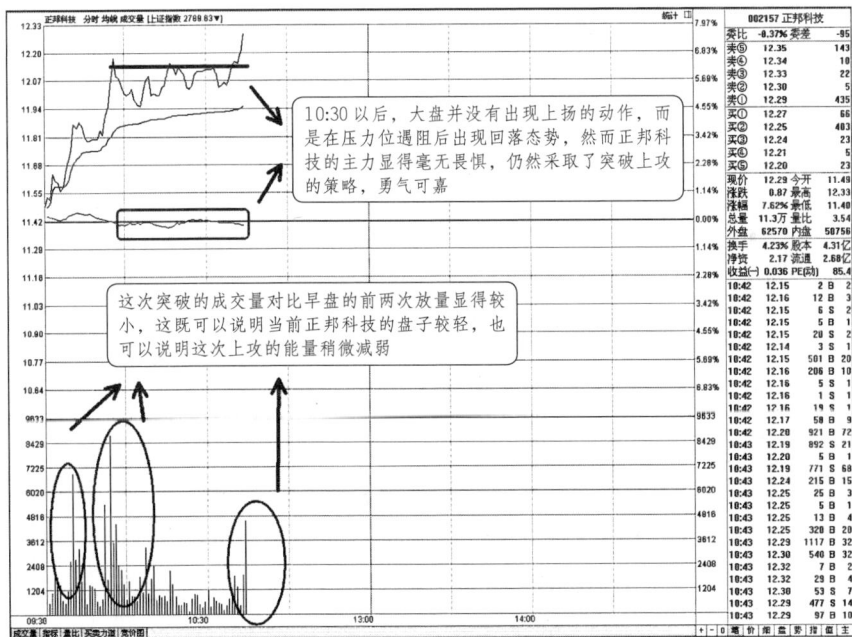

图 4–20　正邦科技 2011 年 7 月 8 日分时图（十二）

如图 4–21 所示，大盘再次回暖，此时正邦科技的主力乘着这股劲上攻到涨停位置 12.56 元上，多方能量得到极大的宣泄。当然，可能考虑到要提防下午大盘变盘的下跌风险，主力资金没有用巨量买单封涨停。

如图 4-22 所示，午后大盘出现了缩量震荡的休整态势。正邦科技的主力也没有把股价顶到封涨停的位置，但就当天而言，该股已经成功实现了大涨。此时，主力资金只需要花点小力气去保护胜利果实就可以了。

收盘时正邦科技的买卖盘也显得非常有意思，买 2 和卖 2 都出现了大手笔委托单，股价就好像被夹住一样，只能在 12.39 元和 12.40 元之间窄幅波动。这其实也说明了主力资金有意维护收盘价的意图。

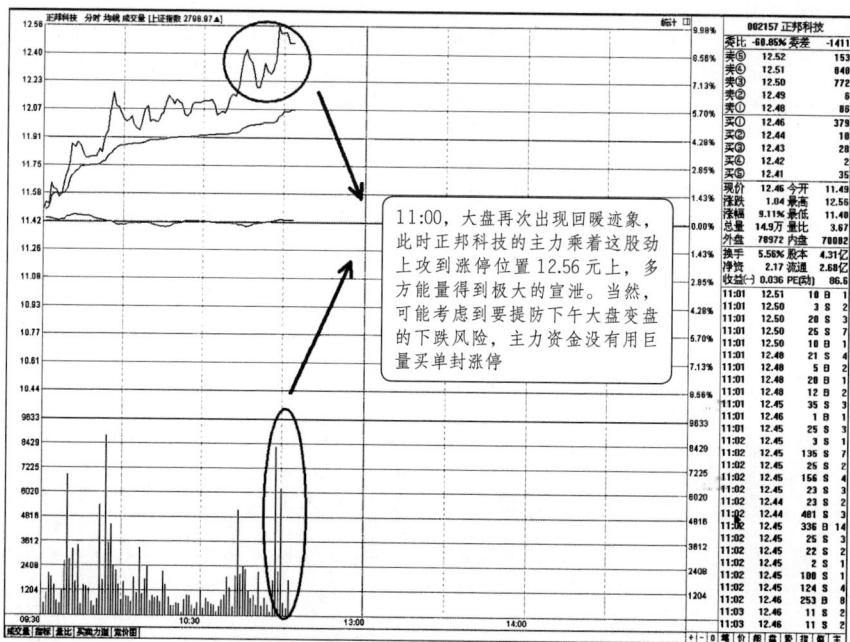

图 4-21　正邦科技 2011 年 7 月 8 日分时图（十三）

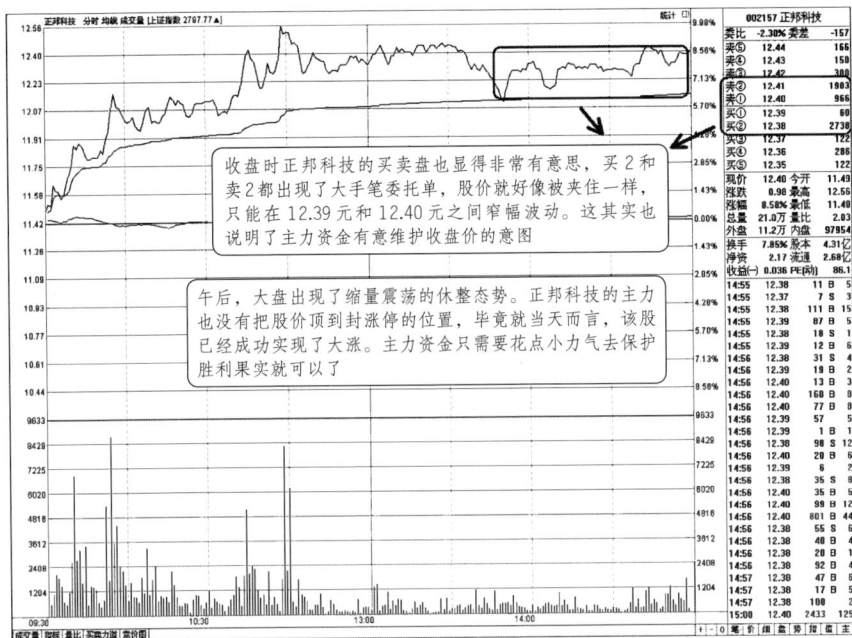

图 4-22　正邦科技 2011 年 7 月 8 日分时图（十四）

如图 4-23 所示，从日线图来看正邦科技的走势，我们可以看出，从 2010 年 12 月到 2011 年 6 月，该股已经完成了一个大型双底形态，根据最小量度涨幅推测，股价至少会上升到 12 元。而在 2011 年 7 月 8 日，正邦科技的主力资金可谓战果丰硕，接连攻下了 11.50 元和 12 元的重要压力位。可以说，面对历史前高位 13.80 元，正邦科技再刷新新高应该是主力资金成竹在胸的计划内任务才对。

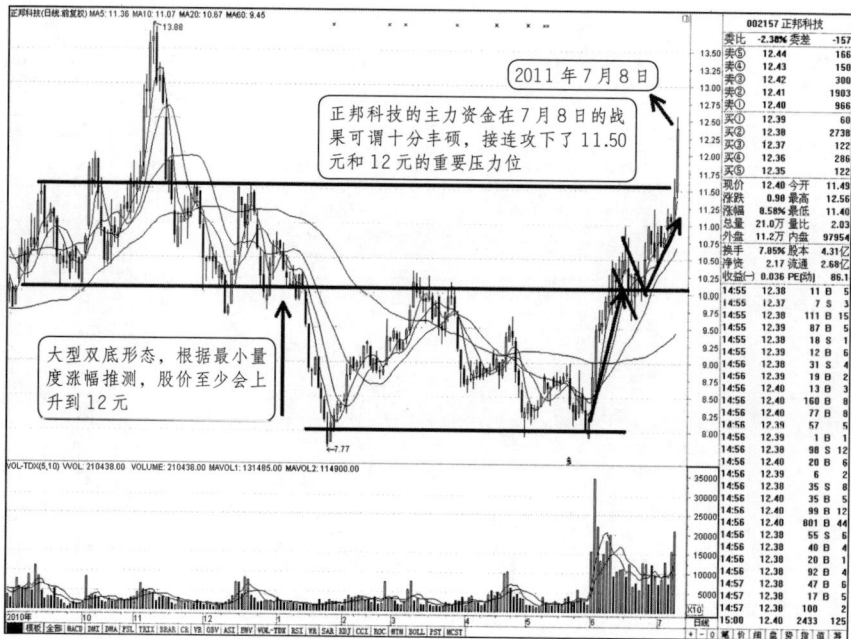

图 4-23 正邦科技 2011 年 7 月 8 日走势图

操
盘
手
记

由孩子会走路想到的

甲：今天是 2010 年 7 月 7 日，星期三，是个值得纪念的日子。

乙：为何？是市场大涨了吗？是你的股票大涨了吗？

甲：呵呵，都不是。是我儿子会走路了。

乙：那心情特激动吧？

甲：是呀！在回家的路上，我突然发现一个小孩在走路，再仔细一看，原来是我儿子。他的外婆在旁边乐呵呵地看着，儿子走着走着抬头看见我，叫了一声"爸爸"的时候，我的心情一下子就达到了高潮，好像世界就我一人，所有幸福都集中在我身上一样，感觉特棒，特舒服。

乙：听你这一描述，我都快流泪了，我都很想去看看我那读大学的孩子了。

甲：呵呵，你经验丰富，我才开始而已。为人父，真是一件非常幸福的事情。

乙：我发现你特感性。

甲：没办法，天生的，这或许就是为何我比较喜欢观察一些细微变化的根本原因吧。

乙：很多人觉得女人才需要感性，事实上男人感性更有魅力。在你身上，我尤其能体会到你散发出来的感性魅力。

甲：不过在具体投资博弈的时候，我们还是需要多一分理性，过于感性往往会失去原则，这是大忌。

乙：是的，不过你这点感性与理性的综合运用，确实令人敬佩。当感性与理性综合运用到极致的时候，基本上就等于无敌了。你好像是无敌的。

甲：实在不敢当，你才是无敌的。我依然在不断成长的道路上，未来还需要更多的努力。

乙：都别谦虚了。走，去喝茶，最近我发现了一个新地方，那里的茶特别符合你的口味……

甲：哈哈，那肯定要去见识一下……

人需要感性，这可从自己为人父为人母中不断去挖掘提升；人同时需要理性，这可以从自己在投资博弈的具体过程中不断去感受、体会。如果能将感性与理性两者很好地结合在一起，那么无论是在生活中，还是在资本市场的博弈中，你都很容易成为赢家。如果能将其发挥到极致，成为大赢家也不在话下。

资本市场心理博弈的本质

甲：资本市场为何最终都演变为心理博弈？

乙：行为影响市场，心理决定行为呀！

甲：那么，如何剖析市场的心理博弈呢？

乙：这个还真有点无法用言语来表达。这好比你爱上一个人，让你解释其中的缘由，你却说不出来一样。

甲：感性背后应有理性的思考才是呀，感情的直觉并不能等同于市场的直觉吧。

乙：认识很重要，每个人对市场的认识必然会影响到其心理，那么，认识又从哪里来呢？从新闻中来，从大众中来，从书中来，从网络中来，从电视中来，有很多很多的渠道，这就构成了我们的资讯来源。而这些资讯来源放到每个人的价值观里，就会衍生出一定的结论，从而影响到心理，最终反映到行动上。

甲：我刚才注意到一个要点，就是来源于资讯，而资讯很多时候都来源于大众媒体或渠道。事实上，这样的认知是有局限性的，或者是很容易走入从众群体中去的，对吗？

乙：完全正确。所以，任何时候都要有一个相对独立、不受太多外在影响的研判体系，这才有助于你发现市场背后真正的问题。很多人被市场牵着鼻子走，实际上是鼻子被大众牵着走。

甲：我是这样理解的，事实上真正的心理博弈就是小众跟大众之间的心理博弈。

乙：一针见血，非常正确。只是有时候真正大众的心理是什么样的，这并不是我们表面看到的那么简单，它还有一定的复杂性。道理很简单，很多人表里不一，明明不喜欢，可能表现出喜欢的样子。明白吗？你要真正认识到大众内心深处的想法，这是关键。

甲：我又不是心理学家，这很难吧？

乙：我也不是心理学家，但是，我们可以通过市场盘面的波动深刻认识大众内心深处的想法。

甲：这就回到了基本面与技术面，对吧？

乙：是的，心理博弈的理性思考来源就应是基本面与技术面的综合，只是这里的综合应该是相对独立思考出来的，这样的结论才具备真正的价值。否则，我们就容易陷入误区之中。

甲：明白了，在研究基本面与技术面的同时，要融入一些心理层面的思路，对吗？

乙：对的，学会在理性的资料中融入感性的思维，这样才能真正感受到这看似枯燥的来源背后的趣味，那是一个异常广阔的世界。

甲：渐渐明白了。

乙：比如，看到圆弧底，你要思考在形成这个圆弧底的过程中，人的情绪的变化——大部分人的变化与少部分人的变化，他们有可能采取的真实行动是什么，等等。虽然每一个形态看似相同，但是在不同的环境背景和不同事件的驱动下，其情绪的波动状况肯定是有一定差别的，而这差别事实上就是行动上的内在差别，从而影响到最终的结果。

甲：还真复杂。

乙：呵呵，没有那么复杂，只要平时多点感悟，多点思考，多点感性，我相信就不是那么难的一件事。

甲：你的理论与一般人的差别有点大哦，很多人非常强调理性思考、理性分析、理性感悟，而你似乎是反过来的。

乙：事实上，面对基本资料确实需要理性，很多人也强调这一点，但事实上，在基本资料理性背后你要充分感知人的思维，你就必须在理性的基础上融入感性的部分，才能真正升华。这是我个人的拙见，不一定正确。反正，理性基础融入感性，我们才有可能真正理解市场的本质。

　　甲：很多人可能只注重理性，而忽略了感性，走入一个极端，所以最终无法成为真正的大赢家。呵呵，我想是这样的。你这样一说，我开始有点明白过去的一些误区了。

　　乙：理性加上感性。你发现没有，在谈恋爱的时候，如果这两者结合起来，那威力是难以想象的。

　　甲：好像真是那么回事。

　　乙：那当然啦，我都教过不少徒弟了，屡试不爽。当然，必须真心！

　　甲：一通百通，这个世界真有意思！

　　资本市场心理博弈的来源是什么？是心理学吗？固然有，但更多的是来源于基本面与技术面这些资料。这些需要理性分析的资料，如果真正要上升到心理博弈的话，就要在这些基础上融入感性，那才具有威力。这好比谈恋爱，如果只是理性的恋爱，你不一定能够收获真正美好的爱情，但是如果你融入一点感性，就会发生化学反应，你可能就在不经意中收获美好的爱情。

05

拉升的警钟：拉升过程中需谨记的原则

动态市盈率还是"市梦率"

主升浪疯狂的结果是动态市盈率最终转变为"市梦率"。

动态市盈率是我们用来判定个股价值的常用指标之一，之所以采取动态而不是静态，是因为市场会给予高成长公司一定的溢价空间，只要成长性足够好，暂时偏高的价格也会被其成长的速度消化。一旦市场进入主升浪，犹如海啸一般势不可当，而股价最终也会疯狂到让人难以置信的地步，做多的人气会进一步蔓延开来，个股行情的演绎也会更加天马行空，赚钱成为一件轻而易举的事情。对于这样强大的赚钱效应，只要能注意到它的人，都很难不被吸引进去，而股价的极度疯狂是最容易让人忘却风险的，当股价已经透支了公司未来几十年甚至更多的增长空间时，市盈率就成了"市梦率"。驱动股价不停创新高的原动力只是来自资金推动，赚钱效应会进一步刺激更多人入场博傻，其实股价的变化已经不是反映价值的预期了，更多的是反映投资者高昂的做多情绪，人性也在此时得到了淋漓尽致的展现。无论动态市盈率多夸张多离谱，都无法引起人们的注意，此时的焦点更多的是在股价的波动上，而非价值问题，但是你一定要清醒地认识到泡沫终将会有破灭的一天，疯狂过后必定是价值回归。如果不能认清"市梦率"形成的本质，你很难在最疯狂之际全身而退，而一旦进入价值回归阶段，股价全面崩溃会比之前的上涨更加疯狂。对于这一点，巴菲特曾经入木三分地刻画出其本质：投资与投机之间永远是一线之隔，尤其是当所有市场的参与者都沉浸在欢愉的气氛当中时更是如此，再也没有什么比大笔不劳而获的金钱更容易让人失去理性。在有过这类经验之后，再正常的人也会像参加舞会的灰姑娘一样被冲昏头，他们明知在舞会中多待一会儿，也就是继续将大笔的资金投入到投机的活动之中，南瓜马车与老鼠车夫现出原形的概率就越高，但他们还是舍不得错过这场盛大舞会的任何一分钟，所有人都打算继续待到最后一刻才离开，但问题是这场舞会的时钟根本就没有指针！

做多做空并不重要，重要的是谁的利益最大化

在主升浪阶段，市场中的主力资金肯定希望投资能够得到最大化的收益，因此股价绝对不会因为脱离了本身价值戛然而止。只要大盘上升趋势没有改变，这时主力采取的最佳策略就是进一步推进，逼空行情将成为常态，以达到吸引更多的资金入场的目的。只要还有后续资金可以进入，那么行情的演绎就会是高了之后还有更高，完全不用担心没有跟风盘；只要在这个阶段比的不是本身价值，而是是否具备炒作的题材，其题材的想象空间是否够大，就不用担心主力把价格炒上去后找不到接盘者；只要涨上去了，市场自然会给你无数个上涨的理由，但是题材所涉及的内容最终能否实现，那就不得而知了。

2010年，适逢股指期货即将推出，市场充满乐观，但在接受《南方日报》采访时，我旗帜鲜明地指出："虎年行情会让人大跌眼镜，股指至少跌到2500点以下！"2010年7月2日，股指如期跌至2319点，验证了我的前瞻性研判，在同行和投资者中引起了强烈震撼。在当时市场氛围一致看多的情况下，能做出这样精准的研判，尽管离不开运气的成分，但是我的研判系统还是起到不可或缺的支撑作用。请看下面的报道。

私募吴国平：虎年行情会让人大跌眼镜

主持人：现在是3230点，比开盘时已经上涨了不少，科技股、3G这些题材股走势还是不错的。昨天我看到一些媒体描述这个政策调整对市场的影响，有一个字用得比较多，就是"超"预期。怎么讲呢，可能时间上是超预期的，但没想到这么快，动用了调整存款准备金率这一手段，大家预期迟早会动手或者调整，但是对于前段时间一直处于弱平衡的市场会造成什么样的影响，如果从市场心理来讲，会不会有人借这个机会对银行股或者地产股进行建仓？从私募的角度来看，你们是做一些长期的打算，还是随波逐流继续做目前的市场热点？

吴国平：首先我想讲明一点，对今年或者虎年的行情来说，我个人观点是比较谨慎的，或者相对来说有点悲观。你说会不会趁这个消息在这个阶段建仓，我觉得做反弹，短期来看这种可能性颇大。因为当大家都想着卖的时候，采取"它来卖我来买"的概率，一定程度上颇大。这些板块里面，主力介入程度也比较深，他们也有自救的需求。在这样一个背景下，我相信随着市场的不断演绎，应该会迎来一个让大家有点惊讶的反弹行情。这是值得期待的，但是这个反弹行情我们需要这样看待。我个人的看法，这不是一轮大行情，新的一轮行情的开始可能加速，会趁着这个反弹行情诱使更多的资金进场，进场之后可能找到一个相对的它认为可以从容出击的点位最终采取出逃的策略。

今年大的政策环境跟去年不一样，去年的行情我们都有目共睹，实际上走出了一个小小的牛市，总体来说表现比较令人瞩目，大的背景是货币政策非常宽松，或者国家大力刺激，说白了就是钱太多了。今年的话，从地产政策，包括上调存款准备金率的动态来讲，我不敢说以后会出来什么政策。做期货的投资者应该可以看到，去年很多商品，特别是大宗商品，像铜等工业原料，在月线图上基本上走出十几个阳线的态势。大宗商品涨得很厉害，意味着什么呢？从某种意义来说，再现通货膨胀的迹象很明显了，所以现在有必要在一些资金流动性上进行一定的收缩，如果以后再加剧的话，无疑会导致整个资本市场的平衡被打破。

主持人：现在是私募基金经理看虎年股市特别节目。这个节目中我们邀请了6位私募基金经理做客，他们在业内都很有人气，在市场上都很有号召力。今天是吴国平。刚才你提到今年可能是比较悲观的，我们第一个问题是虎年股市运势如何，这个问题比较泛，是上涨还是下跌，这是所有券商也好基金也好，做策略报告的时候要回答的第一个问题。

吴国平：我们综观一下所有机构的报道或者是年初的预判，应该说总体基调还是比较乐观的。按照过去机构的判断，最终市场走势相反的历史结论来说，我觉得今年行情会让大家大跌眼镜，要么就是比机构预期的点位更高，就是说上4000点甚至5000点，这种可能性在目前货币政策下并不大。另外一种就是市场往下探，但是探得多低，目前来说我个人的看法是，至少会到2500点以下，这是我目前对市场的一个研判。从最终结果来看，今年有很多大的事件发生，比如已经确定的融资、融券或者股指期货，这些会给市场带来一种新的博弈格局，所以最终是阳还是阴，我个人还是偏向阴。因为从去年的年线来看，去年是一个比较大的阳线，可能会有一个惯性上冲，往下走的背景之下可能也不排除收一个要么是震荡的走势，要么就是比较明显的阴线，这是我对虎年（2010年）的判断。

摘自腾讯财经　2010年1月13日

之后市场的走势，像我预言的那样走了下去。这着实让我惊喜了一番，但让我最为惊喜的还是我的研判系统之一——"做多做空并不重要，重要的是谁的利益最大化"的思想被很好地验证了。这一思想能对大家起到多大的作用，就是"仁者见仁，智者见智"了，因为很多东西都要自己深入其骨髓去体会、验证。下面我将当时对房地产指数的研判展示给大家。可能会有人问，为什么要从房地产行业来着重判断呢？在我看来，房地产板块在金融市场中的地位举足轻重，因为这是完全靠钱堆积起来才能充分运作的行业。看看美国金融危机的爆发源头，其实就是跟房地产联系在一起的次贷风险的爆发。次贷危机的爆发让美国房地产沦陷的同时，引发了多米诺骨牌效应，一系列的连锁反应让全球为之付出了惨痛的代价。

通过上面的分析脉络，我们是否可以这样说，只要把控了地产行业，很大程度上就掌握了金融市场的波动？在美国，为何房地产价格跌了还继续跌，不知道有没有人思考过这问题？除了本身的供求因素之外，请大家不要忽略另一个重要因素，那就是利益驱动。这点被很多人忽略了，房地产价格跌了还可以继续跌，本质上就是其资本市场有相应的做空平台。不少博弈资金在做空平台上具有空仓位的状况下，试问这部分博弈资金所代表的利益集团是否会在现实的房地产行业中采取不断抛售的策略，控制好杠杆效应，运用不同市场中的套利模式让利益最大化呢？

虽然当时地产价格在国家政策的严厉调控下似乎欲跌还涨，部分地区还出现进一步疯狂的状态，很多人也被这样的态势折腾得快再次疯狂了。我觉得，此时我们不妨稍微冷静一下，坐下来喝杯茶吃个包子，好好思考一下再决定是否疯狂也不迟。

首先，"上帝欲让其死亡，必先让其疯狂"，这是我对当下地产业的观点。我并不相信短期内房地产价格还能有多大的涨幅，大家不妨试想一下这样的情景，如果北京、上海、深圳等主要大城市房地产价格短期内再大幅上涨，试问，这意味着什么？由图 5-1 可见。

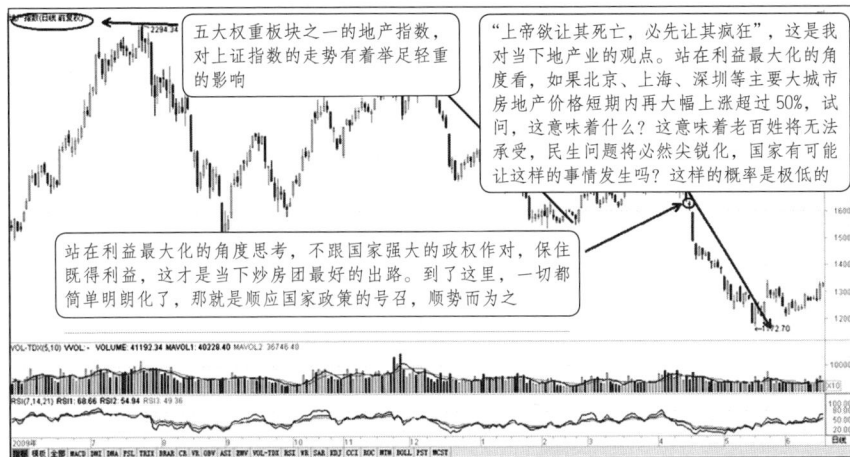

图 5-1　上证指数 2009 年走势图

这意味着老百姓将无法承受，民生问题将尖锐化，这是完全有可能破坏和谐、威胁社会稳定的事情。试问，国家有可能让这样的事情发生吗？这个答案大家都心知肚明，炒房团更是心知肚明。那么，现在为什么房价看上去好像还是有进一步上涨的态势呢？道理很简单，疯狂的人总是存在的，聪明的人要全身而退也必然要做最后的疯狂动作，这样才有机会让冲动型的人杀进来接盘。这其实跟股票到了一定阶段，快真正见顶时主力出货的运作手法是类似的。

所以，地产中期进入调整周期，在我看来，已经成为必然，只不过在真正踏入调整周期前，"上帝欲让其死亡，必先让其疯狂"而已。这是非常合理也正常的诱多动作，只是很多人身在其中，很难看明白。

其次，地产行业中期进入调整周期，试问这意味着什么？这意味着资金回笼中期也将成为必然事件，失去了强大资金支持的市场，交易价值也就意味着要结束，该什么样就会回到什么样，本身价值也将在调整的过程中逐渐浮出水面，那必将是惨痛的，但也是发展过程中必须经历的。地产如此，股市更如此。这就是我从地产行业现状简单推导出来的。

因此，我们要学会利用"做多做空并不重要，重要的是谁的利益最大化"的思想对未来行情进行思考。

做多做空并不重要，重要的是哪一方的利益最大化。从股权分置的改革开始到股指期货与融资融券顺利地推出，表明中国资本市场与国际接轨的步伐正在加速，最终和全球经济融合只是一个时间问题。在资本市场全球化背景下，最终我们把握什么方向能赚钱？

如图5-2所示，目前的整个指数在3000点这条横线上下波动。面对这样的位置，你是怎样思考的？其实站在利益最大化的角度来思考并不难，3000点跌到一半是1500点，而且这里的跌幅是有限的；但是反过来如果涨1倍则增长3000点，如果是2倍或者是3倍甚至是10倍，空间有多大，而且这里几乎是没有顶的。对于资金而言，两栖作战的话，其利益放大更不知是多少倍。所以在我看来，只要条件允许，最终肯定是在强烈做多的利益下驱使市场做多。市场从2010年股指期货上市至2011年4月，没有来一波真正意义上的上涨行情。

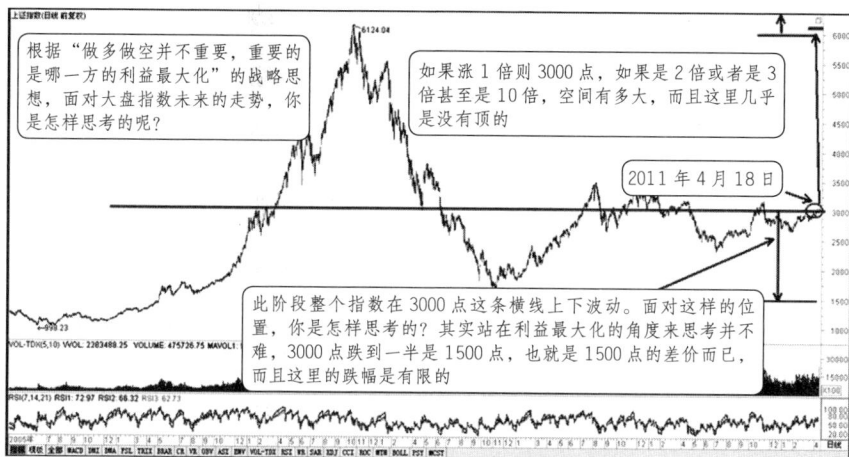

图 5-2　上证指数 2005 年至 2011 年走势图

物极必反原理，主力资金买入的最终目的还是为了卖出

主力资金买入的最终目的都是为了卖出

不论是国内券商、公募基金、社保基金、保险公司，还是国外QFII，来到这个市场的最终目的都是为了盈利，买入的最终目的还是为了获利后的全身而退。如果不能顺利出货，那只能是纸上富贵，而最佳的撤退时机莫过于在人们陷入集体性癫狂的时候，其时不计其数的资金源源不断地涌入资本市场，在贪婪的驱使下，再清醒的人也无法保持冷静，股价仿佛永远不会下跌，高了还能再高。

但是你一定要记住，物极必反，市场绝对不会永远上涨的，总会有一批先知先觉的资金在市场非理性疯狂的时候悄悄撤出。最初可能这批资金的出逃无法扭转牛市延续的势头，但当后续资金的涌入已经跟不上资金流出的时候，多空的力量对比便会开始发生微妙的转变，聪明的资金与蜂拥而入的追涨资金碰撞形成了巨大的成交量，大盘开始步入放量滞涨构筑顶部形态的阶段，会有越来越多的人发现局势的变化。

此时，如何全身而退便成了主力资金的当务之急，筹码不可能在短时间内全部出清，这个阶段市场依然不缺乏机会，主力需要维持市场活跃的氛围，培养买气，所以股价回落到一定程度之后，会随着主力的再次买入与抄底资金合力，把股价推向高潮。这个过程还会有不少个股创出新高，但是对于运作资金而言，这次股价的拉抬只有一个目的——出货，一旦交易价值破灭，失去了资金关照的个股会走出雪崩的走势。此刻，投资者一定要有勇气出局，无论盈亏，走是唯一的选择。

不同的个股在顶部的演绎各有千秋

随着市场气氛激烈程度的不同，大盘会形成不同的顶部形态，如果多空博弈十分剧烈，则会形成头肩顶、复合型多重顶等形态；气氛缓和的话又会形成双顶、圆顶等形态。对于个股而言，一些业绩良好的绩优股会在这个阶段成为资金的避风港，波动相对会缓和很多，抵御风险的能力也是不言而喻的，像云南白药、贵州茅台，往往在熊市格局已经十分明确的中期才会真正步入下跌周期。相反，仅凭概念炒作没有业绩支撑的概念股顶部往往剧烈，并且时间短促，V形反转屡见不鲜，一旦大盘有顶部迹象，这类个股主力的出货可以用不遗余力来形容，所以走出雪崩的态势也很容易理解。

切勿非理性地买入

永远不要做冲动型的交易者，尤其是在市场疯狂的时候，当不计成本的非理性的买入行为成为常态，也就是泡沫破灭的前夕，最后的接盘者将会成为牛市的殉葬品。切记，千万别盲目，不要幻想资产迅速增值。当然，如果能很好地把握市场的趋势性机会，则无可厚非，但一定要在交易价值回归本身价值的前夕撤离。毕竟泡沫终究会破灭，也终归会有一批看不清局势的盲目交易者成为接最后一棒的人。

设好止损点，控制好交易风险

当市场脱离本身价值区间的时候，一定要设好止损点，紧盯上升趋势。一旦有效跌破趋势下轨，则意味着交易价值开始变弱，这是转势的信号。这时，你至少要先减一部分仓位出来，接下来如果转势信号进一步得到确认，那么根本不需要再瞻前顾后，清仓观望将是唯一的选择！

操
盘
手
记

五部曲带来有招无招的思考

甲：你是怎么看盘的？

乙：市场还是个股呢？

甲：都想知道。

乙：不论是市场还是个股，我喜欢先看大格局，大格局就从具体的月线图、周线图等信息入手。

甲：先大后小，对吧？

乙：是的，市场"先大后小"后最终会落实到具体个股身上，此时，我就需要用到我的五部曲方式去把关了。

甲：就是先看看 F10，谈恋爱到结婚的过程，要有系统；接着看看其价值，到底是交易价值还是本身价值；然后看其形态，究竟处于什么样的状况；再看其具体的盘面，比如缺口如何，时间窗口如何，长上、下影线的状态如何，等等，综合剖析之；最后就是再来个大的综合，做出最后的研判。五部曲是这样的吗？

乙：哈哈，你故意玩我的对吧，明显就是有备而来的，看过我的书，而且用心总结了一些东西。

甲：哈哈，我想让你大吃一惊嘛，这样阐述可以不？不过我还是有些不明白，五部曲没涵括到的一些技术面与基本面的内容，我们又该如何面对呢？

乙：嗯，说到点子上了。五部曲是一个系统，我通过五部曲的方式让投资者更好地理解每个人都需要有属于自己的盈利系统，这样才能在市场上长久存活。至于你说到的融合的问题，事实上，这并不复杂，就在五部曲的基础上，你觉得哪里需要再放大并融入、补充一些其他的因素，是完全可以的，而且顺序也并非一定要严格按照五部曲的方式，次序可以灵活安排，当然，这些必须是你充分理解并掌握五部曲这盈利系统后才可以。我的意思是，你必须达到一个有招的高境界，然后才能进入无招的境界，那样最后才有可能集大成于一身，形成真正属于自己的盈利系统。明白吗？

甲：茅塞顿开呀，原来如此。有时候，我就是不够灵活，太拘泥于一招一式，导致很多时候无法转过弯来。

乙：你不是转不过弯来，而是你本身有招的境界还没达到一个运用自如的状态，却非要加快进入下一个无招的境界，事实上，这样很容易走火入魔。

甲：幸亏碰到你啦，真是三生有幸呀！

无招胜有招，很多时候是反映功夫到了相当高的一种状态，这是很多人都喜欢追求的一种境界。

不过，有些人也会拿这句话来掩盖自己内在的各种不足，掩盖自己其实是没有太多功夫的。这样的人，其实挺多的。真正达到非一般意义上的无招，肯定是少数人。就好像资本市场的大赢家一样，肯定是少数人。

非一般意义的无招，需要一个有招的过程，这有招的过程事实上是一个非常艰辛的过程，没有汗水的付出，很难成就非一般的有招。当然，就算付出了汗水，也未必就能达到非一般的有招境界，学习功夫，天赋也是不可或缺的。

非一般的有招是非一般的无招的基础，很多人可能学了几下花拳绣腿，就自认为天下无敌，这是非常肤浅的有招，迟早会贻笑大方。

事实上，真正达到一定非一般有招境界的人，就算已经迈入无招的境界，在平时他也会不断提升有招的境界。正所谓学无止境，让有招的境界更高，无招的境界不也就更容易达到更高的境界吗？这并不矛盾。千万别学到一定境界的有招后，开始迈入无招的境界，就忘却了有招的继续修炼，一旦那样，你最终是不断进步还是退步呢？呵呵，不言自明吧。无招境界的不断提升，离不开有招境界的不断提高呀！

真的是工作吗？

甲：有没思考过你真正退休的日子？

乙：什么叫真正退休？

甲：就是不再工作的那一天。

乙：如果这样说的话，那我早就真正退休了。

甲：你现在不是在工作吗？

乙：你所谓的工作对我而言并不是，我认为这是一种生活，一种我热爱的生活，我并不认为是工作，或许带有世俗所谓的工作性质，但我是乐在其中。不论是写作还是讲课，又或者是操盘，我都觉得这是我生活的一部分，不算是工作。在我的理解中，工作就是解决自己生活所需的或纯粹为了赚钱，我早已远离生活所需，做这些也根本不是纯粹为赚钱。所以，我说我事实上早已退休了。

甲：听你这么一说，我感到很惭愧，真羡慕你。

乙：别这么说，虽然这不是工作，但事实上要做好也并不容易，不过我喜欢那样的感觉，那样的过程，很充实，很舒服。

甲：我什么时候才能达到你那样的境界呀？

乙：只要你坚持，坚定，超越自己，一切皆有可能。

甲：我发现我缺乏你那种深入其中的精神，我总是半途而废，总是不能真正做到深入其中，总是在快要深入的时候自以为可以了，最终放弃了。

乙：人不专不成器，我们需要先专才能有全的可能。

甲：是的。

乙：你还年轻，时间有的是，而且你现在已经认识到问题所在了，未来还有大把机会。

甲：我也是这样想的，你不是说过，普通人跟非凡人不就差那么几步嘛。呵呵，我相信我会有超过你的一天。

乙：好，有雄心，我期待着那一天早日到来。

什么是工作？每个人都有自己的理解，只是，当你发现一般人所认为的工作已经不再是你认为的工作时，恭喜你，那表明你或许已经发生质变了。

让工作变成非工作，这事实上就是一种境界。

我能，你能，他能，每个人都能，就看谁真正愿意深入其中，超越自己了。每个人的潜能都是无穷的，就看谁愿意去开发了。成功不一定能够复制，但潜能一定能够被开发。

06

主力操盘拉升实例

拉升运作需明晰真正流通盘的大小

我们不能够套用公式去计算资金，这是不科学的，原因在于股价随时在波动，很难做到所买入的股数全部都在一个特定的价格上。计算资金时，我们要赋予价格一定的弹性，这才是比较科学的。比如股价为5—6元的股票，股数为2亿，10亿—12亿元可能就是主力收集筹码的成本区，这就科学很多。说白了，所谓的成本区其实就是具体需要的资金数额。

这也是大机构喜欢中大盘的品种，中小机构喜欢小盘的品种的原因，其实，本质上来说，都是各自结合自己的资金状况所采取的最优策略，毕竟机构都喜欢具有主导权的机会。

我们分析过多少资金、掌握多少比例的流通筹码才能主导上市公司二级市场上的波动。我们分析了主力掌控70%以上、刚好超过50%、刚好超过30%、刚好超过20%，以及刚好超过10%的流通盘这几种情形。接下来，我们就结合实例进行具体的分析。

　　看股票，不仅要看表面，还要懂得其本质。图 6-1 为重庆啤酒走势图，图 6-2 为金正大走势图。如图 6-1 中，我们可以看到它的全流通是 4.84 亿股。想一想，你就发现这不太可能，因为就算其第一大股东全流通，也不可能贸然在二级市场上自由流通交易，毕竟第一大股东的本质就是要保证其控股权。所以，我们看所有的股票，表面上的全流通肯定不是真正的全流通，这一点必须谨记。

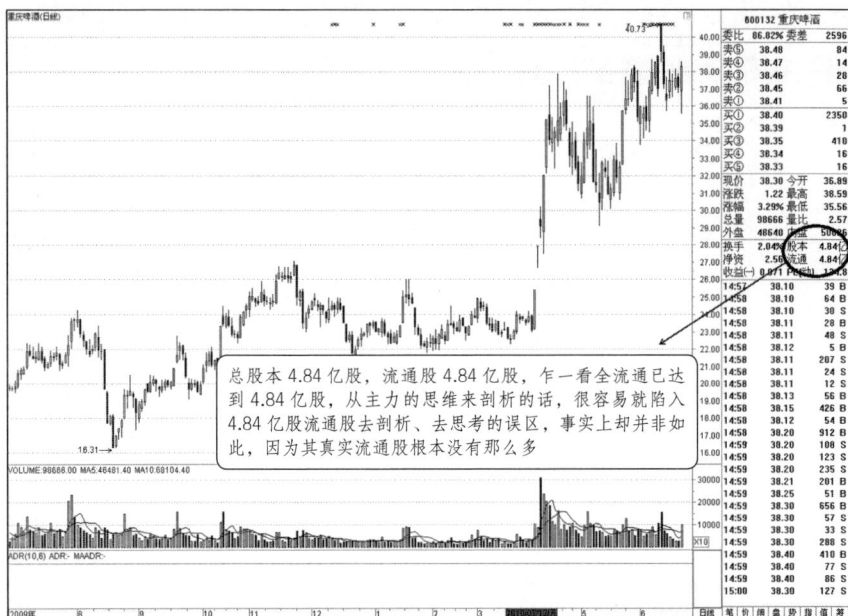

图 6-1　重庆啤酒 2009 年至 2010 年走势图

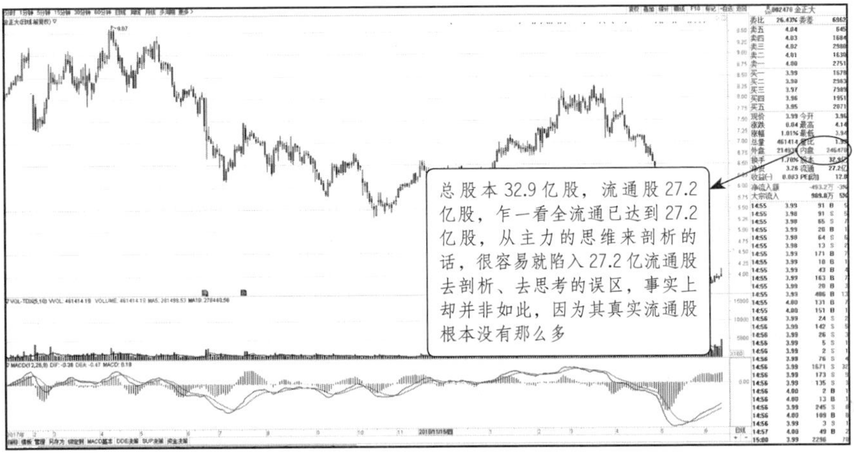
总股本 32.9 亿股，流通股 27.2 亿股，乍一看全流通已达到 27.2 亿股，从主力的思维来剖析的话，很容易就陷入 27.2 亿流通股去剖析、去思考的误区，事实上却并非如此，因为其真实流通股根本没有那么多

图 6-2　金正大 2017 年 10 月至 2019 年 6 月日线走势图

图 6-3 这个简单的推导图清晰明了地告诉我们，主力就是流通盘中真正占据主导力量的机构或个人，流通盘并不等于真实流通盘。所以，事实上，真实流通盘中真正占据主导力量的机构或个人才是主力。

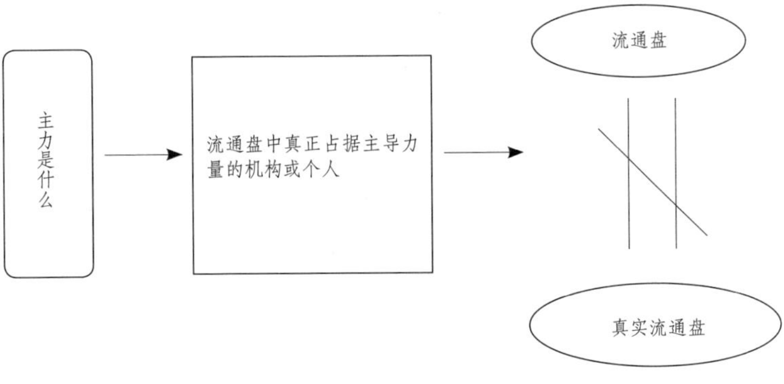
主力是什么
流通盘中真正占据主导力量的机构或个人
流通盘
真实流通盘

图 6-3　主力推导图

从图 6-4 中我们可以看到，真实流通股约占流通股的一半。通过

F10，我们对前面提到的重庆啤酒表象背后的真相就一目了然，第一、第二股东分别属于控股股东与战略性股东，一般而言，它们都不会随便减持。这两大股东所占流通股已经接近 50%，这表明真实流通股仅仅占流通股的一半。总之，类似这样的状况在市场中是常态，这点我们必须明白。图 6-5 与此类似。

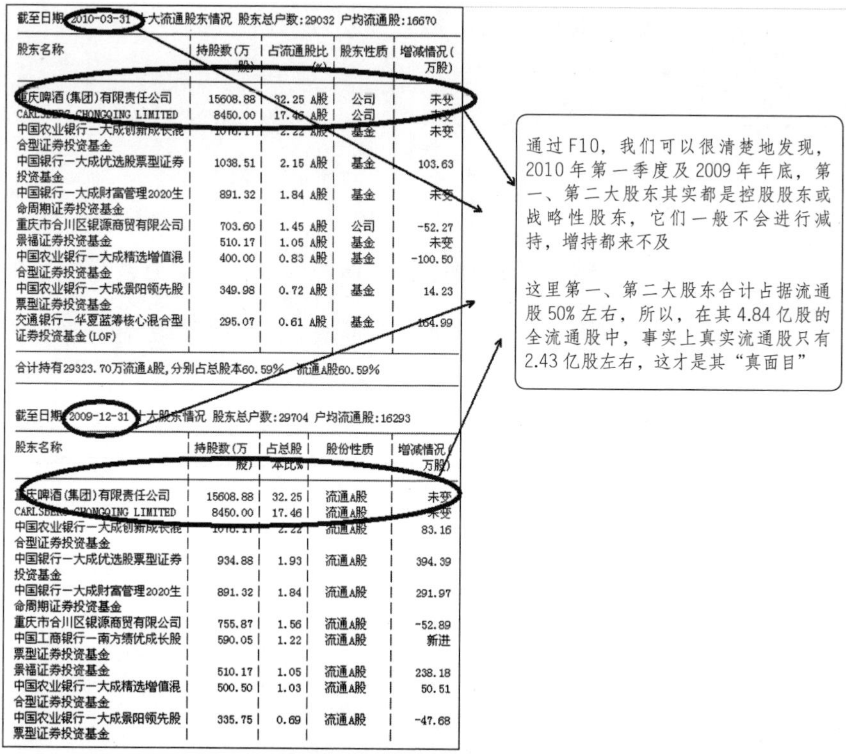

图 6-4 重庆啤酒十大流通股东对比图

十大流通股东　截止日期：2019-03-31
本期十大流通股中，机构共持16796.61万A股，占流通A股6.18%，占总股本5.10%。
股东户数38284 户均持股85953 流通A股东户数38284 流通A户均持股71199

股东名称	持股数(万股)	占流通股比	股东性质	增减情况(万股)
临沂金正大投资控股有限公司	122688.00	45.01%	A股	其他	维持
万连步	14818.50	5.44%	A股	个人	300.56
雅戈尔投资有限公司	13460.00	4.94%	A股	其他	维持
香港中央结算有限公司	6227.14	2.28%	A股	其他	488.82
中国工商银行股份有限公司-东方红新动力灵活配置混合型证券投资基金	5468.27	2.01%	A股	基金	44.65
招商银行股份有限公司-东方红京东大数据灵活配置混合型证券投资基金	3065.00	1.12%	A股	基金	-112.10
招商银行股份有限公司-东方红睿丰灵活配置混合型证券投资基金(LOF)	2888.20	1.06%	A股	基金	维持
中国对外经济贸易信托有限公司-淡水泉精选1期	2811.08	1.03%	A股	信托理财	维持
魁北克储蓄投资集团	2564.07	0.94%	A股	QFII	新进
汕头汇晟投资有限公司	2557.00	0.94%	A股	其他	维持

2019-03-31较上期退出前十大流通股东有
挪威中央银行-自有资金	2981.18	1.09% A股	QFII	退出

通过 F10，我们可以很清楚地发现，2019 年第一季度及 2018 年第四季度，第一和第二大股东其实都属于控股股东或者战略性股东

金正大的第一和第二大股东合计占据流通股的 50% 左右，所以，在其所有的流通股中，事实上真正的流通股只有 13.6 亿元左右，这才是其"真面目"

十大流通股东　截止日期：2018-12-31
本期十大流通股中，机构共持17307.30万A股，占流通A股6.37%，占总股本5.26%。
股东户数42217 户均持股77945 流通A股东户数42217 流通A户均持股64566

股东名称	持股数(万股)	占流通股比	股东性质	增减情况(万股)
临沂金正大投资控股有限公司	122688.00	45.01%	A股	其他	维持
万连步	14518.04	5.33%	A股	个人	190.04
雅戈尔投资有限公司	13460.00	4.94%	A股	其他	维持
中国工商银行股份有限公司-东方红新动力灵活配置混合型证券投资基金	5415.95	1.99%	A股	基金	244.30
香港中央结算有限公司	3961.08	1.45%	A股	其他	652.47
招商银行股份有限公司-东方红京东大数据灵活配置混合型证券投资基金	3210.89	1.18%	A股	基金	78.99
挪威中央银行-自有资金	2981.18	1.09%	A股	QFII	维持
招商银行股份有限公司-东方红睿丰灵活配置混合型证券投资基金(LOF)	2888.20	1.06%	A股	基金	维持
中国对外经济贸易信托有限公司-淡水泉精选1期	2811.08	1.03%	A股	信托理财	维持
汕头汇晟投资有限公司	2557.16	0.94%	A股	其他	维持

图 6-5　招商银行十大流通股东对比图

从图 6-6 中我们可以看到，2010 年 6 月 9 日中国石化流通股为 699 亿股。当然，这是表面现象，事实上其真实流通股有多少呢？在权重股中，流通股与真实流通股的关系到底如何，这是我们要弄清楚的。如图 6-7 所示，中国石油走势情况与此类似。

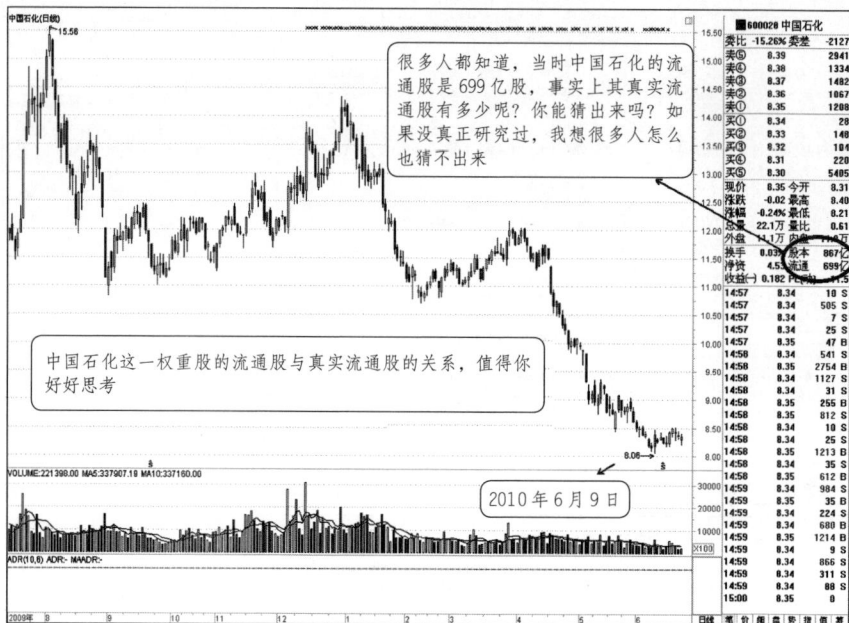

图 6-6　中国石化走势图（一）

权重股往往都是一股独大，道理很简单，一般权重股都是国企。从图 6-8 中，我们可以发现，第一大股东作为控股股东占据了其流通股的 94.04%。699 亿股的 5.96% 才是真实流通股，也就是约 42 亿股才是中国石化的真实流通股。表象与本质的差别有时候就是如此悬殊。

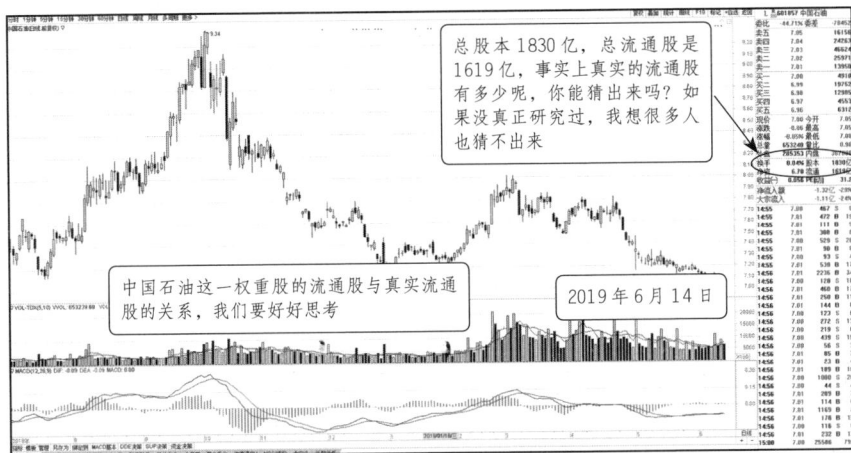

图 6-7　中国石油走势图

图 6-8　中国石化十大流通股东情况图

　　由图 6-9 和图 6-10 可知，中国石油和中国石化就是最好的撬动或打压大盘的工具。实际流通股分别只有约 139 亿股和 42 亿股，名义上的流通股却有 1619 亿股和 699 亿股，如此大的差距使得中国石油和中国石化成为最好的撬动市场的工具之一。因为一般人都会误以为名义上的流通股就是实际的流通股，这也是为何中国石油、中国石化会被市场充分利用的关键原因了。

十大流通股东　　　截止日期：2019-03-31
本期十大流通股中，机构共持701061.66万A股，占流通A股4.33%，占总股本3.83%。
股东户数533290　户均持股343192　流通A股东户数526781　流通A户均持股307380

股东名称	持股数(万股)	占流通股比	股东性质	增减情况(万股)
中国石油天然气集团有限公司	14801066.55	91.41% A股	其他	维持
香港中央结算（代理人）有限公司	2088320.41	98.98% H股	其他	119.82
中石油集团－中信建投证券－17中油E2担保及信托财产专户	381998.93	2.36% A股	信托理财	<1.07
中石油集团－中信建投证券－17中油EB担保及信托财产专户	205148.86	1.27% A股	信托理财	维持
中国证券金融股份有限公司	113913.87	0.70% A股	其他非银行金融	维持
北京诚金控股有限公司	97276.26	0.60% A股	其他	维持
国新投资有限公司	79779.40	0.49% A股	其他	维持
中国宝武钢铁集团有限公司	62400.00	0.39% A股	其他	维持
鞍钢集团有限公司	44000.00	0.27% A股	其他	维持
香港中央结算有限公司	22980.71	0.14% A股	其他	新进
2019-03-31较上期退出前十大流通股东有				
招商银行股份有限公司－博时中证央企结构调整交易型开放式指数证券投资基金	49925.32	0.31% A股	基金	退出

在十大流通股东的情况中，我们可以清楚地看到，第一大股东作为控股股东，其持流通股数占流通股的比例达到了惊人的91.41%

1619亿股的8.59%才是真实流通，即约139亿股才是真实流通股。这就是流通股与真实流通股的极致区别

图6-9　中国石油十大流通股东情况图

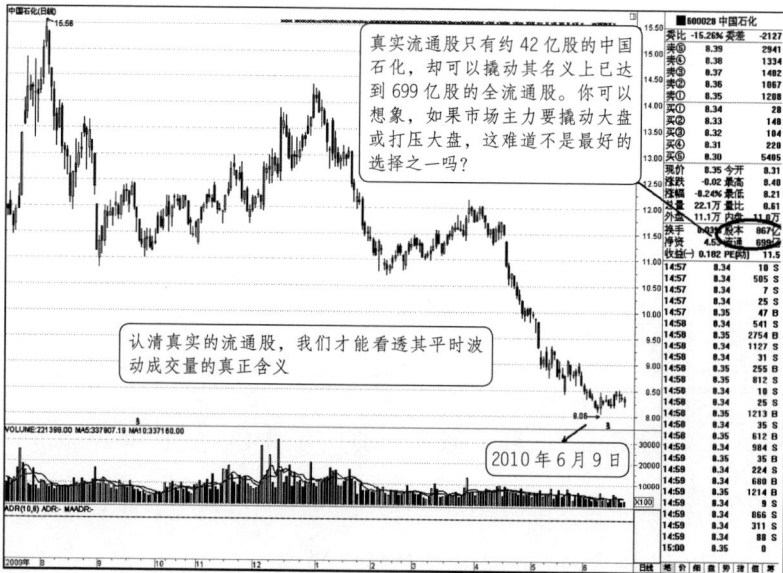

真实流通只有约42亿股的中国石化，却可以撬动其名义上已达到699亿股的全流通股。你可以想象，如果市场主力要撬动大盘或打压大盘，这难道不是最好的选择之一吗？

认清真实的流通股，我们才能看透其平时波动成交量的真正含义

2010年6月9日

图6-10　中国石化走势图（二）

非权重股的机会在哪里？有时候，我们不妨从真实流通股的角度去剖析。图6-11为索芙特（自2016年5月2日起，该公司股票简称由"索芙特"变更为"天夏智慧"）走势图，我们可看到它的真实流通股不多，价格也不高。试问，只有基本面有亮点，这样的品种能不能被主力资金关注？

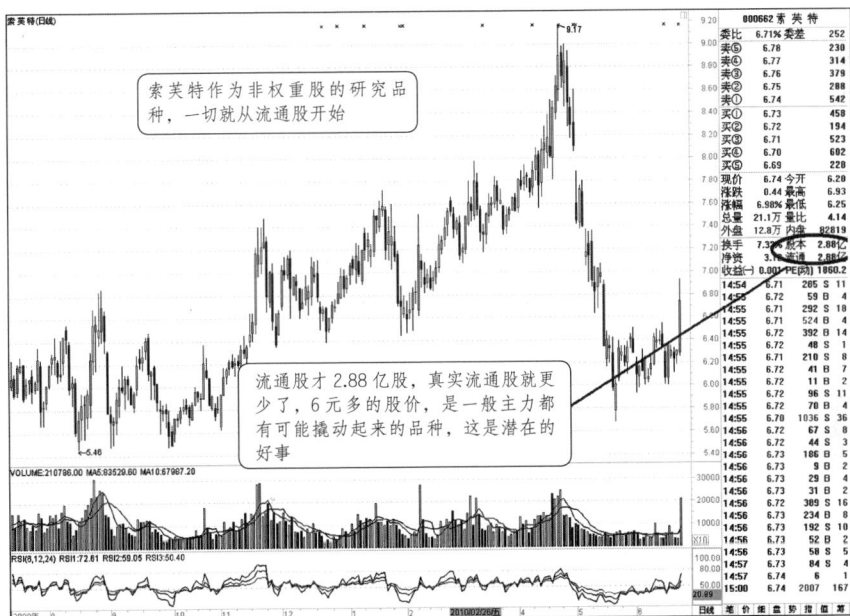

图 6-11　索芙特 2010 年 2 月 26 日前后走势图

【学习重点提炼】

浙商证券自2017年6月上市，在券商板块中属于比较"年轻"的个股。根据图6-12可以看到，浙商证券的总股本是33.3亿股，流通股12.1亿股，股价在8.8元左右，属于小盘股，这是一般主力都有可能撬动的品种，这是潜在的好事。

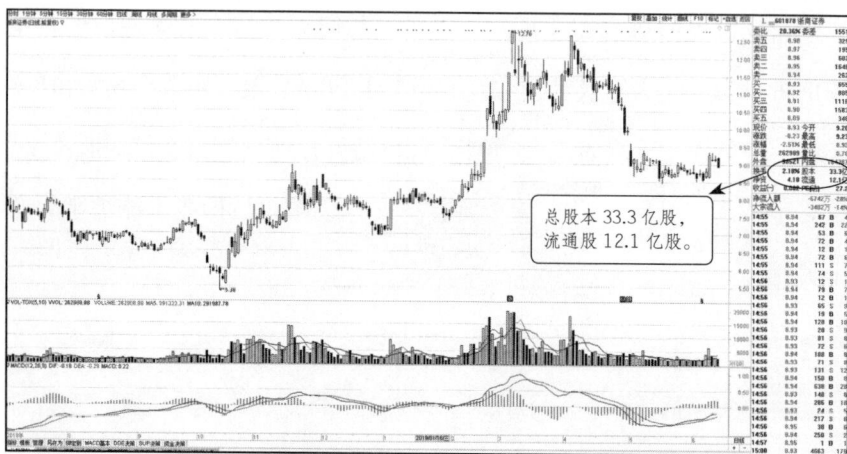

图 6-12　浙商证券 2018 年 7 月至 2019 年 6 月走势图

如图 6-13 所示，我们可以清晰地看到，索芙特的真实流通股大概是 2.16 亿股，再结合股价，我们得出其具有 10 多亿元的流通市值。所以，这样的品种只要基本面有亮点，主力资金肯定会关照它。图 6-14 浙商证券的真实流通与此类似。

图 6-13　索芙特的真实流通股图

十大流通股东　　截止日期：2019-03-31
本期十大流通股中，机构共持万A股，占流通A股%，占总股本%。
股东户数114895 户均持股29012 流通A股东户数114895 流通A户均持股10518

股东名称	持股数(万股)	占流通股比	股东性质	增减情况(万股)
台州市金融投资有限责任公司	11375.88	9.41% A股	其他	维持
西子联合控股有限公司	10155.09	8.40% A股	其他	-390.00
义乌市裕中投资有限公司	7606.03	6.29% A股	其他	-2885.80
浙江裕隆实业股份有限公司	3792.93	3.14% A股	其他	-1149.06
振东集团有限公司	3701.57	3.06% A股	其他	-680.54
戴华美	3200.00	2.65% A股	个人	-462.67
浙江华川实业集团有限公司	3015.58	2.50% A股	其他	维持
浙江和信投资管理有限公司	2742.69	2.27% A股	其他	-609.71
义乌联顺投资有限公司	1510.49	1.25% A股	其他	-371.51
义乌市金瑞投资有限公司	1443.46	1.19% A股	其他	-47.60

在十大流通股东这一栏中，我们可以很明显地看到，第一大股东占9.41%，第二大股东占8.4%，两者合计约17.81%，由此可见，作为控股或战略投资，其一般不会轻易减持

12.1亿元的17.81%也就是2.15亿股，对应8.8元左右的股价，背后代表着什么？这是我们需要好好思索的问题

图6-14　浙商证券的真实流通股图

从图6-15中我们可以知道，主力资金只要达到10亿元级别以上，对于这样一个价格不高，流通筹码也不算大的品种而言，无疑是具有相当把控力的。图6-16与此情况类似。

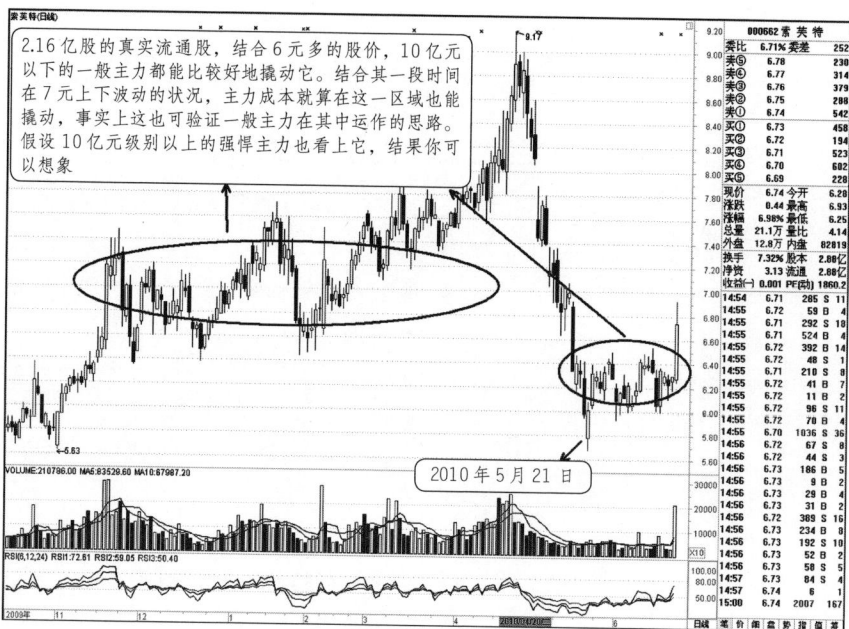

2.16 亿股的真实流通股，结合 6 元多的股价，10 亿元以下的一般主力都能比较好地撬动它。结合其一段时间在 7 元上下波动的状况，主力成本就算在这一区域也能撬动，事实上这也可验证一般主力在其中运作的思路。假设 10 亿元级别以上的强悍主力也看上它，结果你可以想象

2010 年 5 月 21 日

图 6-15 索芙特 2009 年 11 月至 2010 年 6 月走势图

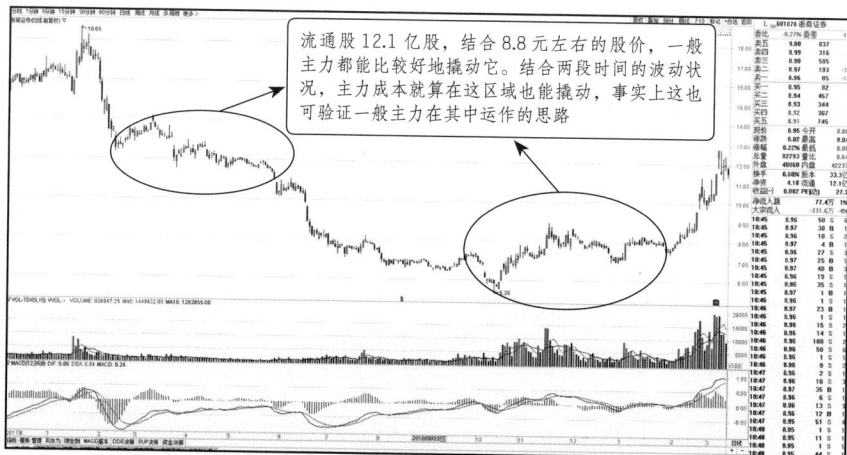

流通股 12.1 亿股，结合 8.8 元左右的股价，一般主力都能比较好地撬动它。结合两段时间的波动状况，主力成本就算在这区域也能撬动，事实上这也可验证一般主力在其中运作的思路

图 6-16 浙商证券 2017 年 11 月至 2019 年 6 月走势图

由于化妆品行业的品牌特殊性，以及其他具有想象空间的题材，

阶段性对于一些运作资金而言，肯定具有相当的吸引力。当然，我们必须明白的是，其主力成本区域大概在什么地方。其实，在具体盘面变化、成交量变化、形态变化等过程中，我们都能发现一些蛛丝马迹。由图 6-17 可知，只要发现了具体状况，就必须好好面对。

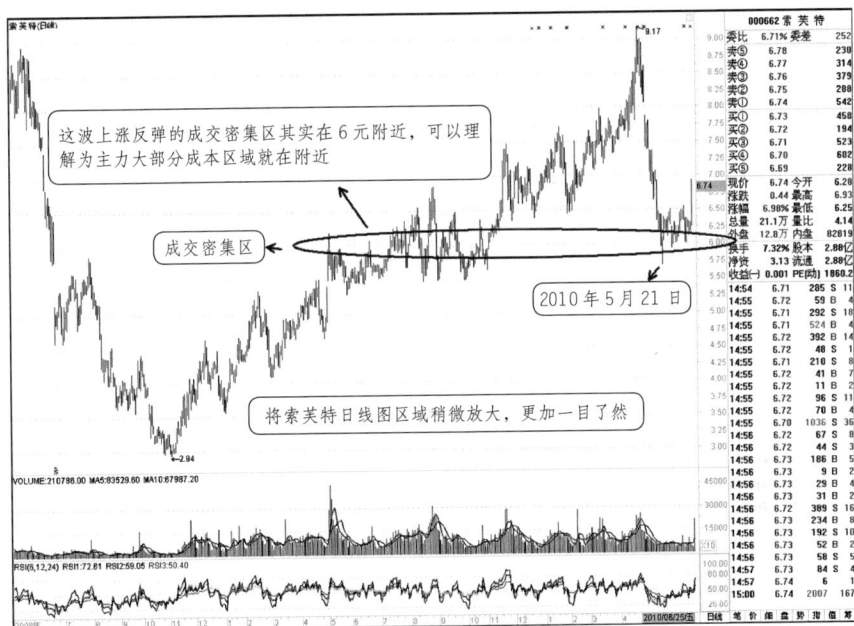

图 6-17 索芙特 2010 年 5 月 21 日前后走势图

翻倍牛股精诚铜业的进攻路径

2010 年 10 月由有色金属板块领头的超预期反弹，如我所研判的一样如期到来，其中涌现不少翻倍大牛股，精诚铜业（自 2015 年 7 月 21 日起，该公司股票简称由"精诚铜业"变更为"楚江新材"）就是其中的一个典型。我们不妨从主力资金的拉升思维入手，深入剖析其一浪接一浪的进攻路径。

如图 6-18 所示，2010 年 10 月 8 日，在酝酿了一个圆弧底形态之后，精诚铜业的股价已经慢慢逼近重要颈线位，当天主力资金借助大盘飙涨的市场氛围，放量向上跳空突破。由于处在重要颈线位置，且成交量成倍放大，作为主力资金，其敢于"慷慨"解放前期套牢盘的进攻动作，应该只是刚刚开始。试问，运作这么久的主力资金，不狠狠释放多方能量，如何能把自己的盈利空间打开呢？因此，从利益最大化的角度考虑，创新高只是序曲，屡创新高才是点燃市场高涨热情的必然环节。

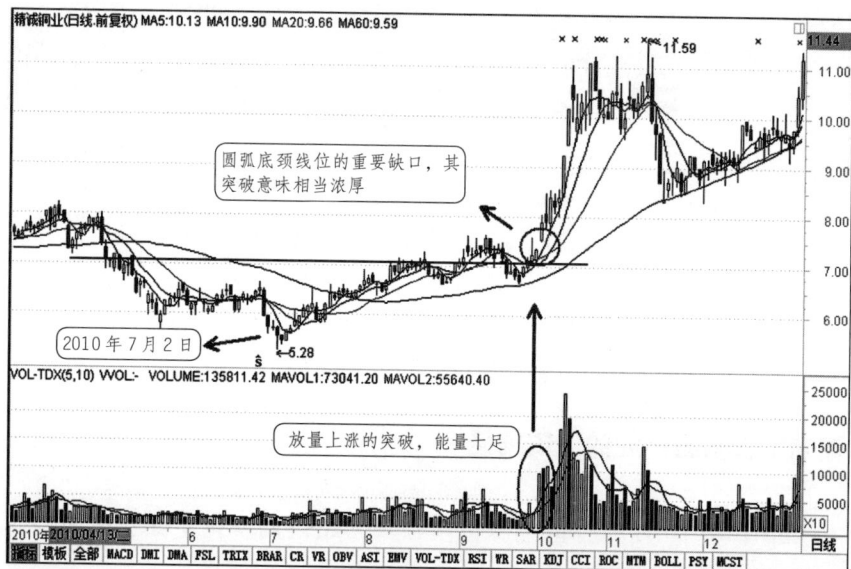

圆弧底颈线位的重要缺口，其突破意味相当浓厚

2010 年 7 月 2 日

放量上涨的突破，能量十足

图 6-18　精诚铜业 2010 年 7 月 2 日前后走势图

【学习小总结】

　　我们来看一个近几年与此类似的例子。如图 6-19 所示，一旦双底形态形成，颈线位就会变得非常重要，很有可能借助当日市场氛围放量上升突破颈线位，打开盈利空间。

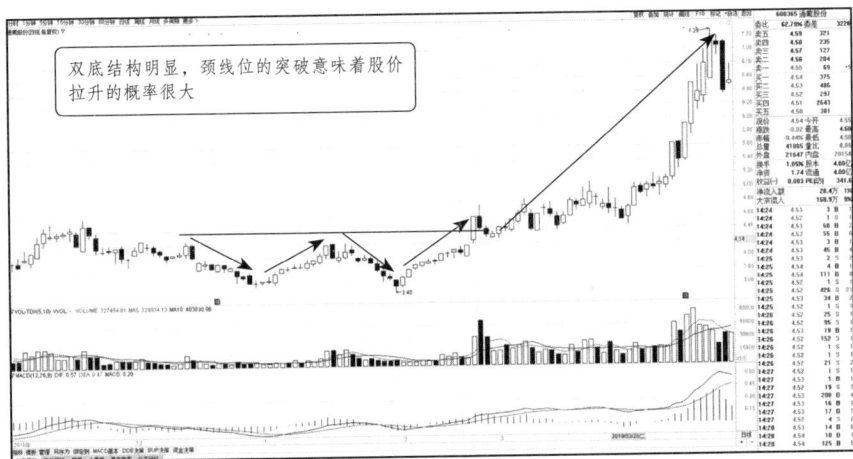

图 6-19　通葡股份 2018 年 11 月至 2019 年 4 月日线走势图

　　接下来我们从带长上影线的 K 线进行下一步分析。如图 6-20 所示，主力资金在放量突破重要颈线位后的股价正处于前期高点区域。这时，不管是套牢盘的抛压，还是短线跟风获利盘的套现，都会对进一步的拉升造成一定的影响。因此，为了让后面的拉抬显得更为轻松，主力资金选择了连续数天的洗盘，并留下带长上影线的 K 线。结合放量突破缺口的发生，以及长上影线的实体能量和前期强悍的上攻走势，这里出现的长上影线其实已经透露了主力资金进攻的信号。图 6-21 中通葡股份出现的情况与此类似。

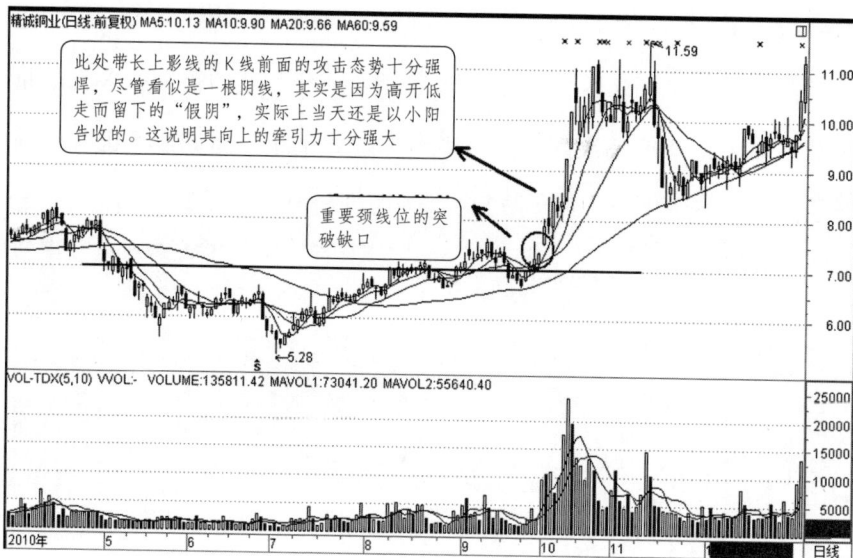

此处带长上影线的K线前面的攻击态势十分强悍，尽管看似是一根阴线，其实是因为高开低走而留下的"假阴"，实际上当天还是以小阳告收的。这说明其向上的牵引力十分强大

重要颈线位的突破缺口

11.59

←5.28

图 6-20　精诚铜业带长上影线的 K 线走势图

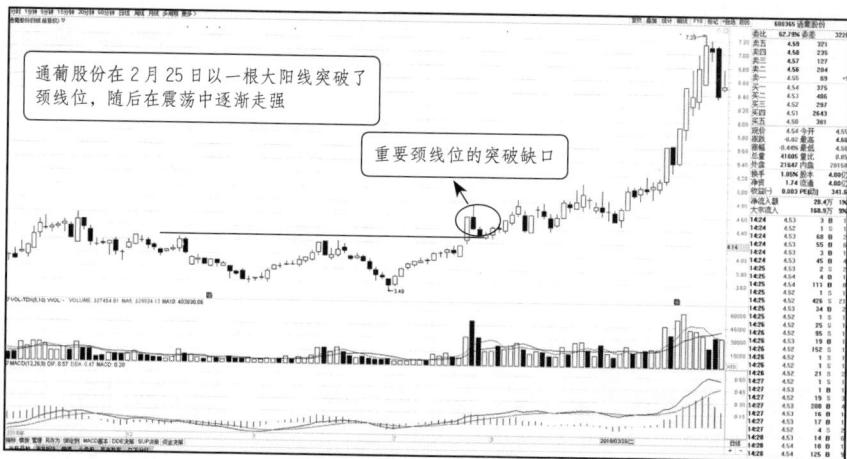

通葡股份在 2 月 25 日以一根大阳线突破了颈线位，随后在震荡中逐渐走强

重要颈线位的突破缺口

图 6-21　通葡股份 2018 年 11 月至 2019 年 4 月日线走势图

如图 6-22 所示，精诚铜业的主力资金在持续带长上影线的 K 线的攻击试探后，再次连续向上跳空涨停。但是，急剧拉升带来的两个缺口，其成为普通缺口的意味骤增不少，这暗示着其存在被向下回补

的风险。尤其在这个区域，成交量已经得到极大的持续放大，说明主力资金已经在市场出现疯狂态势时选择了部分套现的行为，多方能量逐步衰竭的迹象开始显露。后来随着大盘的下杀，精诚铜业也顺利回补了这两个普通缺口。图 6-23 中通葡股份情况与此类似。

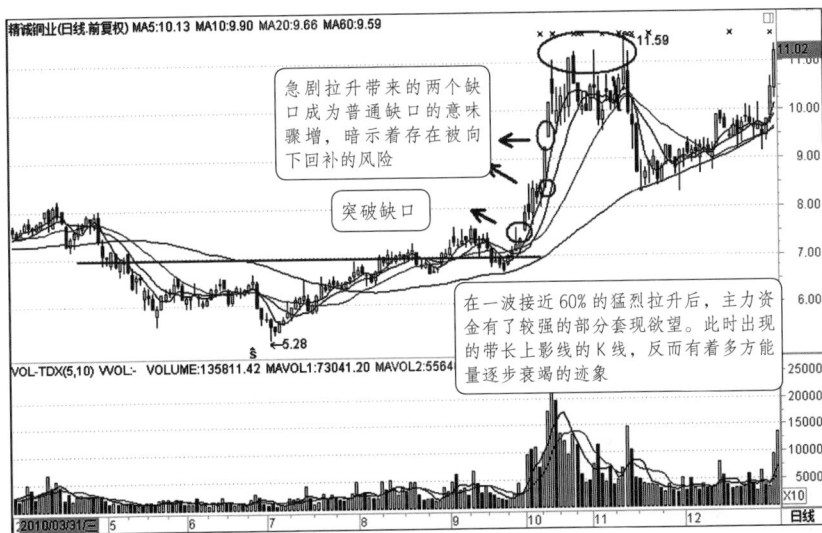

图 6-22　精诚铜业急剧拉升形态走势图

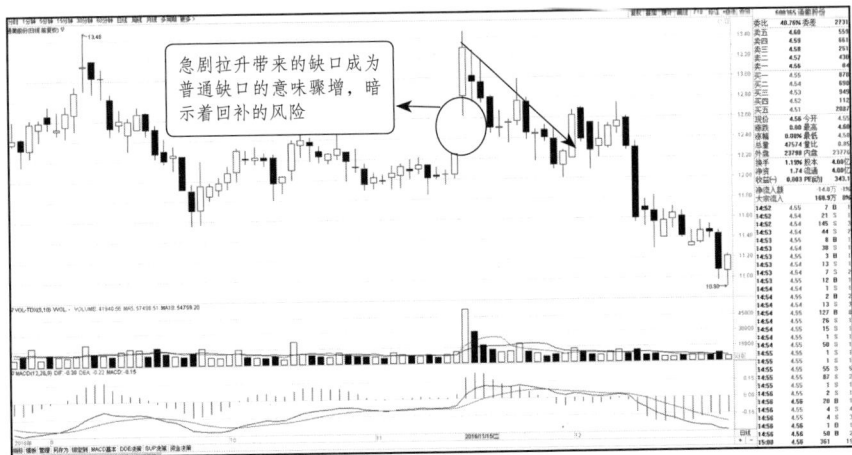

图 6-23　通葡股份 2016 年 11 月 15 日跳空高开形态走势图

如图 6-24 和图 6-25 所示，既然上涨途中的普通缺口被回补，则意味着继续下行的风险越来越小。这是因为一旦上涨的趋势形成，往往不是一个回合就结束的。主力资金在前期的深度介入，无论是从获利还是从出局角度，都不会在这么短的周期内完成。因此我们接下来要关注的，就是持续形态的形成。

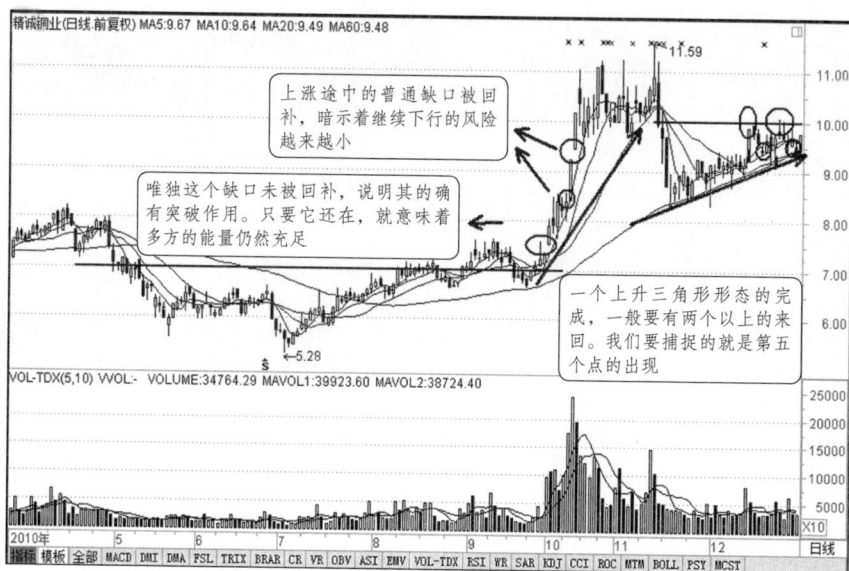

图 6-24　精诚铜业构筑三角形形态走势图

精诚铜业回补普通缺口后，在 60 日均线上稳步上扬，开始慢慢构筑一个三角形形态。当股价接近前期小型顶部的颈线压力位时，就是需要我们高度关注的焦点。因为在这个区域，有不少套牢盘和短线获利盘，主力资金要继续拉升，都会考虑消化这些压力，而这也是上涨三角形一般需要多个来回才能完成的内在原因。此时，我们要做的就是耐心等待第五个点的到来。

【学习小总结】

如图 6-25 所示中信建投在 2019 年年初的"小牛市"中，仅仅用了两个月不到的时间，上涨幅度超过 350%，从最初的 8.95 元，上涨至 31.86 元。与精诚铜业类似。

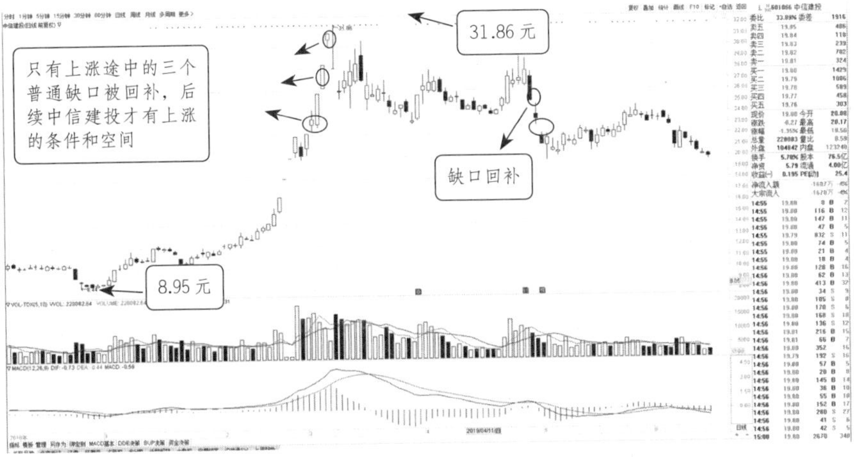

图 6-25　中信建投 2018 年 12 月至 2019 年 6 月走势图

接下来的走势验证了这种分析思路。在上涨三角形构筑的第五个点出现时，主力资金再次选择了放量跳空突破，这次留下的缺口意味就不同于第一次底部形态颈线位突破后的连续缺口。道理也不复杂，因为这次缺口发生的位置是在上涨三角形第五个点，也就是攻击信号点，其成为上涨趋势重要中续缺口的概率就很大。显然，主力资金已经发出了信号：新一轮的上攻不久将会到来。

如图 6-26 所示，这里又出现了与第一次拉升比较相似的情况，那就是跳空缺口突破后再次遇到前期高点成交密集区。从纯技术形态的分析看，投资者很容易认为向上进攻必然一触即发，否则就是诱多行为，顶部似乎就不远了。但是如果我们从主力资金的运作思维再进行深入分析，就会发现后来出现连续 4 天的小幅回调，其实正是其消化套牢盘和短线获利盘的洗盘过程。因此，即使是在跳空缺口出现后马上跟进而被短期套牢的投资者，也无须郁闷出局，因为这时正是坚持或者加仓的好时机。

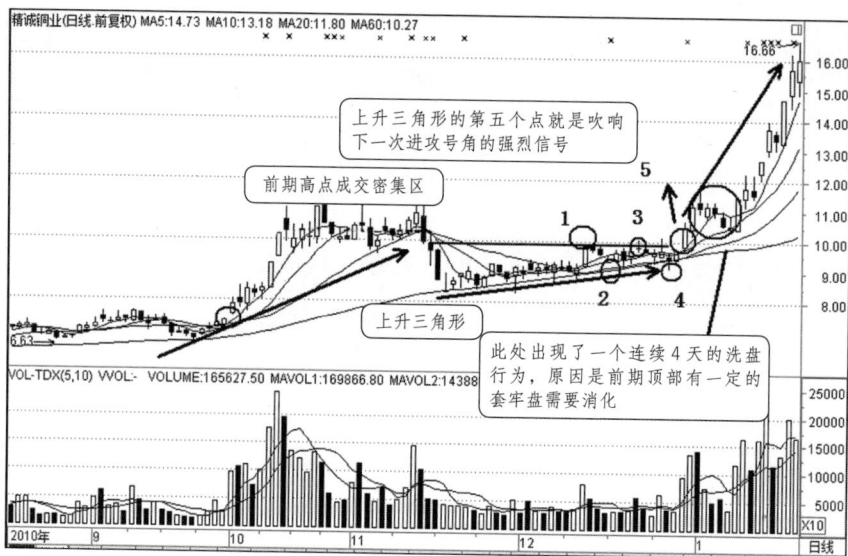

图 6-26　精诚铜业上升三角形形态走势图

中船股份的拉升途径

对于主力资金而言，建仓完毕后，接下来要做的便是进入脱离成本区域的拉升阶段。此阶段的运行状态，即主力资金的进攻路径如何，是我们需要探讨的重点。虽然历史不会完全一样地重演，但很多时候会相似地重演。把握市场个股的拉升进攻路径对培养盘感具有积极的作用。

如图 6-27，中船股份构筑了一个大的底部形态后便出现了一轮大的拉升走势，图 6-28 的兴业银行如出一辙。其实拉升从构筑底部形态右边部分就已开始，形态构筑后使拉升更具想象空间。

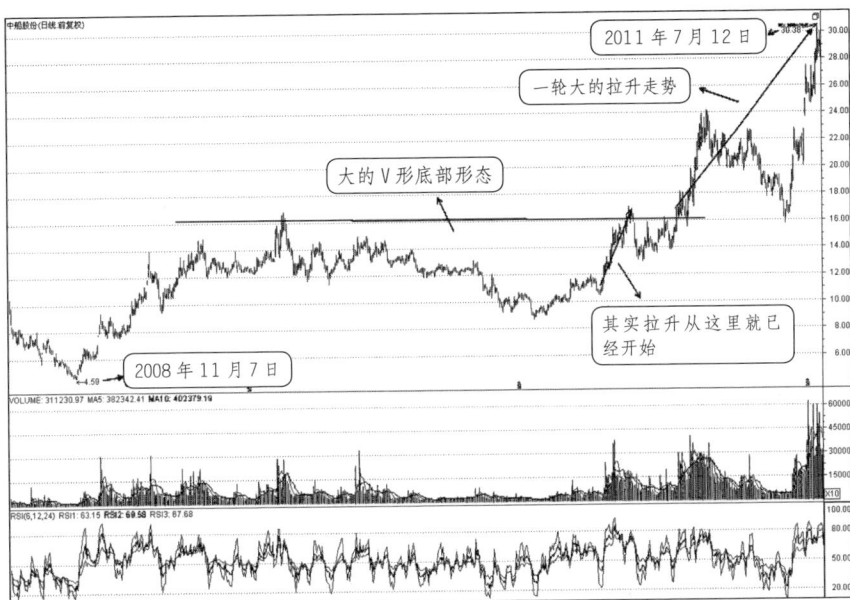

图 6-27　中船股份拉升走势图

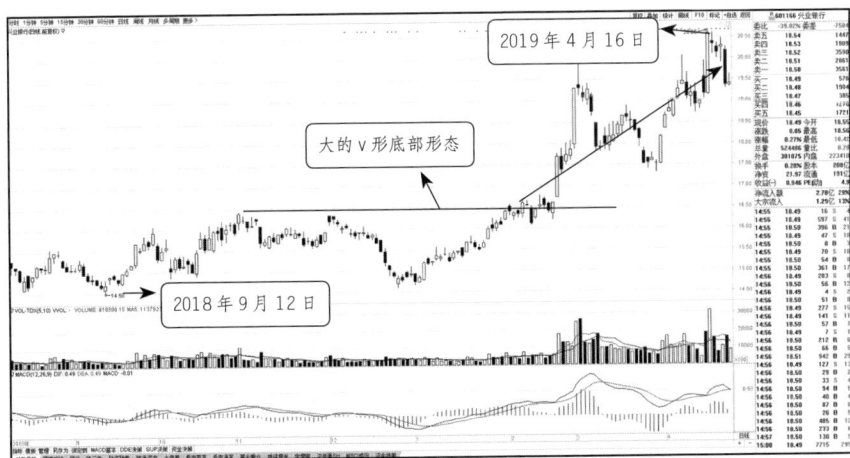

图 6-28　兴业银行 2018 年 8 月至 2019 年 4 月日线走势图

如图 6-29 所示,中船股份自底部相对低点 8 元上涨至颈线位 16 元,达到 1 倍的涨幅后，又凭借大的底部形态构筑想象空间，突破后又从 16 元一带上涨至 30 元一带，达到近 1 倍的涨幅。这就是底部形态对拉升走势的正面促进作用。

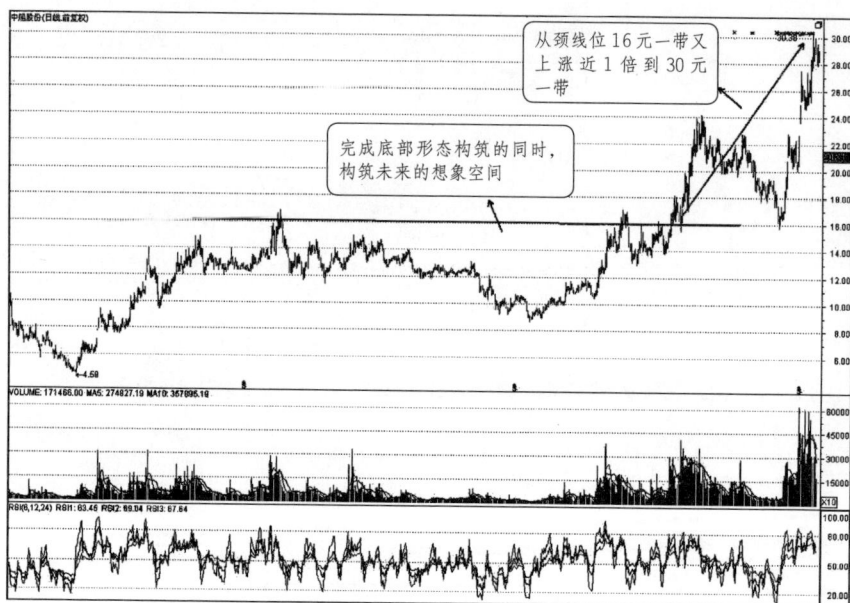

图 6-29　中船股份构筑底部形态走势图

　　我们再来看看从相对低位开始拉升的进攻路径。如图 6-30 圈中部分所示，一波快速凌厉的拉升直逼前期高点，这种短期快速的拉升看起来让人极为兴奋和向往，但真正能享受到这部分拉升走势的人还是少数。如图圈中部分所示的拉升过程，虽然有二十几个交易日，但真正属于中大阳拉升的只有几个交易日，也就是说，这波拉升中大部分时间仍是在震荡，只有几个交易日属于真正的拉价格上攻走势。

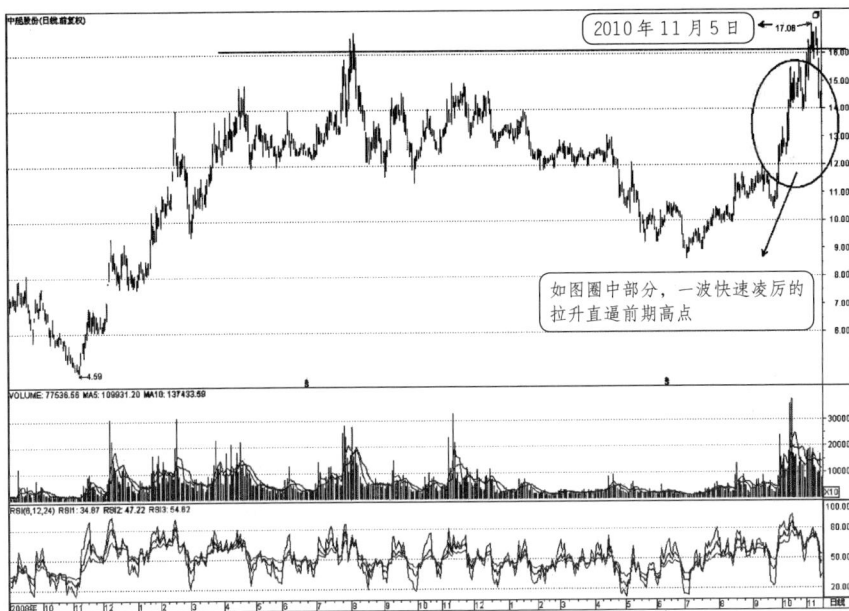

图 6-30　中船股份短期快速拉升形态走势图

　　如图 6-31 中船股份、图 6-32 宁波韵升所示，我们可以清晰地看到，这波大幅拉升过程中只有几天价格大幅上涨，其他大部分交易日都处于平台震荡整理过程中，也就是说，整个拉升基本上是在这几天完成的。所以在这里我们应记住的是，真正的上涨总是只有那么几天，大部分时间都处于原地踏步的震荡过程中，当然，很多人就是在这原地踏步的过程中被消灭的。

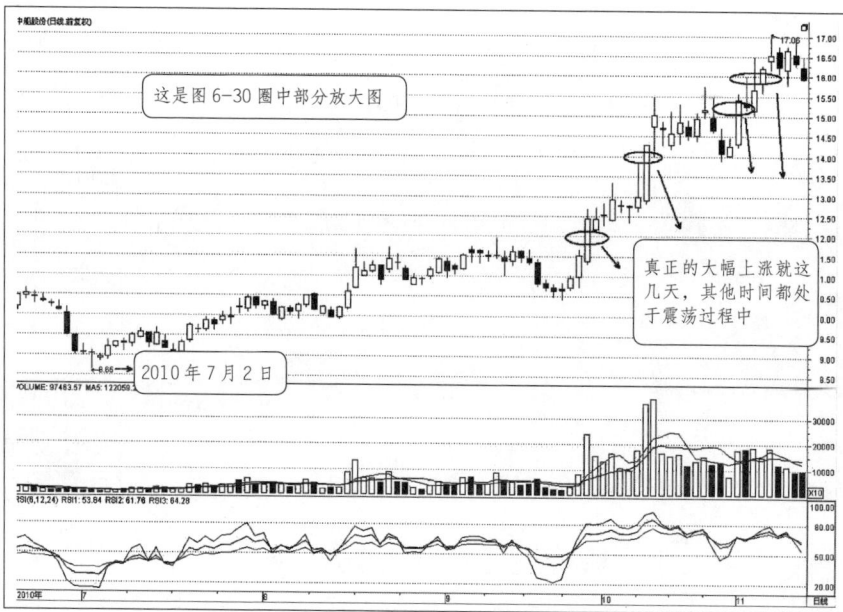

图 6-31　中船股份短期快速拉升形态走势放大图

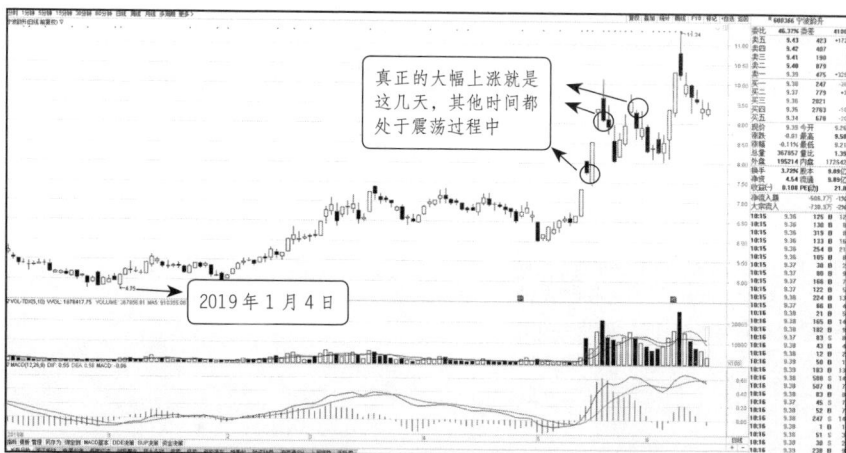

图 6-32　宁波韵升快速拉升形态走势放大图

【学习小总结】

受到缅甸稀土进口受限的影响，重稀土氧化镝的价格从 2018 年 11 月的 115 万元 / 吨左右上涨到后来的 149 万元 / 吨，涨幅约为 30%，2019 年 4 月份价格微涨。宁波韵升受此影响，从整个市场来看，当时稀土格局出现分化，重稀土持续上行，而轻稀土稍微下行。

如图 6-33 圈中部分所示，拉升至前期高点附近便进入了调整。调整过程如何演绎，再次进攻前又如何过渡，这是我们接下来分析的重点。

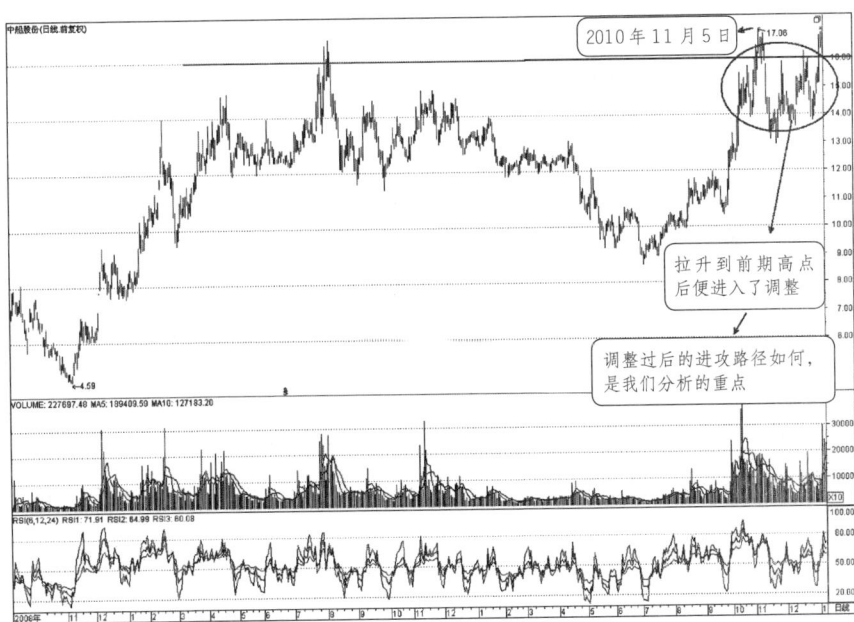

图 6-33　中船股份调整期走势图

如图 6-34 圈中部分所示，我们可以看到，真正具有杀伤力的下跌为第一波的下跌，对于喜欢追涨杀跌的投资者而言，无疑在这波下跌中将损失惨重。下跌过后的进攻路径是我们关注的重点，我们继续进一步研究。

图 6-34　中船股份调整期放大走势图

如图 6-35 所示，在这里我们可以看到，大幅杀跌后再次上攻的进攻路径为"上—下—上—下—再上"，并一举冲过前期高点。其实这种进攻路径是一种经典的进攻走势，在市场中也极为普遍，在很多个股的走势中，我们都可以看到这种进攻方式。

图 6-35　中船股份上攻形态走势图

　　图 6-36 为民和股份走势图，它的走势和图 6-35 中船股份的走势一样，下跌后的进攻路径同样为"上—下—上—下—再上"，并冲过前期高点。

　　图 6-37 为山推股份走势图。从该图中我们可以看到，它的走势同样如此，不同的是，这里少了一个"上—下"轮回，直接"上—下"之后"再上"，然后冲过前期高点，本质上并没有什么不同。只是有时候多一两个"上—下"轮回，有时候少一两个"上—下"轮回而已。

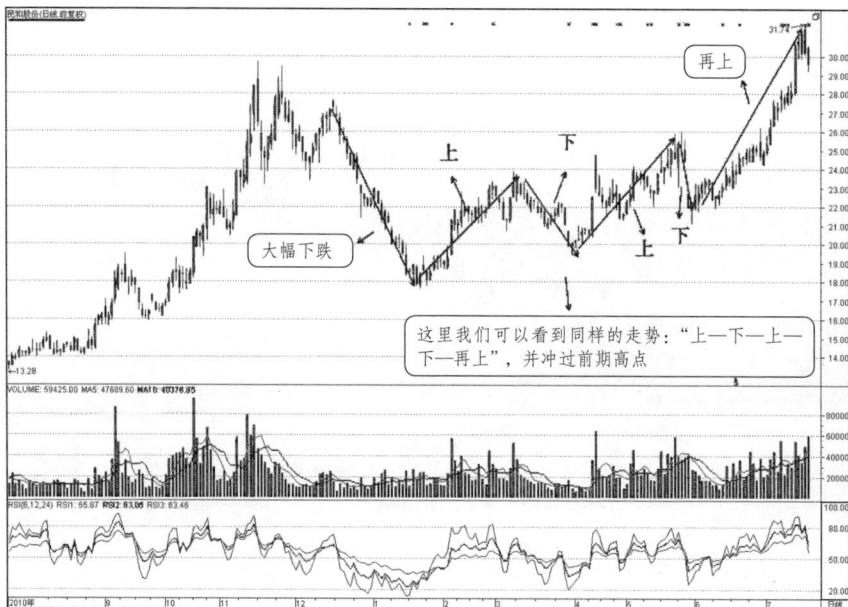

图 6-36　民和股份"上—下—上—下—再上"形态走势图

图 6-37　山推股份"上—下"形态走势图

如图 6-38 所示，进攻路径完成后又迎来了一波大幅上涨行情。很多时候历史虽然不会完全相同地重演，但出现相似走势的概率会很大。在盘面波动过程中，这种进攻信号告诉我们，下一步很有可能将会发生什么。很多时候盘感就是在历史图形的观察、积累过程中形成的。

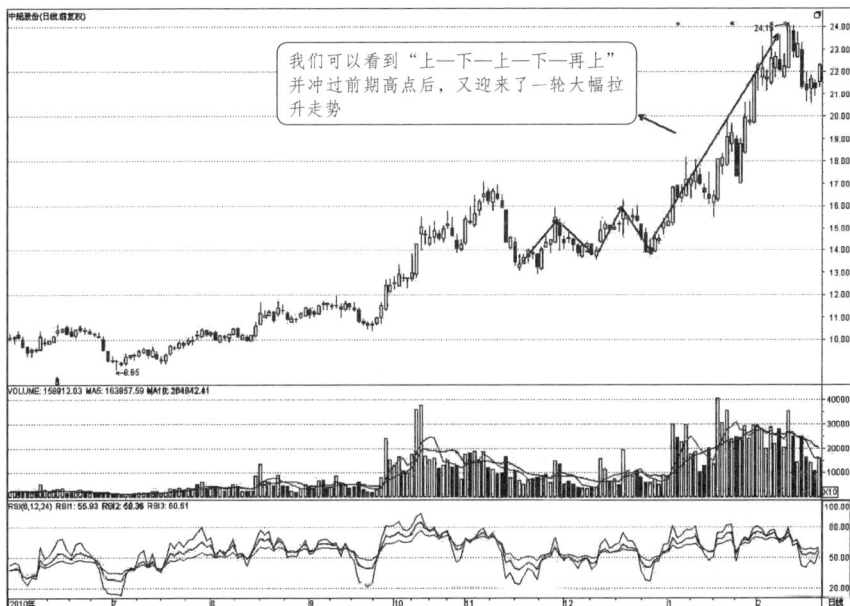

图 6-38　中船股份大幅拉升形态走势图

维科精华：大盘阶段性弱势下低价股的亮点

2011 年 4 月，上证指数如期出现了阶段性的调整，尽管大盘下跌幅度不大，但是个股遭遇了股灾般的下跌。尽管如此，仍要为未来的新牛市做准备，市场仍然需要以赚钱效应来吸引资金的目光，因此部分个股行情还是可圈可点的，其中维科精华（自 2018 年 6 月 19 日起，该公司股票简称由"维科精华"变更为"维科技术"）在 4 月份的走势就是低价股板块中值得研究的亮点。

如图 6-39 所示，2011 年 3 月，维科精华曾经 3 次冲击 8.5 元的圆弧底颈线位，均以失败告终。这种看似能量消极的盘面特征，更多的是主力资金冲关前有意为之的洗盘动作。因为实际上它在 8.5 元压力位面前就筑起了一个小型双底形态，这是一种能量积聚的过程。按照我对复合能量体的理解，一旦爆发，将不可小视。

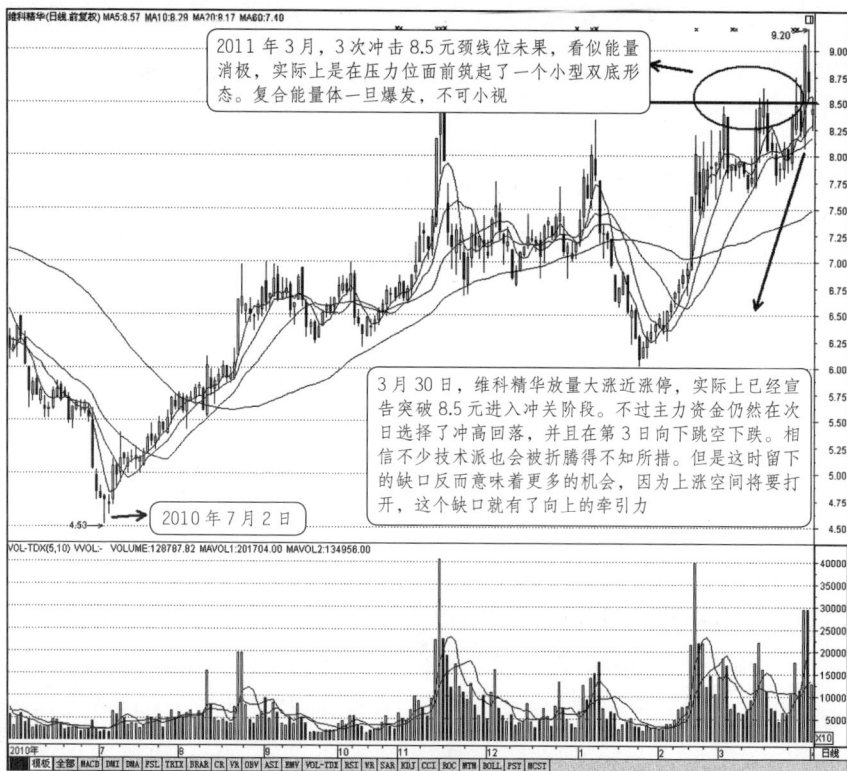

图 6-39　维科精华构筑小型双底形态走势图

2011 年 3 月 30 日，维科精华放量大涨近涨停，实际上已经宣告突破 8.5 元进入冲关阶段。不过主力资金仍然在次日选择了冲高回落，并且在第 3 日向下跳空下跌。相信这样一折腾，不少技术派一时也不知所措。然而，这时留下的缺口反而意味着更多的机会，因为上升空间即将打开，这个缺口就有了向上的牵引力。

如图 6-40 所示，2011 年 4 月 6 日，维科精华放量涨停，次日跳空上涨，并留下了长上影线的 K 线，攻击意味浓厚。在第 3 日再次放量大涨，3 个交易日上涨超过 22%，多方能量得到极大的宣泄。

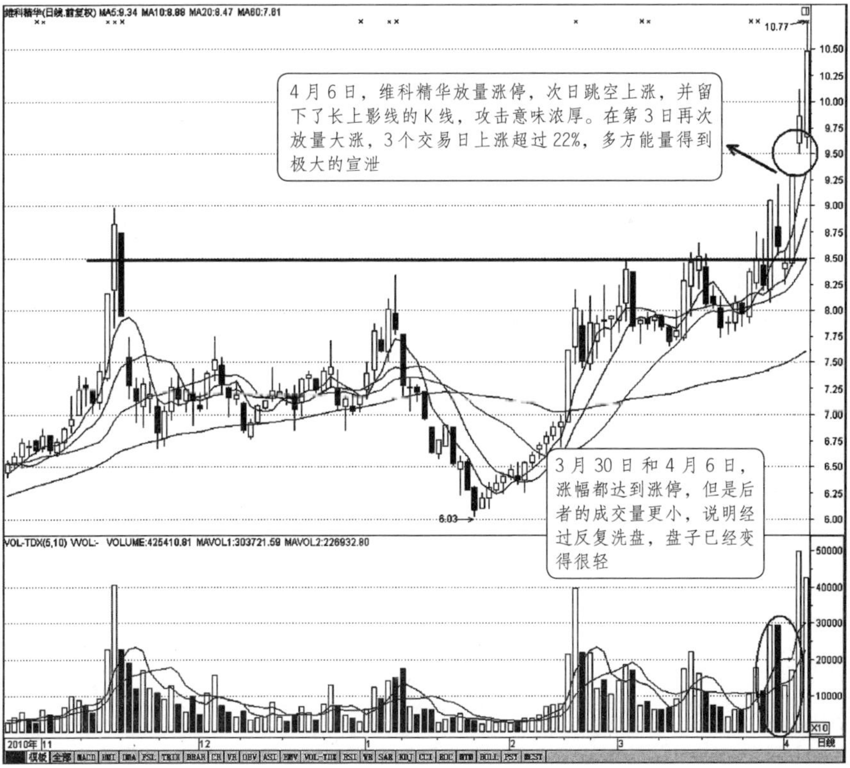

图 6-40　维科精华 2011 年 4 月 6 日前后走势图

这里还有一个细节值得注意，就是3月30日和4月6日，维科精华都出现了涨停，然而后者的成交量更小。这说明经过反复洗盘后，盘子已经很轻，主力资金要实现拉抬遇到的阻力变得较小了。

如图6-41所示，经过连日大涨，2011年4月11日维科精华开始了缩量调整，形成了上升旗形的旗面，然后在第4个交易日重新开始放量试探上攻。接下来的第5个交易日恰好迎来时间窗口，变盘的意味加重，暗示着第二轮冲击波很可能一触即发。

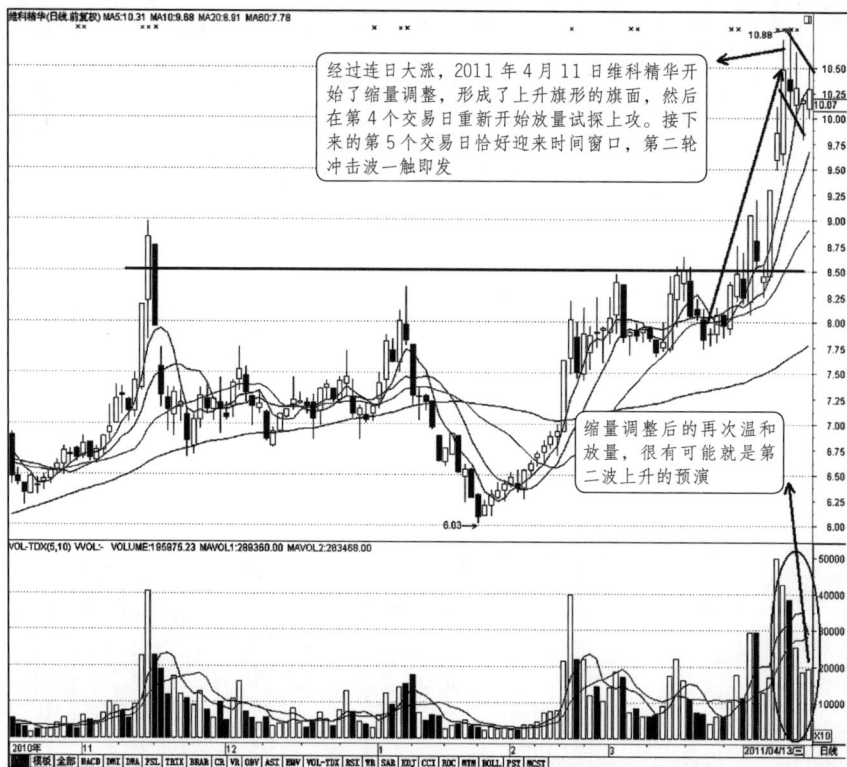

图6-41　维科精华构筑上升旗形形态走势图

结合成交量分析，缩量调整后的再次温和放量很有可能就是主力资金在预演新一轮的上攻。只要其认为上涨的压力不会过大而不可承受，他们就有了做多的底气。

如图 6-42 所示，维科精华只涨了 15%，能量显得稍弱，这是因为同期大盘展开了一轮调整，让原来坚定的筹码拥有者和跟风者犹豫起来，甚至恐慌出逃。大盘连续数日的暴跌使得维科精华的主力资金也选择了以退为进，再次蓄势构筑上升持续形态的旗面。

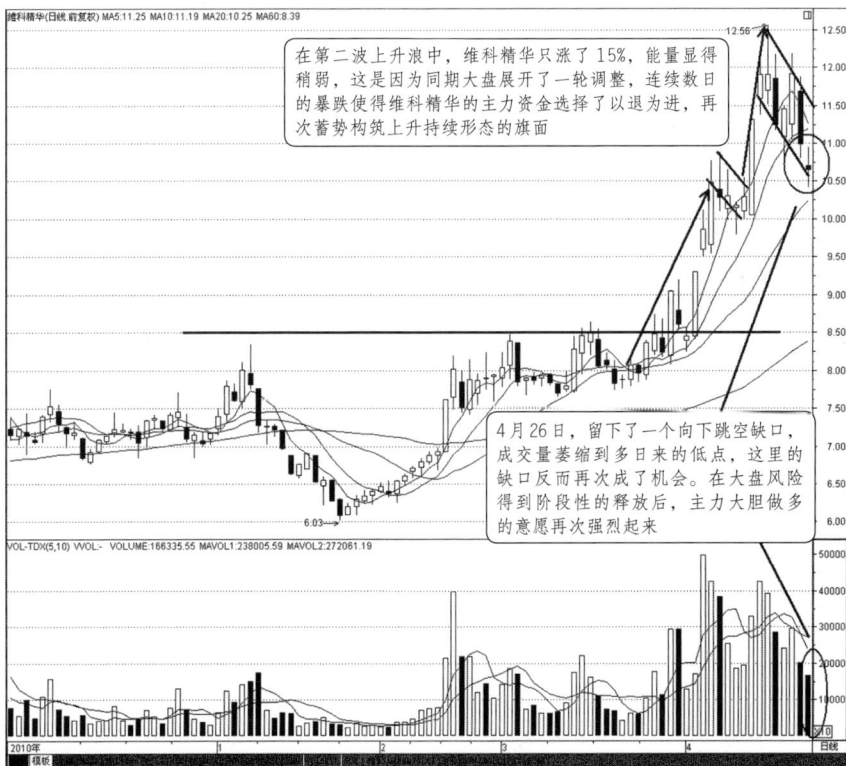

图 6-42 维科精华构筑上升持续形态走势图

2011 年 4 月 26 日，留下了一个向下跳空缺口，成交量则萎缩到多日来的低点，不过这里的缺口再次成为机会。在大盘风险得到阶段性的释放后，主力大胆做多的意愿再次强烈起来。总的来说，在上升途中出现的这个向下跳空缺口是一个很好的介入时机。

【学习重点回顾】

图 6-43 中的情况与此类似，恒久科技在 2019 年 2 月的第一波上涨中，一个月左右的交易日内上涨了 55%，过程中成交量逐渐放大；在 3 月底出现缩量调整，整理平台后再继续向上突破，在半个月的时间内涨幅超过 20%。

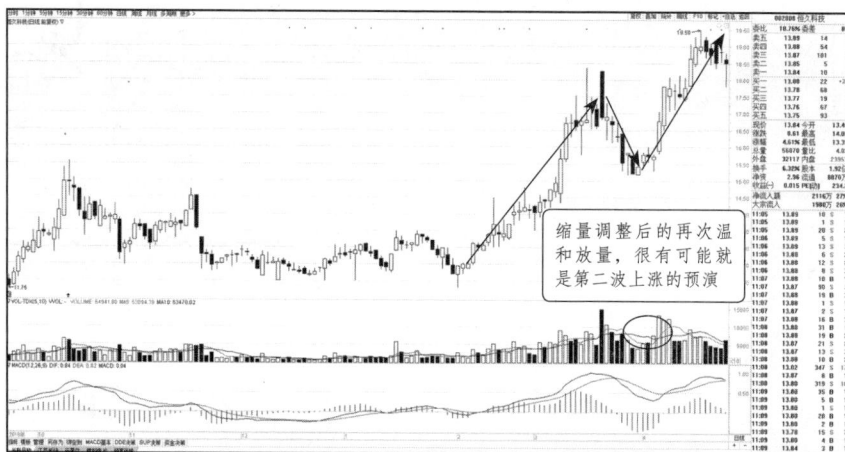

图 6-43　恒久科技 2018 年 9 月至 2019 年 4 月日线走势图

如图 6-44 所示，2011 年 4 月 27 日尽管大盘依然低迷，但是系统性的风险已经较小，维科精华在旗形构筑完毕后选择了第三轮上攻，9 个交易日上涨超过 30%。在市场阶段性需要产生赚钱效应的背景下，维科精华不经意间就成了市场焦点。

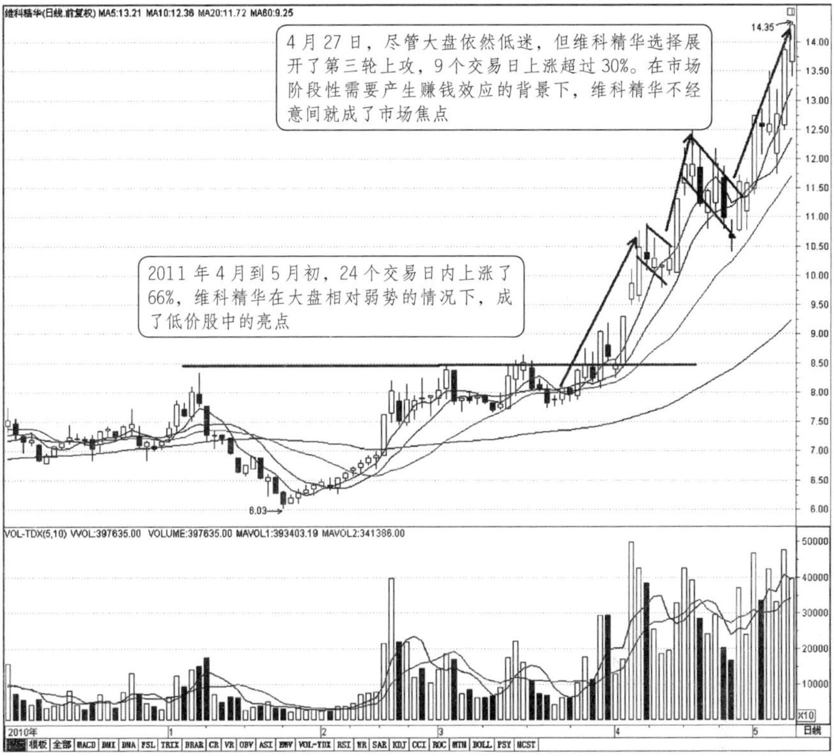

图 6-44　维科精华 2011 年 4 月 27 日前后走势图

2011 年 4 月至 5 月初，在 24 个交易日内上涨了 66%，维科精华在大盘相对弱势的情况下，成了低价股中的亮点。这也是主力资金努力挖掘个股行情，撬动市场人气的策略和手法之一。

中船股份：透过盘面波动读懂主力的意图

市场的此起彼伏很多时候会牵动投资者的神经，如何在错综复杂的波动中淡定从容地面对，关键在于弄清楚波动背后主力真正的意图，明晰波动所处的阶段是吸筹阶段还是拉升阶段，或是出货阶段，这将直接决定所应采取的策略。对于吸筹阶段来说，所需采取的策略很简单，那就是任其震荡坚定持股的策略；对于拉升阶段来说同样如此，拿好筹码，避免中途被颠下马；当真正的疯狂来临时则应懂得急流勇退，考虑套现出局。当然，上述策略的实施前提是判断出当下处于何种状态。如何去判断？这需判断波动特征符合个股的哪一阶段特征，是吻合建仓阶段的特征，还是拉升阶段特征或是最后的疯狂阶段特征。这些特征在前面章节中都进行了详细的分析，在此就不再赘述。

在这里，我们重点探讨的是如何根据盘面的波动读懂主力的真正意图。接下来，我们将以中船股份走势为例，追寻主力运作的思路。

如图 6-45 为中船股份阶段性走势图，自阶段性低点 8.65 元启动，2011 年 7 月 12 日上涨至 30.38 元，上涨幅度达到 2 倍之多，从中我们可以发现运作其中的主力资金志在长远的意图。

从图 6-46 中我们可以观察到中船股份的整体上升走势，但要真正把握并不简单。原因就在于这一过程的曲折程度高，第一次可以不被颠下马，第二次坚持了下来，但很有可能坚持不到第三次，没有极大的定力和耐性，就不可能吃到高的盈利，这也是我为何提倡大波段操作的原因。当然，我们没必要也不太可能吃完整个上涨过程，但至少不要轻易被几个点的利润打发走人。图 6-47 的恒久科技与此类似，中船股份并不是个案。

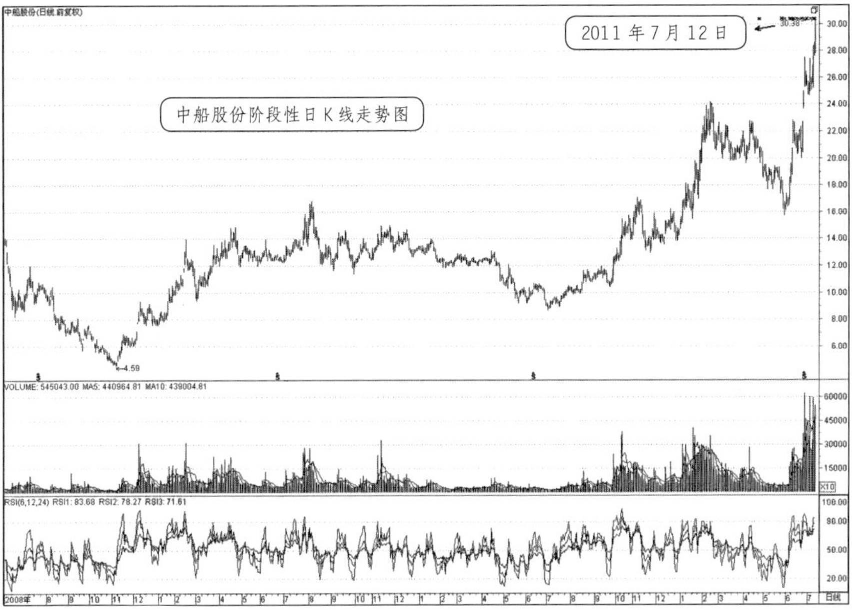

图 6-45　中船股份阶段性日 K 线走势图（一）

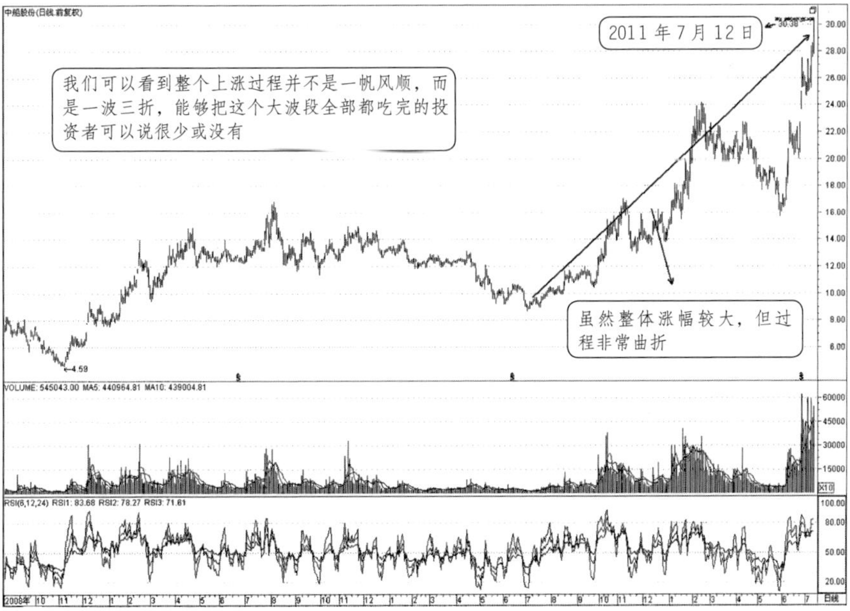

图 6-46　中船股份阶段性日 K 线走势图（二）

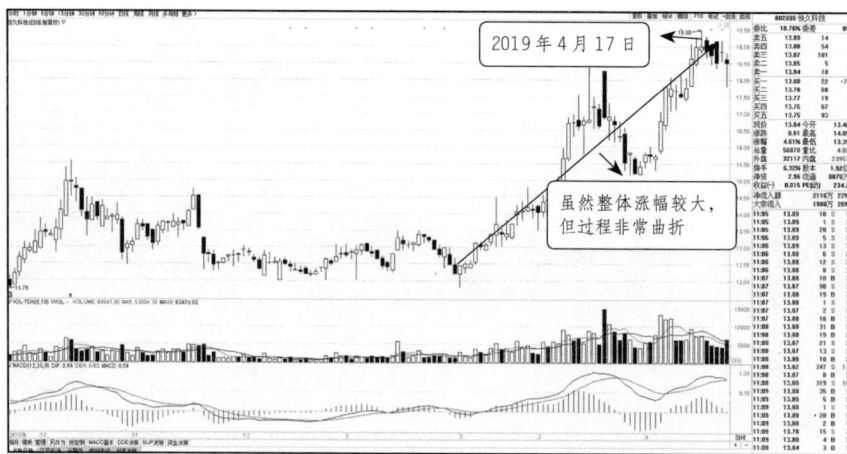

图 6-47　恒久科技 2018 年 9 月至 2019 年 4 月日线走势图

如图 6-48 所示，中船股份自低点 8.65 元上涨至 17.06 元，达到将近 1 倍的涨幅，股价刚好来到前期高点附近。我们看看其中的细节。

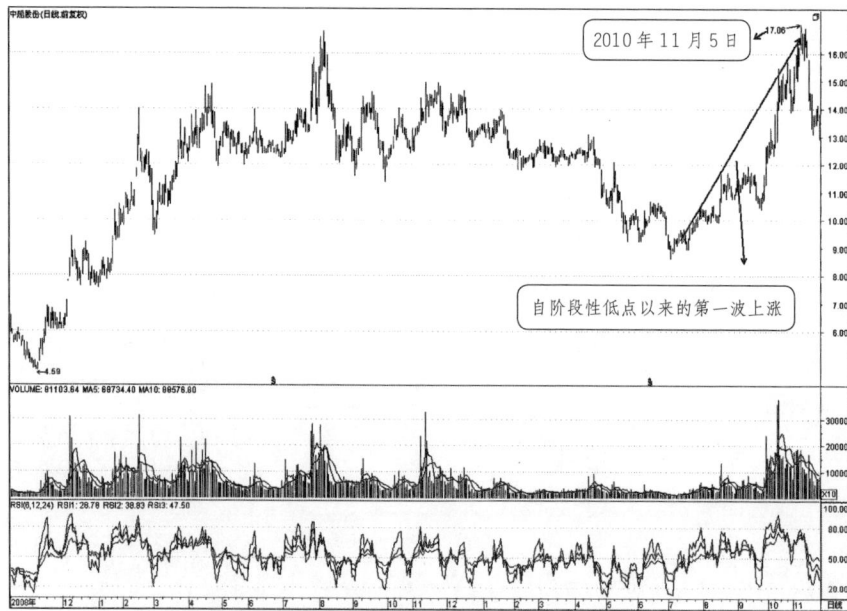

图 6-48　中船股份自阶段性低点后的上涨走势图

图 6-49 为中船股份自低点后第一波上涨走势放大图，2010 年 7 月 2 日开始至 2010 年 11 月 5 日，即达到将近 1 倍的涨幅，整个过程分为小涨缓慢推进和强势快速拉升两个阶段，给人的感觉就是太慢和太快。太慢是指第一阶段的走势，蜗牛般地缓步上移，不少投资者可能很难忍受这种没精打采的走势，总嫌太慢；太快是指第二阶段的走势，不知不觉就飞上了云霄。行情就是如此戏剧化，真正的拉升走势很多时候就是那么几天，转瞬即逝。所以面对市场的波动，很多时候并不是我们没有发现机会，而是在犹豫中错失了机会。

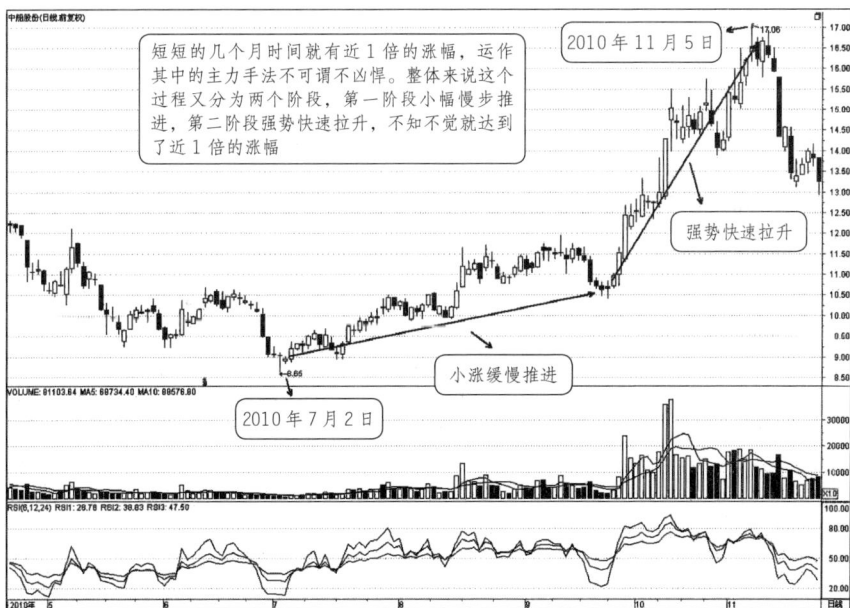

图 6-49 中船股份 2010 年 7 月 2 日至 2010 年 11 月 5 日走势图

如图 6-50 所示，通过主力资金的拉抬，股价达到前期高点附近，然而到达这里后，困扰投资者的问题便出现了：行情是否到此结束？

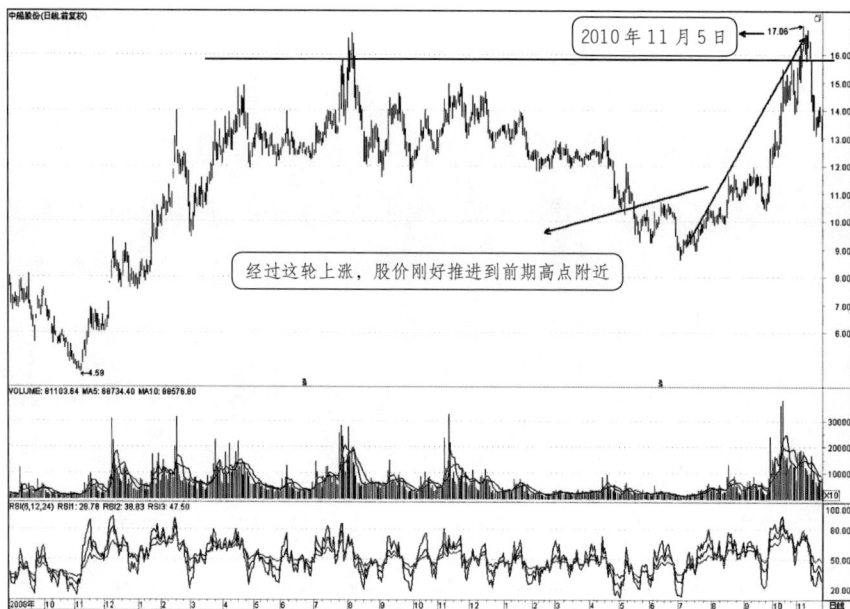

图 6-50　中船股份 2010 年 11 月 5 日前阶段性上涨走势图

　　如图 6-51 所示，股价来到前期高点附近，虽然涨势可观，但困扰投资者的问题接踵而来，对于身在其中的投资者来说，既兴奋又难受，兴奋的是这种连续拉升的走势让人振奋不已，难受的是害怕突如其来的调整吞噬已有的利润。此时投资者的心态是最为脆弱的，稍有震荡便很有可能引起不坚定获利筹码的抛售，毕竟从相对低点启动到前期高点 17 元一带已接近 1 倍的涨幅，在这极为敏感的地带出现这种反应是极其正常的。

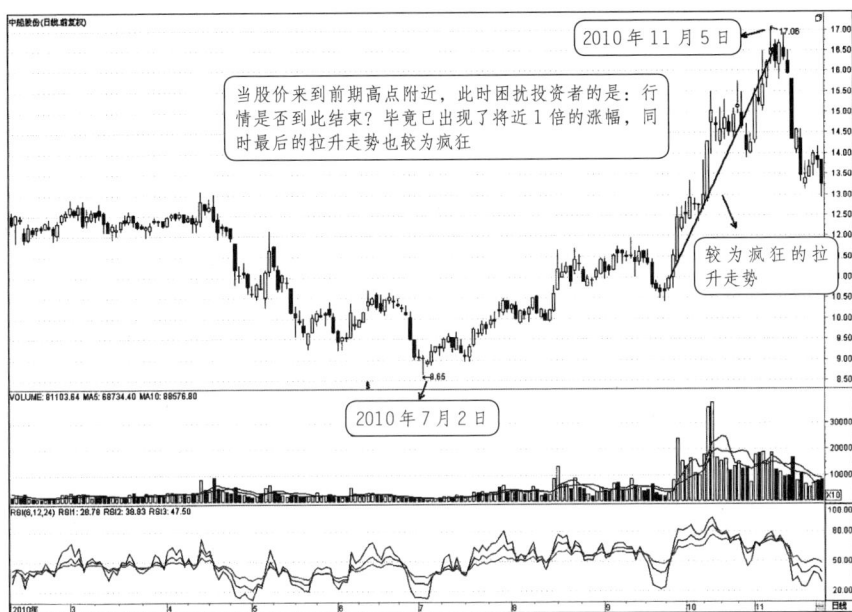

图 6-51　中船股份拉升形态走势图

如图 6-52 所示，拉升到前期高点附近引发一轮宽幅震荡走势，震荡出现在投资者心理趋谨慎的敏感地带很正常，这种预期之内的调整是哪种性质的调整，便是我们需要通过其中波动进行重点揣测的内容。接下来，我们就深入波动细节揣摩此时波动的性质。

如图 6-53 所示，此关键区域出现宽幅波动，不坚定的投资者不经意丢失筹码是必然的事情，尤其是第一波中阴杀跌的恐怖走势，委实极为吓人。出现中阴杀跌的走势是在 2010 年 11 月 5 日之后的几天中，此时我们不妨对比一下大盘在此阶段的走势。

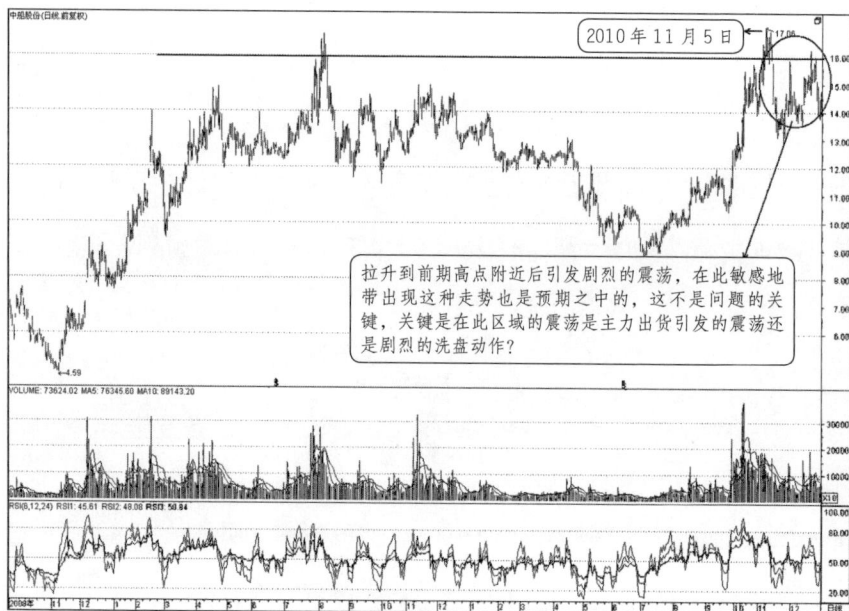

图 6-52　中船股份宽幅震荡形态走势图

2010 年 11 月 5 日

拉升到前期高点附近后引发剧烈的震荡，在此敏感地带出现这种走势也是预期之中的，这不是问题的关键，关键是在此区域的震荡是主力出货引发的震荡还是剧烈的洗盘动作？

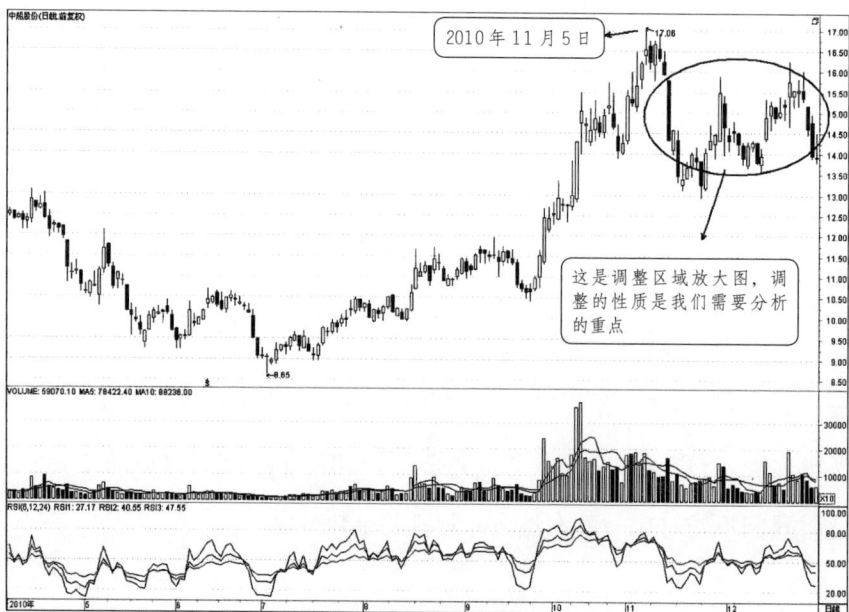

图 6-53　中船股份调整区域放大图

2010 年 11 月 5 日

这是调整区域放大图，调整的性质是我们需要分析的重点

图 6-54 为上证指数 2010 年 11 月 5 日之后几天的走势图，如图圈中部分所示，也出现了大幅下挫的走势，也就是说，上述中船股份在 11 月 5 日之后的几天大跌是跟随市场波动，大盘都如此下挫，个股自然也难逃大跌这一劫。对比大盘来看，我们还看不出调整的性质。没关系，我们继续从其他途径寻找突破口。

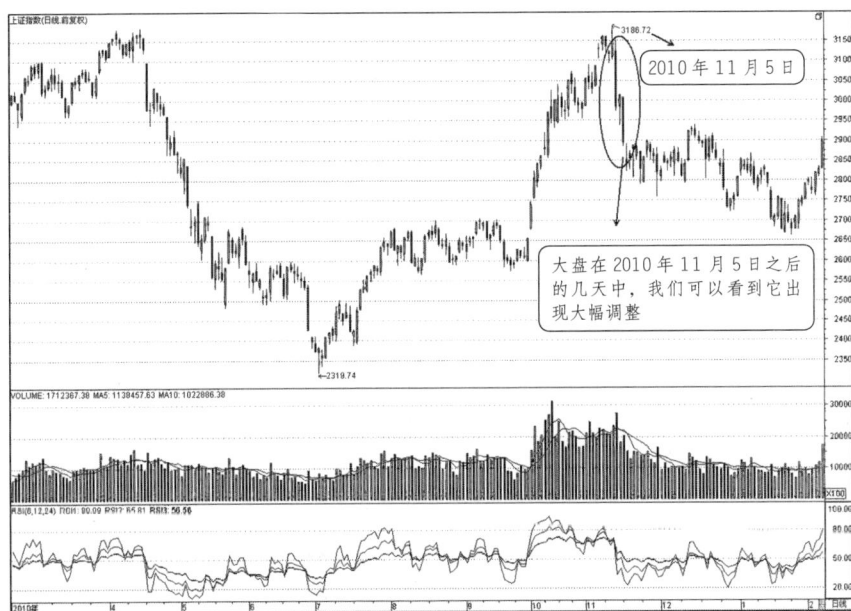

图 6-54　上证指数 2010 年 11 月 5 日后走势图

如图 6-55 圈中部分所示，对比大盘没有太多收获信息的情况下，我们可以从波动情况入手。盘面往往最能体现波动背后的本质，主力运作虽然具有一定的隐蔽性，仍不能做到不留一丝痕迹，这些痕迹也往往会在盘面波动中表现出来。

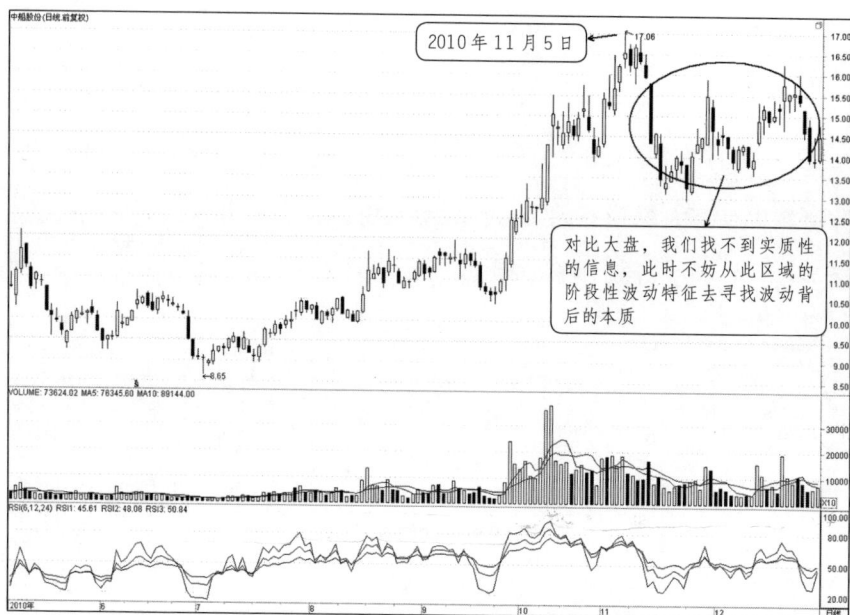

图 6-55　中船股份 2010 年 11 月 5 日后走势图

　　图 6-56 为中船股份恐慌性下挫后走势图。整体来说，它是上下反复震荡的走势，但有一个好的现象就是每次调整的低点不断抬高，每次上涨的高点也有所抬高。这是下挫之后的走势情况，整体重心有所上移，说明在恐慌性抛售行为过后的多空博弈中，多方还是略胜一筹。然而这是暂时的现象还是内在本质的体现，我们不妨进一步观察。图 6-57 恒久科技亦是如此。

下挫过后的波动为上下震荡的走势，上下两个来回的低点和高点都有所抬高，在震荡过程中并没有创出新低

图 6-56　中船股份 2010 年 11 月 5 日后恐慌性下挫后走势图

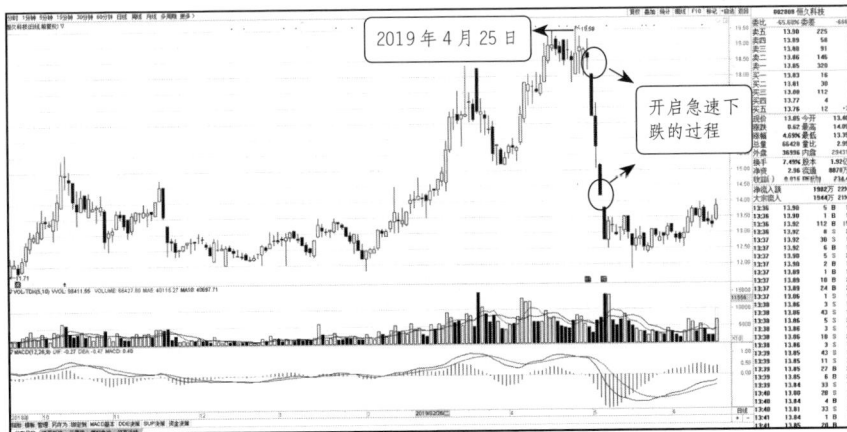

开启急速下跌的过程

图 6-57　恒久科技 2018 年 9 月至 2019 年 6 月日线走势图

【学习重点提炼】

图 6-57 中，恒久科技在 2019 年 4 月 25 日达到阶段性高点——19.58 元之后开启了下跌通道，仅用四个交易日就跌去前期花了两个月累积的涨幅，可谓相当恐怖。

从上面阶段性的波动情况来看，我们可以得出以下结论，虽然我们还不能判断主力资金是否在此位置出货，但我们可以得知的消息是，在这波上下反复波动过程中，多方还是略胜一筹。我们再结合量价信息进一步分析波动过程的变化情况。

如图 6-58 圈中部分所示，对于还身在其中的投资者来说，要做的便是分析波动的性质，看其是属于洗盘动作还是反复中主力继续出货的行为。前面单纯从阶段性 K 线波动我们得出的结论是，多空双方在激烈博弈过程中，多方还是略胜一筹的。

再结合量价信息做进一步分析。如图 6-59 所示，上述波动过程中量价配合完好，上涨时呈现放量的状态，下跌时处于缩量的状态，这是一个积极的信号，并没有出现放量滞涨和放量下跌两种现象。这至少让身在其中的投资者看到了一丝希望，下跌过程中都处于明显的缩量状态，而且在相对高位拉升过程中也并没有伴随大幅放量的出现。

图 6-58　中船股份"上—下"形态走势图（一）

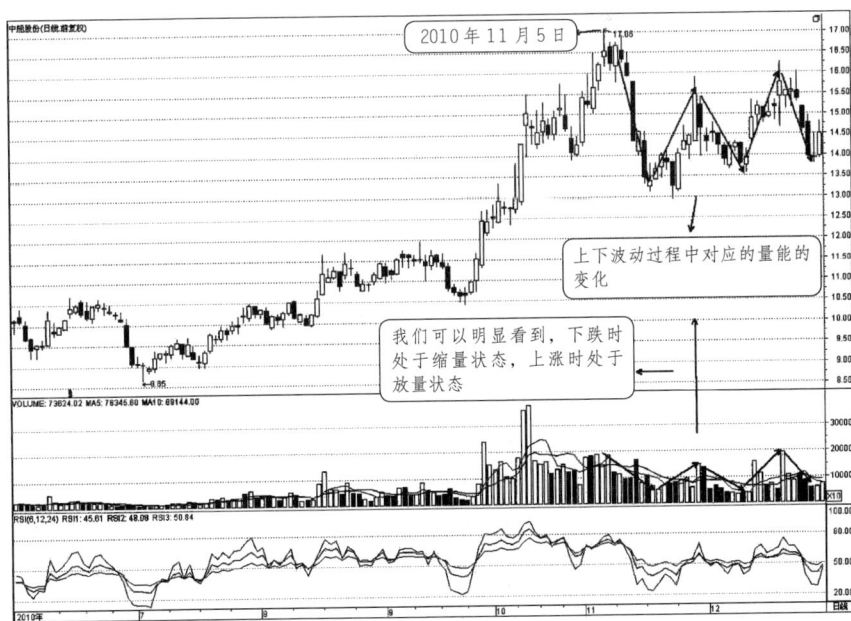

图 6-59　中船股份"上—下"形态走势图（二）

　　如图 6-60 所示，大幅拉升过程中并没有出现大幅放量的情形，这说明主力在这轮上涨过程中大幅套现的可能性不大，而且在第一轮大幅下挫阶段，量能也是极度地萎缩，这说明出局的资金还是极为有限的。结合大盘，前面我们也分析了，这轮下挫更多的是一个跟随大盘的行为，即这种极度缩量的下跌很有可能是散户资金恐慌性抛售所致，主力或许没有出局。再结合大幅下挫后反复波动过程中两轮小幅的下跌走势，其呈现明显的缩量状态，也显示出了一定的筹码惜售行为。

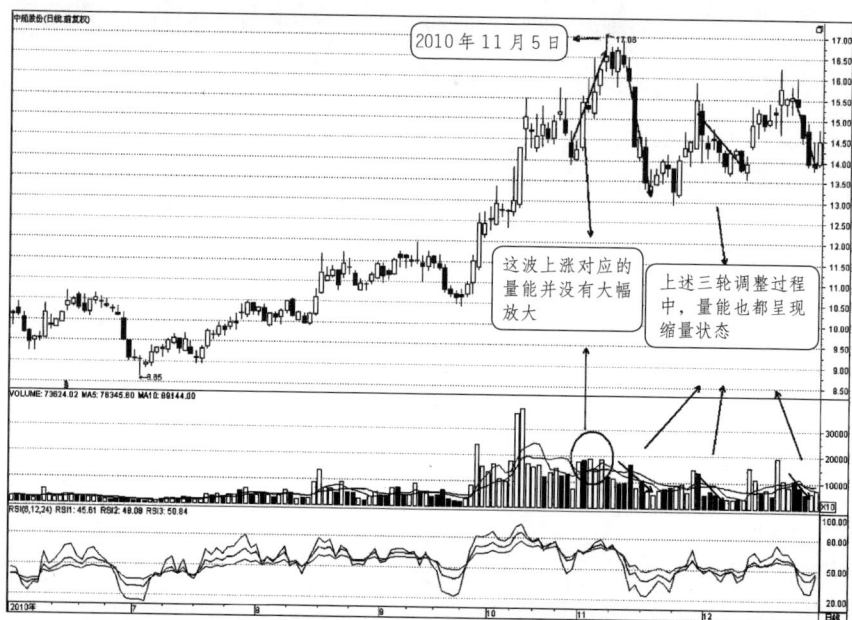

图 6-60　中船股份"上—下"形态走势图（三）

　　总之，通过这里的量价信息，我们初步得出的结论是，下跌过程中明显表现出了一定的筹码惜售行为，主力资金在此阶段出货的概率不大。身在其中的投资者分析到这里，无疑看到了一些希望。

初步得出上述结论后，接下来我们要做的便是根据后市波动情况，进一步验证研判，一旦发现结论得到验证，便可放心大胆持有或做出进一步加仓行为。

如图 6-61 所示，在多空反复争夺后，多方再次大幅向前推进，走出了六连阳的走势，而且以涨停的方式逼近前期高点，解放前期高点所有套牢者，此举其实就已经很好地说明问题，既然敢于再次来到这里，说明主力志不在此。可以说这一点已经很大程度上证明了前面初步得出的结论，即主力在前面大幅下挫与反复震荡过程中出货概率不大的结论。

图 6-61　中船股份六连阳形态走势图

如图 6-62 所示，从短期阶段性走势来看，中船股份构筑了一个圆弧底形态，这是局部的小形态。

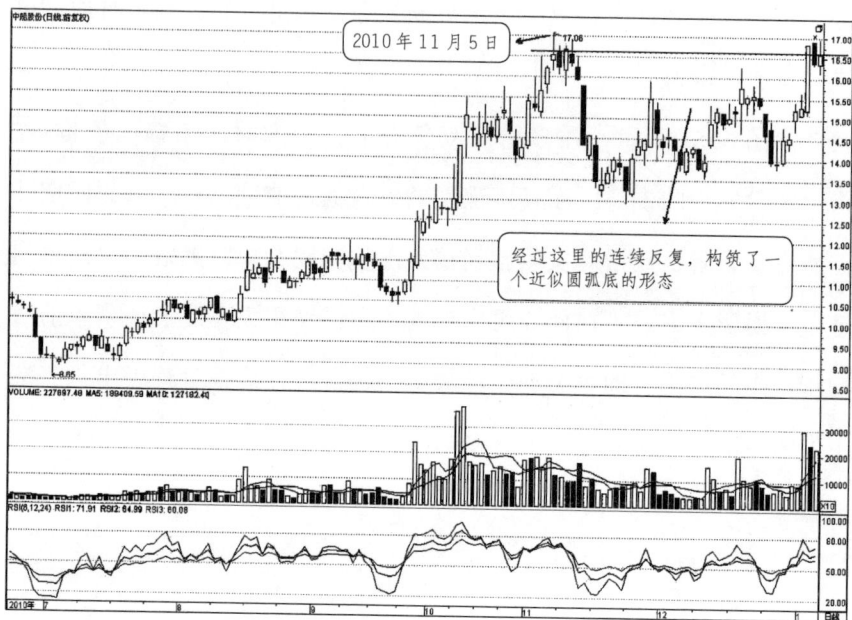

图 6-62　中船股份圆弧底形态走势图

【学习重点提炼】

　　来分析一下一个失败的案例，如图 6-63 所示新五丰在 2015 年 8 月开始走向下调整的趋势，于 2015 年 9 月 15 日到达阶段性底部 3.63 元，随后开始构筑圆弧底形态，但是当突破至肩部的位置时却开始缩量震荡，遇到筹码密集区，上行压力骤增，最后只能宣告突破失败，向下调整而去。所以我们也可以看到，在这里的成交量也是突破的一个很重要的指标。

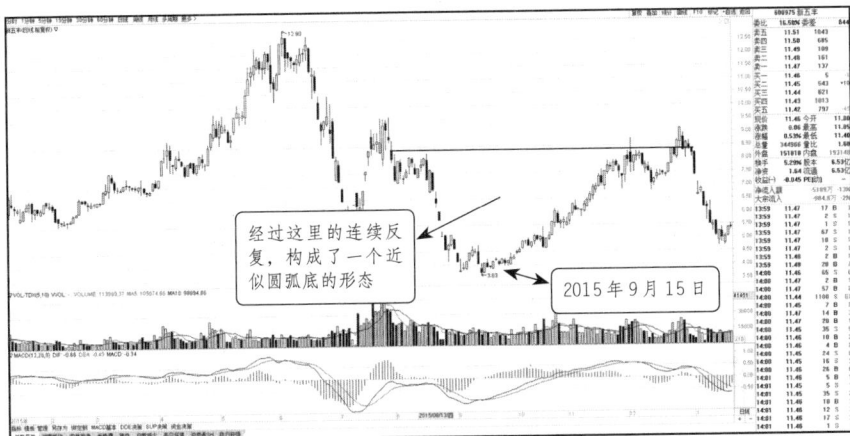

图 6-63 新五丰 2015 年 1 月至 2016 年 1 月日线走势图

【课后思考】

你能从市场中找到三个类似的个股案例吗?

放大视野,我们再来看看通过这波大幅上涨后构筑的形态情况。

如图 6-64 所示,大的形态为"一大一小"的两个圆弧底叠加形态,这种叠加形态如果最终构筑成功,威慑力是相当恐怖的。接下来我们要做的就是,期待形态构筑完毕后能够实现突破。结合前面的分析,我们知道,主力敢于以涨停的形式逼近前期高点,同时解放前期高点附近所有套牢者,说明其志不在此,也就是说,主力很有可能会实现突破,完成整个形态的构筑。

如图 6-65 所示,大概率事件最终还是发生了,涨停逼近前期高点后,在随后的几个交易日中再次涨停并成功实现突破,宣告大的形态构筑完毕,接下来便是海阔凭鱼跃,天高任鸟飞。

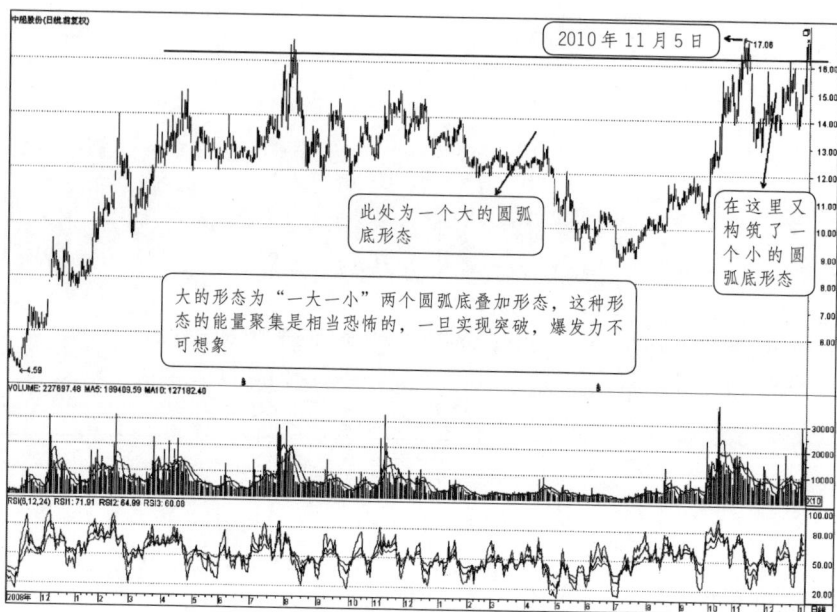

图 6-64　中船股份圆弧底叠加形态走势图

图 6-65　中船股份2011年1月20日前后走势图

如图 6-66 所示，中船股份完成形态的构筑实现突破后，走出了一轮波澜壮阔的大涨行情，前期困扰投资者的区域，如圈中部分所示，还只是刚刚开始行情的阶段，现在是否感觉当时的忧虑是杞人忧天呢？是与否，决定于当时对此区域的分析深入与否。懂得分析并能最终坚持下来者，无疑最后都成了最大的赢家。

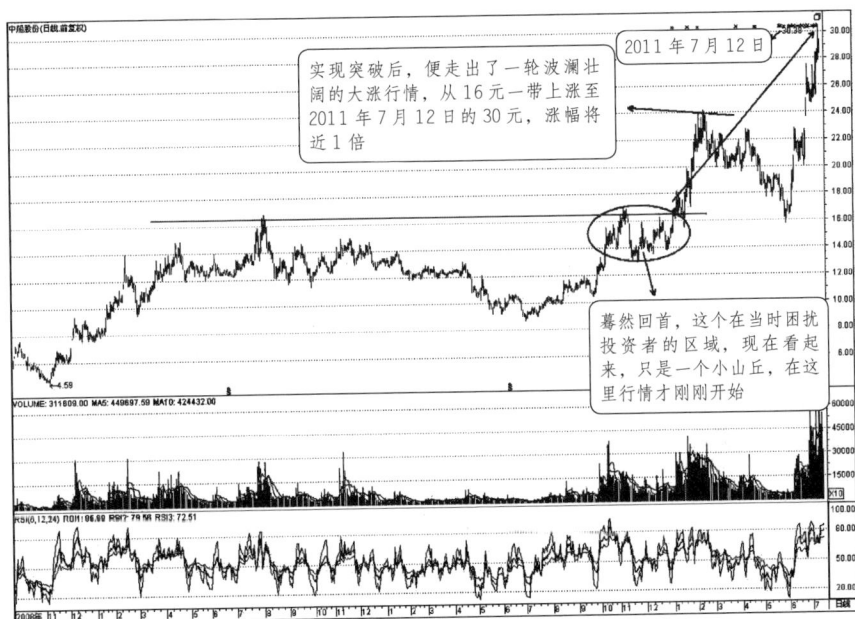

图 6-66 中船股份 2011 年大涨行情走势图

操
盘
手
记

慢火煲汤

甲：给我一个支点，我可以撬动整个地球。

乙：给我足够的时间，我可以赢得一切。

甲：其实，你我的话都表明了一点，那就是"无限"这个前提。

乙：支点有了，撬动的杠杆需要近似无限长；赢得一切，时间也要无限。

甲：每个人的结果都一样，不一样的是过程。

乙：所以探讨近似无限的事情是没有多大意义的。

甲：就好像上市公司一样，你妄想着其几十甚至上百年的收益，事实上，那很多时候都是空中楼阁，不确定的因素太多了。

乙：没有必要将遥不可及的事物放在眼前，反倒应珍惜当下，好好看看当前的事情，这样才更有意义一些。

甲：没错，珍惜当下，做好自己当下能做好的事情，脚踏实地，奇迹或许就隐藏在其中。

乙：很多人喜欢追逐那些不切实际的幻想，反而对自己能把握的东西视而不见。

甲：这一点不奇怪，人毕竟是感性的动物，很多时候人在江湖，身不由己，明明那样了也浑然不觉。

乙：对啊！

甲：慢慢来吧。

乙：是的，慢火才能煲出靓汤嘛！

甲：期待中……

好高骛远，是大部分人难以避免的一大弱点；循序渐进，则是大部分人不愿正视的规律；一步登天，更是大部分人经常幻想的路径；"慢火煲汤"，才是少部分人成功的根本。所以，要想在市场上获取成功，"慢火煲汤"的心态必不可少，切勿急功近利。

关于分时图的思考

甲：分时图，每个人在看盘或交易时都必须看，但真正研究它的人似乎不多。

乙：那是因为它比较简单，不研究也能看得懂，你说呢？

甲：不见得。如果大家都看得懂，那么，大部人交易的买点或卖点就都是正确的，也就不会有那么多人被市场折腾了。

乙：这……真有什么好研究的吗？

甲：当然。你知道白线代表什么吗？黄线有什么意义吗？红绿柱的长短变化反映什么吗？分时图上的形态如何看吗？……

乙：好像可以研究的东西还挺多的，我原以为它们只反映价格的涨与落，而其他信息则要去看K线之类的。

甲：没错，K线之类的也重要，它们可以提供更大格局下的买卖点信号，但是作为短线交易者，尤其是超短线交易者，就算是中长线交易者，只要进行交易，我们就不可忽视分时图所反映的信号，比如是当下买卖还是迟点再买卖。此外，通过分时图的波动，很多时候我们可以得到更多的启迪，比如主力是否有介入迹象等。分时图其实就是显露更多蛛丝马迹的地方。

乙：是呀，我怎么就没想到呢！非常细微的盘面波动，很多蛛丝马迹的动态，往往都能够在分时图上反映出来，很多时候也只能在那里反映出来。

甲：没错，这就好像显微镜一样，通过分时图，你可以观察到另一个微观世界，有助于你形成更全面准确的研判结论。

乙：看K线等大格局就好像用放大镜去发现问题，发现机会；看分时图则好像用显微镜去发现问题，发现机会。两者的综合能量，必然惊人！

甲：对极了，很多人喜欢看K线等大格局，殊不知，分时图的作用也是不容忽视的。

乙：说到这，我还真觉得分时图里大有乾坤，还真是门学问呢！

甲：很多学问其实就蕴含在看似简单的现象背后，就看你有没心思去思考和发现。

乙：嗯，没错，我接下来一定好好去感受与学习分时图。

甲：呵呵，不急，欲研究之，不如先思考之，认清之。

乙：我认清啦，分时图就是显微镜嘛。

甲：哈哈，你呀你……

　　几乎每个看盘交易者都要接触分时图，只是很多人喜欢看，却不喜欢研究它，仅仅把它看成反映盘面波动状况的即时图。即时图的说法固然没错，但这背后到底有什么具体的研究价值，很多人往往忽略了。

　　分时图看似是一个简单的图，一种简单的工具，但事实上，它在不同环境下千变万化的状况，里面有很多值得我们思考的地方，里面的很多变化都能给予我们一些有价值的启迪，只是很多时候我们可能仅仅是收获了最为表面的价值而已。

　　对于常见的、容易获取的，我们往往都不是很懂得珍惜，或者说往往都认为价值有限。事实上，这些看似价值有限的事物，如果你深入去了解，就会发现，再普通的事物也有不平凡的地方，再普通的景色也必然有美丽之处。是否具有更大的价值，就看我们是否善于发现问题。很多时候，忽略了，往往就真的忽略了；珍视了，往往会有意外惊喜。

说　明

　　吴国平老师为将理论讲解和实战相结合，在本书中运用了大量的实际案例，对读者透过现象看本质、洞悉主力思维、构建属于自己的盈利系统具有积极的指导意义。

　　股票市场千变万化，虽然书中部分案例的信息已经变化或调整，但万变不离其宗。本系列书根植于吴国平老师对股票市场多年的研究，其中的方法与经验永远值得我们学习和参考。